行政判例研究 XXVI-1

社團
法人 韓國行政判例研究會 編

2021

博 英 社

Studies on Public Administration Cases

Korea Public Administration Case Study Association

Vol. XXVI-1

2021

Parkyoung Publishing & Company

刊 行 辭

　　지난해부터 시작된 코로나 19 펜데믹은 올해도 좀처럼 그 끝이 보이지 않는 것 같습니다. 이러한 상황 속에서도 2021년 상반기 연구 활동을 마무리하면서 "행정판례연구 제26집 제1호"를 발간하게 되어 매우 기쁘고 감사합니다.

　　우리 학회는 2021년 상반기에도 많은 회원님들의 참여 속에 다섯 번의 월례발표회를 예정대로 하였습니다. 5회 모두 Zoom 프로그램을 통하여 온라인 화상세미나로 할 수밖에 없어 함께 만나지 못하는 아쉬움이 컸습니다.

　　다행이었던 것은 지난 4월 30일 "최광률 명예회장님 헌정논문집 봉정식"을 소규모이지만 대면모임으로 하였습니다. 코로나 상황에서 식사도 함께하지 못하는 오후 티타임의 소규모 모임으로 할 수밖에 없었지만 저희들은 정성스럽게 준비하였고 명예회장님은 감사히 받아주셨습니다. 최광률 명예회장님의 저희 학회를 위한 그동안의 노고에 감사드리고 앞으로 더 많이 건강하시기를 다시 한 번 기원드립니다. 그 날 함께 자리해주신 회원님들께 감사의 마음을 전합니다.

　　또한 지난 2월 총회에서 말씀드렸듯이 우리 학회의 초대회장이셨던 김도창 명예회장님을 기리며 시상해왔던 "목촌(牧村) 법률상"을 이제 올해부터 저희 학회가 주관하게 되었습니다. 그동안 목촌법률상의 운영을 맡아왔던 목촌 사업회의 임원님들이 마련해주신 기금을 기반으로 목촌법률상을 더 명예롭고 더 권위 있는 행정법분야의 상으로 발전시켜가고자 합니다. 그리고 그동안 행정판례연구를 출판해 온 박영사와 올해 새롭게 계약을 맺으며 출판여건을 많이 개선하였습니다. 출판간사님들의 수고를 조금 덜 수 있을 것 같아 기쁩니다.

우리 "행정판례연구"는 월례발표회의 발표와 토론을 중심으로 행정판례의 이론적 기초와 실천적 과제를 제시해오면서 학계와 법조의 발전에 크게 기여해왔습니다. 이번호에는 7편의 심도있는 논문이 실렸습니다. 행정행위의 개념과 종류에 관한 2편의 논문과 행정행위의 효력에 관한 논문 1편, 행정행위의 하자관련 논문 1편 등 행정법의 핵심 분야에 관한 판례연구와 지방자치법관련 판례연구 2편 그리고 미국판례연구 1편입니다. 옥고를 보내주신 학계와 실무계의 회원님들께 감사드립니다.

여전히 만남이 어려운 때에 "행정판례연구 제26집 제1호" 출판을 위해 수고해주신 김중권 간행편집위원회 위원장님을 비롯한 여러 위원님, 이진수 출판이사님과 계인국 출판이사님 그리고 이재훈, 이채영, 강상우 출판간사님께 감사의 마음을 전합니다. 또한 출판계의 어려움 속에서도 "행정판례연구"의 출판을 기꺼이 맡아주시고 계신 박영사의 안종만 회장님과 조성호 이사님 그리고 전채린 과장님께 특별한 감사를 드립니다.

코로나 19 백신접종이 시작되었습니다. 변이바이러스의 확산도 우려되고 있지만 이 상황이 조속히 극복되어 우리 모두의 일상이 다시 회복되기를 바라면서 회원님들의 건강과 평안을 기원합니다.

2021. 6. 30.
사단법인 한국행정판례연구회장
김선욱

차 례

Table of Contents

行政行爲의 槪念과 種類

국민건강보험법의 부당이득징수처분의 법적 성질
(김중권)
교육환경영향평가와 건축의 자유(우미형)

국민건강보험법의
부당이득징수처분의 법적 성질

김중권*

대상판결: 대법원 2020.6.4. 선고 2015두39996판결

Ⅰ. 대상판결의 개요 　　　　　　Ⅱ. 해설
---

* 판결요지

　　[1] 구 국민건강보험법(2011. 12. 31. 법률 제11141호로 전부 개정되기 전의 것, 이하 같다) 제39조, 제43조, 제52조 제1항, 제70조 제1항, 제3항, 제40조 제1항 제1호, 구 의료법(2007. 4. 11. 법률 제8366호로 전부 개정되기 전의 것) 제30조 제2항, 제53조 제1항 제2호, 제66조 제3호, 제69조의 내용과 체재 등에 비추어 보면, 의료기관을 개설할 수 없는 자가 개설한 의료기관은 국민건강보험법상 요양기관이 될 수 없지만, 이러한 의료기관이라 하더라도 요양기관으로서 요양급여를 실시하고 그 급여비용을 청구한 이상 구 국민건강보험법 제52조 제1항에서 정한 부당이득징수 처분의 상대방인 요양기관에 해당하고, 이러한 의료기관이 요양급여비용을 청구하는 것은 '사위 기타 부당한 방법'에 해당한다.

---

[2] 구 국민건강보험법(2011. 12. 31. 법률 제11141호로 전부 개정되기 전의 것, 이하 같다) 제52조 제1항은 "공단은 사위 기타 부당한 방법으로 보험급여를 받은 자 또는 보험급여비용을 받은 요양기관에 대하여 그 급여 또는 급여비용에 상당하는 금액의 전부 또는 일부를 징수한다."라고 규정하여 문언상 일부 징수가 가능함을 명시하고 있다. 위 조항은 요양기관이 부당한 방법으로 급여비용을 지급청구하는 것을 방지함으로써 바람직한 급여체계의 유지를 통한 건강보험 및 의료급여 재정의 건전성을 확보하려는 데 입법 취지가 있다. 그러나 요양기관으로서는 부당이득징수로 인하여 이미 실시한 요양급여에 대하여 그 비용을 상환받지 못하는 결과가 되므로 침익적 성격이 크다.

한편 구 의료법(2007.4.11. 법률 제8366호로 전부 개정되기 전의 것, 이하 같다) 제30조 제2항이 금지하는 '비의료인의 의료기관 개설행위'는 비의료인이 의료기관의 시설 및 인력의 충원·관리, 개설신고, 의료업의 시행, 필요한 자금의 조달, 운영성과의 귀속 등을 주도적으로 처리하는 것을 의미한다. 즉, 의료인인 개설명의인은 개설자에게 자신의 명의를 제공할 뿐 의료기관의 개설과 운영에 관여하지 않으며, 그에게 고용되어 근로 제공의 대가를 받을 뿐 의료기관 운영에 따른 손익이 그대로 귀속되지도 않는다. 이 점을 반영하여 구 의료법은 제30조 제2항 위반행위의 주체인 비의료인 개설자는 5년 이하의 징역 또는 2천만 원 이하의 벌금에 처하도록 규정한 반면, 의료인인 개설명의인은 제69조에서 '의료기관의 개설자가 될 수 없는 자에게 고용되어 의료행위를 한 자'로서 300만 원 이하의 벌금에 처하도록 규정하고 있다.

이상에서 살펴본 위 각 법 규정의 내용, 체재와 입법 취지, 부당이득징수의 법적 성질 등을 고려할 때, 구 국민건강보험법 제52조 제1항이 정한 부당이득징수는 재량행위라고 보는 것이 옳다. 그리고 요양기관이 실시한 요양급여 내용과 요양급여비용의 액수, 의료기관 개설·운영 과정에서의 개설명의인의 역할과 불법성의 정도, 의료기관 운영성과의 귀속 여부와 개설명의인이 얻은 이익의 정도, 그 밖에 조사에 대한 협조 여부 등의 사정을 고려하지 않고 의료기관의 개설명의인을 상대로 요양급여 비용 전액을 징수하는 것은 다른 특별한 사정이 없는 한 비례의 원칙에 위배된 것으로 재량권을 일탈·남용한 때에 해당한다고 볼 수 있다.

Ⅰ. 대상판결의 개요

1. 사건의 경위

갑은 의사인데, 2005.5.2.부터 2007.2.22.까지 서울 동작구(주소 생략) 소재 ○○○○○요양병원(원래 명칭은 '○○○○○병원'이었으나, 2006.5.2. '○○○○○요양병원'으로 변경되었다. 이하 명칭 변경 전후를 불문하고 '이 사건 병원'이라고 한다)의 개설명의자이자 병원장으로 위 병원에서 근무하였다. 국민건강보험공단은 2013.9.23. 갑에게 "의료법 제33조 제2항의 개설기준을 위반하여 의료기관을 개설한 자(소외 1)에게 2005.5.2.부터 2007.2.22.까지 고용되어 의료행위를 하였다."는 이유로 구 국민건강보험법 제52조 제1항에 근거하여 위 기간 동안 ○○○○○병원에 지급된 요양급여비용 2,478,672,830원, ○○○○○요양병원에 지급된 요양급여비용 2,663,450,670원을 각 징수하는 처분(이하 '이 사건 각 처분'이라 한다)을 하였다.

2. 하급심의 내용

(1) 원고의 주장

1) 처분사유에 관하여

① 원고를 고용한 사람은 의사 소외 2이지 비의료인 소외 1이 아

니고, 이 사건 병원은 의사인 소외 2가 의사인 원고의 명의를 빌려 개설한 병원(이른바 '네트워크병원')이지 비의료인 소외 1이 의사인 원고의 명의를 빌려 개설한 병원(이른바 '사무장병원')이 아니다. ② 원고를 고용한 자가 소외 1이라고 하더라도, 의료법 제33조 제4항에 의하면 병원급 의료기관을 개설하기 위해서는 시·도지사의 허가를 받아야 하고 이 사건 병원도 시·도지사의 허가를 받아 개설되었다. 이 사건 병원의 개설과정에 하자가 있다고 하더라도 무효사유에 해당하지 않고 취소사유에 불과한데, 개설허가가 취소되기 전까지는 적법한 의료기관이므로 이 사건 병원이 위법한 의료기관임을 전제로 한 이 사건 각 처분은 위법하다. ③ 이 사건 병원이 비의료인 소외 1에 의해 개설된 것이어서 의료법상의 의료기관이 아니라면 국민건강보험법상 요양기관이 될 수 없으므로, 요양기관을 대상으로 한 국민건강보험법 제57조 제1항의 부당이득징수처분을 할 수 없다. ④ 이 사건 병원이 비의료인에 의해 개설된 것이라고 하더라도 의료인이 정상적인 진료행위를 하고 그 대가를 수령한 것은 국민건강보험법 제57조 제1항의 '사위 기타 부당한 방법으로 보험급여비용 등을 수령한 경우'라고 볼 수 없다. ⑤ 국민건강보험법 제57조는 부당이득 법리에 따라 운용되어야 한다. 원고는 이 사건 병원에서 근무하면서 2억 5,000만 원 상당의 급여를 받았을 뿐, 이 사건 요양급여비용인 51억여 원 상당의 이익을 취한 바 없다. 이 사건 병원은 환자들에게 요양급여를 제공하였으므로 피고의 요양급여비용 지출은 당연히 지출해야 할 비용을 지출한 것이고, 이 사건 병원이 개설되지 않았다고 하더라도 환자들은 다른 병원을 방문하여 진료를 받음으로써 피고로 하여금 그 다른 병원에 동일한 요양급여비용을 지급하도록 하였을 것이므로, 피고의 손해가 없다. ⑥ 국민건강보험법 제57조 제1항은 요양급여비용 지급 기준을 충족하지 못함에도 불구하고 요양급여비용을 청구하여 지급받은 경우에 해당 요양급여비용 상당의 금액을 징수처분 하는 것으로 제한적으로 해석하는 것이 타당하다. 그렇지 않고 이를 비의료인에 의해 개설된 병원에 지급된 요양급여비용 전액을 징수처분 할 수 있는 근거규정으로 해석한다면 그와 같은 해석은 확대해석 내지 유추해석 금지원칙에 위배되어 헌법에 위반된다.

   2) 재량권 일탈·남용에 관하여
   ① 이 사건 병원에서 의료행위는 법령의 기준을 준수하면서 의학적 타당성 및 안정성을 갖추어 행해졌으므로 이 사건 병원에서 치료를 받은 환자들 중 대부분은 이 사건 병원에서 치료를 받지 않았다고 하더라도 다른 병원에서 유사한 치료를 받았을 것이고 이 경우 피고는 이 사건 요양급여비용과 같은 정도의 요양급여비용을 지급할 수밖에 없었을 것인 점, ② 이 사건 병원이 비의료인에 의해 개설된 병원이라고 하더라도 원고는 이를 전혀 알 수 없었고, 이 사건 병원의 운영 수익은 이 사건 병원 투자자들에게 귀속되었으며, 원고는 이 사건 각 처분 액수의 5%에 불과한 2억 5,000만 원 상당의 급여를 수령하였을 뿐인 점, ③ 원고는 51억여 원에 달하는 이 사건 각 처분으로 인하여 개인파산에 이르게 되는 점을 종합하면, 이 사건 각 처분은 재량권·일탈 남용에 해당한다.

   (2) 제1심인 서울행정법원 2014.7.17. 선고 2013구합62954판결의 요지

   1) 원고의 주장에 관한 판단
   ① 원고는 이 사건 병원에 대한 개설허가가 취소되기 전까지는 이 사건 병원이 의료법상 적법한 의료기관이므로 부당이득징수처분의 대상이 될 수 없다고 주장한다. 그러나 이 사건 병원에 대한 개설허가가 취소되지 않았다고 하더라도 이 사건 병원은 구 의료법 제30조 제2항에 위반되어 개설된 위법한 의료기관이므로, 원고의 위 주장은 이유 없다. ② 원고는 이 사건 병원이 비의료인 소외 1에 의해 개설된 것이어서 의료법상의 의료기관이 아니라면 구 건보법상 요양기관이 될 수 없으므

로, 요양기관을 대상으로 한 구 건보법 제52조 제1항의 부당이득징수처분을 할 수 없다고 주장한다. 그러나 구 건보법 제52조 제1항에 의한 부당이득징수처분의 대상은 사위 기타 부정한 방법으로 보험급여비용을 받은 요양기관이면 되는 것이지 적법한 요양기관에 한정되는 것은 아니므로, 원고의 위 주장은 이유 없다. ③ 원고는 구 건보법 제52조 제1항이 부당이득 법리에 따라 운용되어야 하는데, 원고에게는 51억여 원 상당의 이익이 없고 피고에게는 같은 금액 상당의 손해가 없다고 주장한다. 그러나 구 건보법 제52조 제1항은 요양급여비용으로 지급되지 않아야 할 비용이 지급되었을 때 이를 환수하여 원상회복하기 위한 것으로 민법상 부당이득반환청구권과 동일한 성격의 것이라고 볼 수 없어 원고에게 실제로 이득이 발생하였는지 여부는 고려할 사항이 아니라고 할 것이다.

2) 재량권 일탈·남용 여부

원고의 이 부분 주장은 아래와 같은 이유로 이유 없다.

① 구 건보법 제52조 제1항은 요양급여비용을 엄격하게 통제·관리하여 국민건강보험 재정의 건실화를 도모하고 그 운영상 투명성을 확보하는 데에 그 목적이 있으므로, 위 조항에 근거한 부당이득징수처분은 민사상 부당이득반환과 성질을 달리 하는 것으로서 관련 법령에 의하여 요양급여비용으로 지급될 수 없는 비용임에도 불구하고 그것이 지급된 경우에 이를 원상회복시키는 처분이라고 봄이 타당하다. 이와 같은 부당이득징수처분의 취지에 비추어 보면, 특별한 사정이 없는 한 부당하게 지급된 요양급여비용 전액을 징수하는 것이 원칙이다. ② 원고는 이 사건 병원의 병원장으로 근무하면서 소외 1로부터 매월 1,200만 원의 급여를 받아 상당한 수입을 얻었다. ③ 원고는 이 사건 각 처분으로 인해 개인파산을 할 수밖에 없다고 주장하고, 이 사건 각 처분의 액수가 51억여 원에 달하는 것은 사실이다. 그러나 의료법 제65조 제1항 제1

호, 제8조에 의하면 의료인은 파산선고를 받는 것이 면허 취소와 무관한데, 이는 변호사, 변리사, 공인회계사, 세무사 등 여타의 전문자격증 소지자의 경우 파산선고가 등록취소의 사유가 되는 것(변호사법 제18조 제1항 제2호, 제5조 제8호, 변리사법 제5조의3 제1호, 제4조 제4호, 공인회계사법 제9조 제1항 제1호, 제4조 제5호, 세무사법 제7조 제2호, 제4조 제3호)과 차별되는 점이다[구 의료법 하에서는 파산선고를 받는 것이 의료인의 면허 취소 사유였으나(구 의료법 제52조 제1항 제1호, 제8조 제1항 제4호), 의료법이 2007.4.11. 법률 제8366호로 전부개정 되면서 면허취소 사유에서 삭제되었다. 그 개정이유는 "파산선고와 의료인 면허 취득 간에 직접적인 관련성이 없으므로 의료인 면허의 결격사유에서 파산선고를 받고 복권되지 아니한 자를 삭제함"이라고 한다]. 따라서 가사 이 사건 각 처분으로 인해 원고가 파산에 이른다고 하더라도 원고의 생계수단이 없어지는 것은 아니다.

3. 관련 규정

* **구 국민건강보험법**(2008.2.29. 법률 제8852호로 개정되기 전의 것)

제52조 (부당이득의 징수) ① 공단은 사위 기타 부당한 방법으로 보험급여를 받은 자 또는 보험급여비용을 받은 요양기관에 대하여 그 급여 또는 급여비용에 상당하는 금액의 전부 또는 일부를 징수한다. <개정 2002. 12. 18.>

② 제1항의 경우에 있어 사용자 또는 가입자의 허위의 보고 또는 증명에 의하거나 요양기관의 허위의 진단에 의하여 보험급여가 실시된 때에는 공단은 이들에 대하여 보험급여를 받은 자와 연대하여 동항의 규정에 의한 징수금을 납부하게 할 수 있다.

③ 제1항의 경우에 있어 공단은 사위 기타 부당한 방법으로 보험급여를 받은 자와 같은 세대에 속한 가입자(詐僞 기타 부당한 방법으로

保險給與를 받은 者가 被扶養者인 경우에는 그 職場加入者를 말한다)에 대하여 사위 기타 부당한 방법으로 보험급여를 받은 자와 연대하여 동 항의 규정에 의한 징수금을 납부하게 할 수 있다.

④ 제1항의 경우에 있어 요양기관이 가입자 또는 피부양자로부터 사위 기타 부당한 방법으로 요양급여비용을 받은 때에는 공단은 당해 요양기관으로부터 이를 징수하여 가입자 또는 피부양자에게 지체없이 지급하여야 한다.

* 국민연금법

제57조(급여의 환수) ① 공단은 급여를 받은 사람이 다음 각 호의 어느 하나에 해당하는 경우에는 대통령령으로 정하는 바에 따라 그 금액(이하 "환수금"이라 한다)을 환수하여야 한다. 다만, 공단은 환수금이 대통령령으로 정하는 금액 미만인 경우에는 환수하지 아니한다.

1. 거짓이나 그 밖의 부정한 방법으로 급여를 받은 경우

2. 제121조의 신고 의무자가 같은 조에 따른 신고 사항을 공단에 신고하지 아니하거나 늦게 신고하여 급여를 잘못 지급 받은 경우

3. 가입자 또는 가입자였던 자가 제15조에 따라 사망한 것으로 추정되어 유족연금 등의 급여가 지급된 후 해당 가입자 또는 가입자였던 자의 생존이 확인된 경우

4. 그 밖의 사유로 급여가 잘못 지급된 경우

② 공단은 제1항제1호 및 제2호의 경우에는 대통령령으로 정하는 이자를 가산하여 환수한다. 다만, 납부 의무자의 귀책사유가 없는 경우에는 이자를 가산하지 아니한다.

③ 공단은 환수금의 납부 의무자가 납부 기한까지 환수금을 내지 아니하면 제97조 제1항 및 제2항을 준용하여 연체금을 징수하며, 이 경우 "건강보험공단"은 "공단"으로, "연금보험료"는 "환수금"으로 본다. 다만, 천재지변이나 그 밖에 대통령령으로 정하는 부득이한 사유가 있

는 경우에는 연체금을 징수하지 아니할 수 있다.

4. 동지의 판결례

* 대법원 2020. 6. 11. 선고 2018두37250 판결

가. 국민건강보험법 제57조 제1항은 "공단은 속임수나 그 밖의 부당한 방법으로 보험급여를 받은 사람이나 보험급여 비용을 받은 요양기관에 대하여 그 보험급여나 보험급여 비용에 상당하는 금액의 전부 또는 일부를 징수한다."라고 규정하여 그 문언상 일부 징수가 가능함을 명시하고 있다. 위 조항은 요양기관이 부당한 방법으로 급여비용을 지급청구하는 것을 방지함으로써 바람직한 급여체계의 유지를 통한 건강보험 및 의료급여 재정의 건전성을 확보하려는 데 입법 취지가 있다(헌법재판소 2011.6.30. 선고 2010헌바375 전원재판부 결정 참조). 그러나 요양기관으로서는 부당이득징수로 인하여 이미 실시한 요양급여에 대하여 그 비용을 상환받지 못하는 결과가 되므로 그 침익적 성격이 크다. 이와 같은 위 법 규정의 내용, 체재와 입법 취지, 부당이득징수의 법적 성질 등을 고려할 때 국민건강보험법 제57조 제1항이 정한 부당이득징수는 재량행위라고 보는 것이 옳다(대법원 2020.6.4. 선고 2015두39996판결 참조).

나. 한편 종전 국민건강보험법은 보험급여 비용을 받은 요양기관에 대하여만 부당이득을 징수할 수 있는 것으로 규정하고 있었으나, 2013.5.22. 신설된 국민건강보험법 제57조 제2항은 "공단은 제1항에 따라 속임수나 그 밖의 부당한 방법으로 보험급여 비용을 받은 요양기관이 다음 각호의 어느 하나에 해당하는 경우에는 해당 요양기관을 개설한 자에게 그 요양기관과 연대하여 같은 항에 따른 징수금을 납부하게 할 수 있다."라고 규정하면서 그 제1호에서 '「의료법」제33조 제2항을 위반하여 의료기관을 개설할 수 없는 자가 의료인의 면허나 의료법인

등의 명의를 대여받아 개설·운영하는 의료기관'을 규정하여 비의료인 개설자에 대한 부당이득징수의 근거를 마련하였다. 그리고 이 사건에서 피고는 위 신설된 국민건강보험법 제57조 제2항에 의거하여 비의료인 개설자인 원고에게 소외 생협에 지급된 요양급여비용 전액을 징수하는 처분을 하였다.

국민건강보험법 제57조 제2항이 정한 부당이득징수 역시 재량행위 라 할 것이다. 그런데 의료법 제33조 제2항이 금지하는 '비의료인의 의료기관 개설행위'는 비의료인이 의료기관의 시설 및 인력의 충원·관리, 개설신고, 의료업의 시행, 필요한 자금의 조달, 운영성과의 귀속 등을 주도적으로 처리하는 것을 의미한다(대법원 2018.11.29. 선고 2018도 10779 판결 참조). 따라서 실질적 개설자인 비의료인에 대하여 요양급여 비용 전액을 징수하는 것이 재량권의 범위 내에 있는지 여부를 판단함에 있어서는 특히 이와 같이 의료기관 개설·운영 과정에서 비의료인 개설자가 주도적인 역할을 담당하는 점 및 그 불법성의 정도, 의료기관의 운영에 따른 이익과 손실이 비의료인 개설자에게 귀속된다는 점 등의 사정을 고려하여야 할 것이다.

* 대법원 2020.7.9. 선고 2020두31668, 31675판결

[1] 구 국민건강보험법(2016.2.3. 법률 제13985호로 개정되기 전의 것, 이하 같다)은 국민의 질병·부상에 대한 예방·진단·치료·재활과 출산·사망 및 건강증진에 대하여 보험급여를 실시함으로써 국민보건 향상과 사회보장 증진에 이바지함을 목적으로 제정된 법률이고, 의료급여법은 생활이 어려운 사람에게 의료급여를 함으로써 국민보건의 향상과 사회복지의 증진에 이바지함을 목적으로 제정된 법률로서 의료법 등 다른 개별 행정법률과는 입법 목적과 규율대상이 다르다. 따라서 다른 개별 행정법률을 위반하여 요양급여·의료급여를 제공하고 급여비용을 수령한 것이 구 국민건강보험법 제57조 제1항에서 부당이득징

수의 대상으로, 구 국민건강보험법 제98조 제1항 제1호, 의료급여법 제28조 제1항 제1호에서 업무정지처분의 대상으로 각 정한 '속임수나 그 밖의 부당한 방법으로 급여비용을 받은 경우'에 해당하는지는 국민건강보험법·의료급여법과 다른 개별 행정법률의 입법 목적 및 규율대상의 차이를 염두에 두고 국민건강보험법령·의료급여법령상 급여기준의 내용과 취지 및 다른 개별 행정법률에 의한 제재수단 외에 국민건강보험법·의료급여법에 따른 부당이득징수 및 업무정지처분까지 하여야 할 필요성의 유무와 정도 등을 고려하여 판단하여야 한다.

　[2] 구 국민건강보험 요양급여의 기준에 관한 규칙(2016.6.3. 보건복지부령 제404호로 개정되기 전의 것, 이하 '건강보험 요양급여규칙'이라 한다)이 요양급여의 일반원칙으로 '요양기관은 가입자 등의 요양급여에 필요한 적정한 인력·시설 및 장비를 유지하여야 한다'고 규정한 취지는 요양기관으로 하여금 환자의 치료에 적합한 요양급여를 제공하게 하려는 것이고, 특수의료장비와 관련하여 '일정한 인력·시설을 갖추어 등록하고 정기적인 품질관리검사를 받을 것'을 요양급여의 기준으로 정한 것은 이를 구체화한 것이다. 그러므로 의료법의 위임에 따른 구 특수의료장비의 설치 및 운영에 관한 규칙(2019.1.10. 보건복지부령 제613호로 개정되기 전의 것)에 정한 특수의료장비 설치인정기준 가운데 등록 및 품질관리검사에 관한 부분을 제외한 나머지 부분은 이를 위반한 경우 의료법에 따라 시정명령 등의 제재 사유가 됨은 별론으로 하더라도 구 국민건강보험법(2016.2.3. 법률 제13985호로 개정되기 전의 것, 이하 같다) 제57조 제1항에서 정한 부당이득징수처분 또는 구 국민건강보험법 제98조 제1항 제1호, 의료급여법 제28조 제1항 제1호에서 정한 업무정지처분의 사유가 된다고 볼 수 없다.

　[3] 요양·의료기관을 운영하는 甲이 영상의학과 전문의 乙 등이 실제 요양기관에 출근하지 않는 등 전산화단층 촬영장치 등의 의료영상 품질관리 업무의 총괄 및 감독, 영상화질 평가 등의 업무를 수행하지

않고 원격으로 판독 업무만 하였음에도 비전속 인력으로 신고하고 전산
화단층 영상진단료 등에 관하여 요양급여·의료급여비용을 청구하여
지급받았다는 이유로 요양급여비용 환수처분 및 업무정지처분을 받은
사안에서, 甲이 비전속 영상의학과 전문의의 영상판독을 거쳐 품질관리
적합판정을 받고 등록된 전산화단층 촬영장치 등을 활용한 전산화단층
영상진단료 등을 요양급여비용 또는 의료급여비용으로 청구하였다면
이를 구 국민건강보험법(2016.2.3. 법률 제13985호로 개정되기 전의
것) 제57조 제1항, 제98조 제1항 제1호, 의료급여법 제28조 제1항 제1
호의 '속임수나 그 밖의 부당한 방법'으로 급여비용을 받은 경우에 해당
한다고 볼 수 없는데도, 이와 달리 본 원심판단에 법리오해의 잘못이
있다고 한 사례.

　　* 대법원 2020.7.9. 선고 2018두44838판결
　　1. 국민건강보험법과 의료법의 각 규정 내용과 체재 등에 비추어
보면, 의료기관을 개설할 수 없는 자가 개설한 의료기관은 국민건강보
험법상 요양기관이 될 수 없으므로, 이러한 의료기관이 국민건강보험법
상 요양급여를 실시하고 그 급여비용을 청구하는 것은 '속임수나 그 밖
의 부당한 방법'에 해당하여 국민건강보험법 제57조에 의한 부당이득징
수처분의 대상이 된다고 보아야 한다. 이때 해당 의료기관의 개설 명의
자는 국민건강보험법 제57조 제1항에 따라 부당이득징수처분의 상대방
이 되고, 명의를 대여받아 해당 의료기관을 실질적으로 개설·운영한
자는 국민건강보험법 제57조 제2항에 따라 부당이득징수처분의 상대방
이 된다.
　　2. 국민건강보험법의 각 규정의 내용, 체재와 입법 취지, 부당이득
징수의 법적 성질 등을 고려할 때, 국민건강보험법 제57조 제1항, 제2
항이 정한 부당이득징수는 재량행위라고 보는 것이 옳다. 그리고 의료
기관이 실시한 요양급여 내용(자격을 갖춘 의료인이 요양급여를 시행하

였는지 여부, 요양급여대상에 해당하는지 여부, 적절한 수준에서 이루어진 것인지 아니면 이를 초과하여 소위 과잉진료에 해당하는지 여부 등)과 요양급여비용의 액수, 의료기관 개설·운영 과정에서의 비의료인 개설자와 개설명의자의 역할과 불법성의 정도, 의료기관 운영성과의 귀속 여부, 비의료인 개설자와 개설명의자가 얻은 이익의 정도, 그 밖에 조사에 대한 협조 여부 등의 사정을 고려하지 않고 의료기관의 개설명의자나 비의료인 개설자를 상대로 요양급여비용 전액을 징수하는 것은 다른 특별한 사정이 없는 한 비례의 원칙에 위배되어 재량권을 일탈·남용한 것으로 볼 수 있다.

　* 대법원 2020.10.15. 선고 2020두36052판결

　　[1] 구 국민건강보험법(2016. 2. 3. 법률 제13985호로 개정되기 전의 것, 이하 같다)은 국민의 질병·부상에 대한 예방·진단·치료·재활과 출산·사망 및 건강증진에 대하여 보험급여를 실시하여 국민보건 향상과 사회보장 증진에 이바지함을 목적으로 제정된 법률(제1조)로서 응급의료에 관한 법률 등 다른 개별 행정법률과는 입법 목적과 규율대상이 다르다. 따라서 국민건강보험법에 따른 요양기관이 응급의료에 관한 법률 등 다른 개별 행정법률을 위반하여 요양급여를 제공하고 요양급여비용을 받은 것이 구 국민건강보험법 제57조 제1항에서 부당이득징수의 대상으로 정한 '속임수나 그 밖의 부당한 방법으로 보험급여비용을 받은 경우'에 해당하는지는 국민건강보험법과 다른 개별 행정법률의 입법 목적 및 규율대상의 차이를 염두에 두고 국민건강보험법령상 보험급여기준의 내용과 취지 및 다른 개별 행정법률에 의한 제재수단 외에 국민건강보험법상 부당이득징수까지 하여야 할 필요성의 유무와 정도 등을 고려하여 판단하여야 한다.

　　[2] 지역응급의료기관으로 지정된 갑 병원이 응급의료에 관한 법률 시행규칙 [별표 8] '지역응급의료기관 지정기준' 중 응급실 전담간호

사 인원수가 5명 이상이어야 한다는 인력기준을 충족하지 못하게 되었음에도 계속하여 응급실에 내원한 환자 등을 상대로 응급처치 및 응급의료를 실시하고 응급의료관리료를 지급받은 사실에 대하여, 갑 병원이 속임수나 그 밖의 부당한 방법으로 응급의료관리료를 지급받았다는 이유로 국민건강보험공단이 구 국민건강보험법(2016.2.3. 법률 제13985호로 개정되기 전의 것, 이하 같다) 제57조 제1항에 근거하여 갑 병원에 응급의료관리료 징수처분을 한 사안에서, 관련 법령의 규정 내용과 취지를 관련 법리에 비추어 살펴보면, 갑 병원이 응급실에 내원한 응급환자와 비응급환자에게 응급처치 등을 행한 이상 비록 당시 '응급실 전담간호사 인력기준'을 충족하지 못하였더라도 그러한 사정만으로 갑 병원이 위 응급처치 등과 관련하여 받은 응급의료관리료를 구 국민건강보험법 제57조 제1항에서 부당이득징수의 대상으로 정한 '속임수나 그 밖의 부당한 방법으로 받은 보험급여 비용'에 해당한다고 보기는 어렵다고 한 사례.

　　* 대법원 2020.10.15. 선고 2020두32623판결

　　가. 의료급여법 제23조 제1항은 문언상 급여비용에 상당하는 금액의 일부 징수가 가능함을 명시하고 있고, 의료급여기관으로서는 부당이득징수로 이미 실시한 의료급여에 든 비용을 상환 받지 못하는 결과가 되어 침익적 성격도 크다. 이러한 관련 규정의 내용, 부당이득징수의 법적 성질 등을 고려하면, 의료급여법 제23조 제1항, 제3항에 따른 부당이득징수는 재량행위라고 보는 것이 옳다. 그리고 의료급여기관이 실시한 의료급여 내용과 의료급여 비용의 액수, 의료급여기관 개설·운영 과정에서의 실질적 개설·운영자와 개설명의자의 역할과 불법성의 정도, 의료급여기관 운영성과의 귀속 여부, 실질적 개설·운영자와 개설명의자가 얻은 이익의 정도, 그 밖에 조사에 대한 협조 여부 등의 사정을 고려하지 않고 의료급여기관의 실질적 개설·운영자나 개설명의자 등을 상

대로 의료급여비용 전액을 징수하는 것은 다른 특별한 사정이 없는 한 비례의 원칙에 위배된 것으로 재량권을 일탈·남용한 때에 해당하는 것으로 보아야 한다(대법원 2020.6.4. 선고 2015두39996 판결 등 참조).

　나. 그런데도 원심은 의료급여법 제23조 제1항, 제3항에서 정한 부당이득징수가 기속행위라고 보아, 위와 같은 사정들을 전혀 심리하지 않은 채 원고에 대하여 이 사건 급여비용 전액을 징수하는 내용의 이 사건 처분이 적법하다고 판단하였다. 이러한 원심판단에는 비례의 원칙, 재량권 일탈·남용에 관한 법리를 오해하여 판결에 영향을 미친 위법이 있다. 이 점을 지적하는 원고의 상고이유는 이유 있다.

　* 대법원 2020.10.15. 선고 2019두61243판결

　가. 구 국민건강보험법 제52조 제1항은 "공단은 사위 기타 부당한 방법으로 보험급여를 받은 자 또는 보험급여비용을 받은 요양기관에 대하여 그 급여 또는 급여비용에 상당하는 금액의 전부 또는 일부를 징수한다."라고 규정하여 그 문언상 일부 징수가 가능함을 명시하고 있다. 요양기관으로서는 부당이득징수로 인하여 이미 실시한 요양급여에 대하여 그 비용을 상환 받지 못하는 결과가 되어 침익적 성격도 크다. 이러한 관련 규정의 내용과 부당이득징수의 법적 성질 등을 고려하면, 구 국민건강보험법 제52조 제1항에 따른 부당이득징수는 재량행위라고 보는 것이 옳다. 그리고 요양기관이 실시한 요양급여 내용과 요양급여 비용의 액수, 요양기관 개설·운영 과정에서의 개설명의인의 역할과 불법성의 정도, 요양기관 운영성과의 귀속 여부와 개설명의인이 얻은 이익의 정도, 그 밖에 조사에 대한 협조 여부 등의 사정을 고려하지 않고 요양기관 개설명의인을 상대로 요양급여비용 전액을 징수하는 것은 다른 특별한 사정이 없는 한 비례의 원칙에 위배된 것으로 재량권을 일탈·남용한 때에 해당한다(대법원 2020. 6. 4. 선고 2015두39996 판결 등 참조).

　　나. 이 사건에 관한 판단

　　(1) 기록을 살펴보면, 원고는 원심에서 재량권 일탈·남용으로 볼만한 주장을 하였고, 상고이유 중 요양급여비용의 징수 범위를 다투는 주장도 같은 취지로 이해할 수 있다.

　　(2) 그런데도 원심은 위와 같은 사정들을 심리하지 않은 채, 이 사건 약국의 개설명의인인 원고에 대하여 요양급여비용 전액을 징수한 이 사건 처분이 적법하다고 판단하였다. 이러한 원심판단에는 비례의 원칙, 재량권 일탈·남용 등에 관한 법리를 오해하여 판결에 영향을 미친 잘못이 있다. 이 점을 지적하는 원고의 상고이유 주장은 이유 있다.

Ⅱ. 해설[1]

1. 쟁점

　　시원인 대법원 2014.4.10. 선고 2011두31697판결이 징수수처분의 근거규정인 구 산업재해보상보험법 제84조 제1항이 잘못 지급된 보험급여에 대해 '징수하여야 한다'고 규정하여 징수처분이 의무임을 분명히 나타냄에도 불구하고, 그 점을 애써 드러내지 않고, 공익과 사익의 형량의 문제로 치환시켜 논증을 하였다. 즉, 사회보험제도 제도에 따른 산업재해보상보험 수급권은 이른바 사회보장 수급권에 속한다는 전제로 하여, "사회보장 급부를 내용으로 하는 행정영역에서 수익적 행정처분의 취소를 통해 달성하려는 공익이란 본질적으로 사업주가 납부하는 보험료와 국고부담 등을 통하여 형성되는 재정상 이익인 반면, 수익자는 수익적 행정처분의 취소에 의해 신뢰보호 및 법률생활의 안정 등과 같은

---

1) 이 글은 제366차 행정판례연구회 월례발표회(2021.5.21.)에서 발표한 것(사무장병원과 관련한 부당이득징수처분의 법적 성질)을 수정, 보완한 것이다.

사익의 침해를 입게 될 것이므로, 수익적 행정처분에 존재하는 하자에 관하여 수익자에게 고의 또는 중과실의 귀책사유가 없는 한, 그 공익상 필요가 수익자가 입게 될 불이익보다 중요하거나 크다고 함부로 단정할 수는 없다. 이러한 위 각 규정의 내용과 취지, 사회보장 행정영역에서의 수익적 행정처분 취소의 특수성 등을 종합하여 보면, 구 산업재해보상보험법 제84조 제1항 제3호에 따라 보험급여를 받은 당사자로부터 잘못 지급된 보험급여액에 해당하는 금액을 징수하는 처분을 함에 있어서는 그 보험급여의 수급에 관하여 당사자에게 고의 또는 중과실의 귀책사유가 있는지, 잘못 지급된 보험급여액을 용이하게 원상회복할 수 있는지, 잘못 지급된 보험급여액에 해당하는 금액을 징수하는 처분을 통하여 달성하고자 하는 공익상 필요의 구체적 내용과 그 처분으로 말미암아 당사자가 입게 될 불이익의 내용 및 정도와 같은 여러 사정을 두루 살펴, 잘못 지급된 보험급여액에 해당하는 금액을 징수하는 처분을 하여야 할 공익상 필요와 그로 인하여 당사자가 입게 될 기득권과 신뢰의 보호 및 법률생활 안정의 침해 등의 불이익을 비교·교량한 후, 그 공익상 필요가 당사자가 입게 될 불이익을 정당화할 만큼 강한 경우에 한하여 보험급여를 받은 당사자로부터 잘못 지급된 보험급여액에 해당하는 금액을 징수하는 처분을 하여야 한다고 봄이 타당하다."고 판시하였다.2) 대법원 2017.3.30. 선고 2015두43971판결 역시 같은 기조에서 국민연금법 규정의 내용과 취지, 사회보장 행정영역에서의 수익적 행정처분 취소의 특수성 등을 종합하여 구 국민연금법 제57조 제1항을 기속규정임에도 불구하고 재량규정인 양 이익형량의 요청을 강조한다.3) 판례가 법규정상 환수처분의 근거규정이 의무규정 즉, 기속규정임에도 불구하고 그것을 －마치 수익적 행정행위의 취소의 차원에서 이익형량적 논증을 전개하기 위한 전제로 삼기 위하여－ 재량규정으로 본다.[4]

　　대상판결은 －그 이후에 일련의 후속 대법원판결이 원심을 파기환송한 것이 보여주듯이－ 구 국민건강보험법 제52조(현행 제57조) 제1항 부당이득의 징수와 관련한 주류적 판례가 기속행위로 접근한 것을 완전히 전복시킨 것이다.[5] 그리하여 이 문제가 사회적 이슈가 되어 급기야 2021년 1분기에만 환수불능금액이 396억원에 달하여 전액환수를 내용으로 하는 건강보험법 개정이 추진되고 있다.[6] 대상판결이 실정법상의 입법자의 의사에 배치되게 재량규정으로 보는 것은 정당화될 수 있는지 검토가 필요하다.

2. 논의의 전제[7]

　　적 행정행위 취소 제한에 관한 이익형량의 모습, 대법원판례해설 제111호 2017, 325-341.

4) 이들 판례의 문제점에 관해서는 김중권, 사회보장급부지급취소처분과 환수처분간의 관계, 법조 제730호(2018.8.28.), 341면-365면.

5) 비록 대상판결이 대법원 2014.4.10. 선고 2011두31697판결 등을 인용하지 않아 단언할 수 없지만, 이들 판례가 영향을 주지 않았을까 추측하여 본다. 그런데 사안의 차이점을 간과해서는 아니 된다. 대법원 2014.4.10. 선고 2011두31697판결 등은 수급자 자신이 문제된 건인 반면, 대상판결의 사안은 요양급여비용을 수급한 요양기관의 문제이다.

6) 쿠키 뉴스 2021.5.6.

7) 요양급여비용의 부당이득의 징수(환수)제도 전반에 관한 설명은 다른 문헌에서 충분히 되어 있으므로, 생략한다. 참고문헌: 최규진, "국민건강보험법 제52조 제1항의 해석에 관한 판례 동향", 법조 통권652호, 2011, 233면 이하; 선정원, "과잉진료와 과잉원외처방으로 인한 부당이득 환수처분과 손해배상청구", 행정법연구 29호(2011), 1면 이하; 현두륜, "건강보험에 있어서 의사와 환자 간의 법률관계", 의료법학 제8권 제2호(2007), 69면 이하; 백경희/장연화, 사무장병원에 대한 법적 규제와 판례의 태도에 관한 고찰, 의료법학 제21권 제1호, 2019, 33면 이하; 최계영. 국민건강보험의 행정법적 쟁점, 법학 제55권 제2호, 2014, 43면 이하.

(1) 구 국민건강보험법 제52조 제1항 부당이득의 징수의 성격에 관한 논의

구 국민건강보험법 제52조 제1항을 비롯한 사회보장 영역에서의 '부당이득의 징수(환수)' 규정은 민법상의 부당이득반환청구제도를 대신한 공법상의 특별제도이다.[8] 수급결정의 취소 없이 곧바로 부당이득의 징수에 나설 수 있게 한 것이다. 따라서 그 본질이 부당이득의 환수라는 점에서는 민법상의 부당이득반환청구제도와 공통되나, 공법제도로서의 특징을 민사적 관점에서 간과해서는 아니 된다. 즉, 그 재원이 공적기금의 성격을 지니기에, 불법수급에 대해서는 더욱 엄격한 입장을 견지해야 한다.

과거 명의대여를 이유로 한 부당이득의 징수 사건에서, 명의대여인(원고)이 실질적으로 보험급여비용은 명의차용자에게 귀속된다는 점, 특히 다른 허위 부당청구의 사유는 없이(진료·조제 자체는 자격자에 의해 이루어짐) 명의대여만을 이유로 명의대여자에게부당이득 징수처분을 한다면 명의대여의 불법성에 비해 지나치게가혹하다는 점 등을 근거로 명의차용인이 부당이득 환수·징수 처분의 상대방이 되어야 한다고 주장을 하였는데, 이에 대해 대법원 2010.9.9. 선고 2010두13258판결은, 부당이득징수처분은 원고에게 부당하게 발생한 이득을 환수하는 처분이 아니라 관련 법령에 의하여 요양급여비용으로 지급될 수 없는 비용임에도불구하고 그것이 지급된 경우 이를 원상회복시키는 처분이므로 그 요건이나 행사방법 등을 민사상 부당이득반환청구와 동일하게 보기 어렵고, 명의대여자에게 실제로 이득이 발생했는지 여부는 고려할 사항이 아닌 점, 건보법 제52조 제1항에서는 보험급여비용을 받은 요양기관을 그 환수의 대상으로 규정하고 있는데, 명의대여자는 요양기관의개설자로서

---

8) 만약 이들 규정이 없다면 당연히 민사절차에 의할 수밖에 없다. 前田雅子, 社会保障における不正利得の徵収, 法と政治 71卷 2号, 2020.9.30., 71頁.

명의대여자의 명의로 요양급여비용을 지급받아 온 점, 국세기본법 등에서 규정된 실질과세의 원칙과 같은 명문의 규정이 건보법에는 없는 점, 명의대여자와 요양기관의 실제 운영자인 명의차용자사이의 내부정산문제는 부당이득 징수처분과는 별개의 문제인 점 등을 근거로 부당이득 징수처분의 대상자는 명의대여자라고 보고 있으며, 명의차용자의 경우는 그 대상이 아니라고 하였다.

(2) 재량행위와 기속행위의 구별기준

1) 논의현황

해당 근거규정의 문언이나 체제에 초점을 맞추는 입장(일종의 문언기준설)과 해당 행위의 내용이나 성질에 초점을 맞추는 입장(일종의 성질설)으로 대별할 수 있다. 판례는 **"당해 처분의 근거가 된 규정의 형식이나 체재 또는 문언에 따라 개별적으로 판단해야 한다."는**[9] **기조를 취하면서도,** 기본적으로는 여전히 성질설의 입장에서 침익적 행위는 기속(재량)행위로, 수익적 행위는 (자유)재량행위로 보고 있다.[10] 다만 문언기준에 입각하여 가능규정인지, 의무규정인지 여부를 착안점으로 삼기도 한다.[11] 대상행위의 성질에 의거한 판례의 논증은 법치국가원리의 차원에서 결정적인 문제가 있다. 왜냐하면 행위의 성질이 부담인지 수익인지 여부는 입법상의 근거유무를 정하는 데 있어서 바로미터이지, 해당 행위의 성질을 논하는 데 동원될 수 없기 때문이다. 의식하지 않았지만 결과적으로 입법적 개선을 소홀히 하게 만들었고 더 이상의 논의전개가 저지되었다. 법적 판단에 가장 중요한 재량유무여부가 어떤 확고한 기준이 아닌 법원의 개별적 판단에 궁극적으로 좌우되는

---

9) 대법원 2008.5.29. 선고 2007두18321판결 등.
10) 대표적으로 대법원 98두17593판결: 개발제한구역 내에서의 건축물의 용도변경에 대한 예외적인 허가는 그 상대방에게 수익적인 것에 틀림이 없으므로, 이는 그 법률적 성질이 재량행위 내지 자유재량행위에 속하는 것이다.
11) 대법원 2013.5.9. 선고 2010두28748판결; 2013.12.12. 선고 2011두3388판결.

것은 법적 안정성의 차원에서도 문제가 있다. 더욱이 대법원 2007두 18321판결의 경우 재량규정으로 접근한 원심과는 달리 근거규정이[12] 법규명령이어서 해당 행위가 기속행위라고 판시하였는데, 근거규정의 법적 성질과 그에 의거한 행위의 재량성여부는 무관하다.

　　법규정상 "할 수 있다."(가능규정),[13] "하여야 한다.", "해서는 아니 된다."(의무규정)는 문언에 의거하여 구별하려는 입장(문언기준설)은 그 자체로는 타당하다. 그러나 이런 구별기준 역시 한계가 있다. 왜냐하면 대부분의 현행 행정법체제는 "…를 하고자 하는 자는 … 허가를 얻어야 한다."는 식으로 행정청의 권한을 간접적으로 규율하는 방식이기 때문이다. 그리고 우리말에 '할 수 있다'는 표현은 선택가능성을 나타내기도 하지만, '…할 권한이 있다'는 식의 권한규정도 나타낸다. 권한규정은 기속행위이기에 더욱 혼란스럽다.[14] 따라서 기속행위와 재량행위의 구별기준에 관해 결코 해결방안이 제시될 수 없는 지금의 상황을 발본적으로 타개하기 위해서는, 패러다임의 전환이 필요하다. 즉, 명문상 의무규정이 존재하지 않는 한, 행정작용은 일반적으로 재량에 해당하는 것으로 볼 필요가 있다(재량행위의 원칙화).[15]

2) 문언기준에 대한 탄력적 접근

　　재량행위의 원칙화와는 별도로, 기왕의 문언기준에 대한 탄력적 접근이 필요하다.[16] 재량은 규율의 대상과 구조로부터도 도출된다. 체계적 해석에 의거해서도 재량이 배제될 수 있다. 즉, 합헌적 법해석에서

---

12) 경찰공무원임용령 제46조 제1항.
13) 그런데 이런 가능규정을 곧바로 재량규정으로 보는 것은 타당하지 않다. 본래 법령 상의 '할 수 있다'는 법률상의 권리, 능력 및 권한 등이 있음을 나타내는 것이기 때문이다. 상론, 박영도, 법령용어에 관한 연구, 1995, 한국법제연구원, 31면.
14) 이런 난맥은 비단 우리만이 아니라, '권한으로서의 가능규정'을 인정하는 독일도 동일하다.
15) 김중권, 행정법 제4판, 2021, 111면.
16) Stelkens/Bonk/Sachs, Verwaltungsverfahrensgesetz, 9. Auflage 2018, §40 Rn.22.

또는 규범의 상관관계로 인해 가능규정 역시 엄격히 의무지워진 내용을
지닌 권능규범으로 해석되기도 한다.[17] 반대로 의무규정이라 하더라도,
목적에 비추어 재량규범으로 이해되어야 하기도 한다.[18] 가령 국토계획
법 제88조 제3항에 의하면, 국토교통부장관, 시·도지사 또는 대도시 시
장은 도시·군계획시설사업의 시행자가 작성한 실시계획이 제43조제2항
에 따른 도시·군계획시설의 결정·구조 및 설치의 기준 등에 맞다고
인정하는 경우에는 실시계획을 인가하여야 한다. 분명 명문상 여기서의
실시계획인가가 기속행위에 해당함에도 불구하고, 실시계획인가의 사업
인정 의제의 효과와 그에 따른 수용권의 발생을 감안하여 대법원
2018.7.24. 선고 2016두48416판결은 그것을 바람직하게도 설권적 처분
의 차원에서 재량적 접근을 한다. 그리고 활동을 의무지우는 강행규범
에서도 행위의 유형을 결정하는 데 있어서는 재량여지가 남겨져 있곤
한다. 가령 감염병예방법 제49조 제1항에 의해 질병관리청장 등은 동항
제1호부터 제14호까지의 해당하는 모든 조치를 하거나 그에 필요한 일
부 조치를 하여야 하는데, 여기서 필요한 조치의 선택의 차원에서 선택
재량이 인정된다.

(3) 판례의 법형성의 한계[19]

의회는 헌법적 규준의 테두리 안에서 자신의 질서관념을 실현하기
위하여 조종수단으로서 법을 활용하는 정치적 조직체이다. 법질서는 입
법부말고도 법원에 의하여 분산적으로 전개되고 형성된다. 법질서는 의

---

17) BVerwGE 44, 339, 342; 74, 315, 323; 106, 263, 271; 108, 64, 70 126, 205 Rn. 27;
   BFH NVwZ–RR 2012, 425 Rn. 8 ff.; VGH München BayVBl 1995, 84; NVwZ–RR
   1999, 501; OVG Berlin NVwZ 1993, 198, 200; VGH Kassel DÖV 1995, 782, 783;
   OVG Münster DÖV 2011, 779 Nr. 805 LS (juris Rn. 115).
18) OVG Münster NuR 1983, 34, zu § 34 Abs. 3 FlurbG.
19) 이하는   Bumke, Einführung in das Forschungsgespräch über die richterliche
   Rechtsarbeit, S.1(6f.), in: Bumke(Hrsg.), Richterrecht zwischen Gesetzesrecht und
   Rechtsgestaltung, 2012 를 발췌하여 옮긴 것이다.

회에 의해 정립된 법보다 더 넓다.[20] 법원은 법질서의 우월한 타당성
의, 질서의, 만족의 요구를 충족시켜야 한다. 그리하여 법원은 단지 여
느 결정을 내릴 의무를 지는 것이 아니라, 현재의 법질서에 접목되고
영역에 특수한 평가에 합치하는 결정을 발견할 의무는 진다. 그리하여
결여되거나 불비한 법률은 보충하여야 하고, 평가상의 모순은 합헌적
해석의 한계내에서 제거하여야 한다. 법원이 자신의 해결책에서 법률의
본문, 입법자의 의사나 입법자의 규율구상에 배치될 수밖에 없을 때는,
비로소 법관의 형성권의 한계에 도달하여, 법원은 헌법재판소에 위헌제
청을 하여야 한다.[21]

   법원은 현행의 법질서에 접목될 수 있는, 본질에 합당한(합사실적)
결론을 목표로 해야 한다. 규범적용자의 역할에서 규범제정의 주체로
나아가는 것은 법원에 허용되지 않는다.[22] 법원에 의한 법생성(생산)은
의회민주적 법생성보다 더 높은 위엄을 누리지 못한다. 법원은 법률에
표현된 법정책적인 결정과 평가에 구속된다. 법을 내용적으로 풍부하게
하는 데 있어서 한계를 지닌다. 법원은 입법자의 방향지시적 규준을 원
칙적으로 자신의 고유한 평가로 대체할 수 없기 때문이다.[23]

---

20) BVerfGE 34, 269, 291f.
21) 전통적으로 독일 연방 헌법재판소는 법관의 형성권의 한계를 다음과 같이 기술한
   다: (법관의) 창조적 법잘견과 법형성의 임무와 권능은 -법치국가적 상태의 포기불
   가한- 판례의 법률구속의 원칙을 고려할 때 한계가 설정되어 있다. 법관은 입법
   자에 의해 확립된 법률의 의미와 목적으로부터 벗어나는 것은 허용되지 않는다.
   법관은 입법자의 근본결단을 고려에 넣어야 하고, 입법자의 의사를 변용된 조건하
   에서 가능한 신뢰할 수 있게 통용되게 하여야 한다. 여기서 법관은 법률해석의 일
   정된 방법론은 따라야 한다. 법관의 법형성으로서 법률의 명료한 어의를 무시하고,
   법률에서 아무런 반향을 발견하지 못하며, 입법자에 의해 명시적으로나 -분명히
   예상과 다른 흠결이 존재하는 경우에는- 묵시적으로 시인되지 않은 해석은 민주
   적 정당성을 가진 입법자의 권한을 허용하지 않게 개입(제약)한다. 최근의 것으로
   BVerfG Beschl. v.25.1.2011=NJW 2011, S.836(838).
22) BVerfGE 87, 272, 290.
23) 최근 독일 연방헌법재판소에 의해 매우 좁은 한계가 설정되는데(BVerfGE 34, 269,
   291f.) 이는 결국 입법자의 주관적(주체적)에 대한 매우 엄격한 구속을 초래한다

3. 구 국민건강보험법 제52조 제1항 부당이득의 징수 규정이 과연 재량규정인가?

(1) 논의현황

국민건강보험법의 부당이득의 징수규정은 국민건강보험법의 모태인 의료보험법의 부당이득 징수 규정에서 유래하는데, 1963.12.16.에 제정된 처음의(법률 제1623호) 의료보험법은[24] 그 같은 규정을 두지 않았는데, 1976.12.22., 전부개정(법률 제2942호)을 통해 마련되었다(제45조).[25] 그 뒤 1981.12.31. 법개정으로 '보험급여비용을 받은 요양취급기관'에 대해서도 가능하게 되었다.

통상적으로 기속규정인지 재량규정인지 여부는 가능규정(Kann-Vorschriften)인지 의무규정(Muß-Vorschriften)인지 여부에 따른다. 그런데 구 국민건강보험법 제52조 제1항 부당이득의 징수 규정은 '징수한다'고 하여 논란이 생긴다. 일각에서는 "…… 한다'라고 규정하고 있는 경우 입법 취지, 입법 목적, 행위의 성질을 고려하여 재량행위, 기속행위를 판단해야 한다."고 지적하는데,[26] 다른 한편으로는 판례가 법정외 거부사유에 따른 거부가능성을 인정하는 상황을 기속재량행위로 받아들여 요양급여처분, 그 거부처분과 환수처분을 기속재량행위로 보고서, 요양급여 기준 위반으로 판단되는 경우에도 예외적 정당화 사유가 존재하는 경우 그 초과한 금액 전부가 아니라 일부만 징수할 수 있다고 해석하는 견해가[27] 있으며, '속임수 기타 부당한 방법'을 형식

(BVerfG Beschl. v.25.1.2011 = NJW 2011, S.836(837ff.)

24) 그러나 이는 오랫동안 시범사업으로만 운용되었는데, 1977년부터 500명 이상의 사업장에 직장의료보험제도가 실시되어 1989년부터 전국민으로 확대되었다.

25) ①보험자는 사기, 기타 부정한 방법에 의하여 보험급여를 받은 자에 대하여 그 급여에 상당한 금액의 전부 또는 일부를 징수한다.

26) 박균성, 행정법론(상), 2021, 328면.

27) 선정원, 앞의 글, 19면.

적, 기계적으로 해석하는 상황에서 기속행위로 본다면, 형평과 정의에
반하는 결과가 초래될 수 있어서 '일부 징수'의 차원에서 재량행위로 해
석될 여지가 있다는 견해도[28] 있다.[29]

(2) 대상판결의 재량적 접근 및 그에 대한 비판

대상판결은 해당 규정이 일부 징수의 가능성을 두고 있으며, 부당
이득의 징수 자체가 침익적 성격이 크다는 점이 든다. 그밖에 법 규정
의 내용, 체제와 입법취지를 드는데, 그와 관련한 구체적인 내용은 문현
호 판사의 글을[30] 통해 짐작할 수 있다. 이하에서는 문현호 판사의 글
에서[31] 전개된 논의를 중심으로 검토한다.

ⅰ) 먼저 문언적 해석의 차원에서 구 국민건강보험법 제52조 제1
항의 '일부'라는 표현이 사용된 이상 재량을 인정할 수밖에 없는데, 전
액 징수만 가능하다면 굳이 '일부'라는 표현을 사용할 필요가 없다고 지
적하는데, 과연 '일부 징수'의 가능성을 지적하였다고 이를 재량의 논거
를 삼을 수 있는지 수긍하기 힘들다. '부당이득의 징수'를 규정한 실정
법의 현황을 보면, 부당이득의 징수를 의무로 설정할 때 징수권이 부당
이득에 한하여 행사되어야 함을 강조한 것으로 이해하면 그 자체가 큰
문제가 되지 않는다. 기속행위로 접근하는 것이 '일부'의 어의와 배치된
다는 지적도 수긍하기 힘들다. 그리고 여기서의 '징수한다'의 표현을 중
립적이라 지적하는데, 오히려 종래 민사적 방법으로 부당이득환수를 도
모하는 것을 공법적으로 대체한다는 강한 의지의 표현으로 볼 수 있다.

---

28) 현두륜, "건강보험에 있어서 의사와 환자 간의 법률관계", 의료법학 제8권 제2호
   (2007), 108면~109면.
29) 이와 관련해서는 만약 법개정을 통해 '일부 징수' 부분을 삭제하면 어떻게 판단내릴
   것인지 물음이 던져진다. '일부 징수' 부분의 존재에 따라 징수의 법적 성질이 결정
   된다는 식의 논증은 이해하기 힘들다.
30) 상론은 문현호, 비의료인 개설 의료기관('이른바 사무장병원')에 대한 국민건강보험
   법상 부당이득징수 처분, 사법 제54호, 2020, 791면 이하.
31) 상론은 문현호, 위의 글, 846면 이하.

1977.12.31.에 제정된 '공무원및사립학교교직원의료보험법'(법률 제3081호)은 처음부터 이런 차원에서 부당이득의 징수 규정을[32] 둔 것이라 여겨진다.

ⅱ) 체계적 해석의 차원에서 동 규정은 적용 범위가 넓은 일반조항이기에 실질적 부당이득징수사유를 포착하기 위해서 재량규정이어야 함을 내세우는데, 이는 실제적인 부당이득이 되는지 여부의 문제이고 부당이득의 적정성의 물음이기에, 재량규정의 논거가 될 수 없다.

ⅲ) 목적론적 해석의 차원에서 요양급여비용 중 일부 금액만 부당하면 그 금액만큼 행정청의 증명책임이 경감되는데, 만약 기속행위로 보면 부당한 일부 금액 특정의 증명책임까지 행정청이 부담하여 엄격하게 보면 처분이 불가능하게 된다고 지적하였는데, 과연 이것이 목적론적 해석의 접근방식인지 의문스럽다.

ⅳ) 엄격해석의 차원에서 요양급여비용이 유상급부에 대한 대가이어서 그것의 징수는 무상 보조금 환수보다 침익성이 가장 강하기에 재량이라는 것인데, 통상적으로 침익행위를 애써 재량행위가 아닌 기속행위로 보는 것과는 완전히 상반된 논증이다. 침익성이 크기에 행정청의 자의가 기속행위의 경우보다 상대적으로 개재될 가능성이 큰 재량행위로 접근하는 것은 오히려 문제가 있다.

ⅴ) 합헌적 해석의 차원에서 과잉금지의 원칙에서 재량행위로 보아야 한다면서 헌재 2015. 7. 30. 2014헌바298 등의 결정이유—심판대상조항들은 '급여비용에 상당하는 금액의 전부 또는 일부'를 부당이득으로 징수하도록 정하고 있어, 구체적 사안에 따라 그 금액 전부의 징수가 부당한 경우에는 일부만 징수할 수 있으므로, 부당이득금 징수처분으로 인한 의료인의 피해를 최소화하고 있다—가 해당 규정을 재량행위설을 전제로 한 것으로 해석된다고 지적한다. 그런데 '일부'의 의미와

---

32) 제45조 (부당이득의 징수) ①보험자는 사위 기타 부정한 방법에 의하여 보험급여를 받은 자에 대하여 그 급여에 상당하는 금액의 전부 또는 일부를 징수한다.

관련해서 헌법재판소가 수급한 요양급여비용 가운데 부당이득에 해당
하는 것만을 징수하도록 입법자가 배려한 것임을 지적한 데 불과하다.
그 이상 그 이하의 의미를 찾을 수 없다. 더해서 다양한 일률적인 전액
징수가 불공평 또는 책임초과로 이어질 수 있으며, 절차적, 형식적 규정
만 위반한 경우에는 요양급여기준위반보다 징수금액이 더 크게 될 수
있으며, 그리하여 회생파산절차에 의한 면책이 불가능한 의사들이 경제
적 불능상태에 빠지게 되어 사회 전체적으로 바람직하지 않음을 든다.
그런데 과도한 징수의 경우는 기속행위인 과세처분에서 일부취소와 같
은 방법으로 충분히 대처할 수 있다는 점에서 −일종의 부당결부와 같
은− 이런 식의 논증이 과연 재량행위적 접근을 정당화시킬 수 있을지
큰 의문이 든다.

　　vi) 다른 법령과의 비교에서 부당이득 성격이 있다고 하여 반드시
기속행위로 볼 수는 없고, 입법정책적 문제일 뿐이라고 지적하는데, 이
는 동 규정의 재량행위성 여부의 논거와는 무관하다. 재량행위라도 전
부 징수가 가능하며, 부당이득의 징수(박탈)의 성격이 징수의 재량행위
와 모순되지 않는다는 지적과 관련해서는 과연 본 사안에 통용될 수 있
는 논증인지 판단이 되지 않는다.

　(3) 관견

　　결론적으로 해당규정을 재량규정으로 접근하기 위해 내세운 논거
모두가 전혀 수긍하기 힘들다. 비록 익숙한 규정방식 −하여야 한다− 을
취하지 않아 논란이 있을 수 있지만, 법 규정의 내용, 체재와 입법취지
를[33] 감안할 때 구 국민건강보험법 제52조 제1항 부당이득의 징수 규

---

[33] 동 규정의 원형은 일본 健康保險法 제58조 제1항이다. 第五十八条 (不正利得の徵收
等) 偽りその他不正の行為によって保險給付を受けた者があるときは´ 保險者は´
その者からその給付の価額の全部又は一部を徵收することができる(거짓 그 외 부정
의 행위에 의해 보험급여를 받은 자가 있는 때에는 보험자는 그 사람으로부터 그
급부의 가액의 전부 또는 일부를 징수할 수 있다). 그런데 일본의 경우 여기서 '할

정은 기속규정일 수밖에 없다.[34] 징수(환수)처분규정을 기속규정으로 둔 입법상황은 입법자가 연금지급의 적법성을 다른 여지 없이 실현하기 위함이다.[35] 즉, 침익적 처분을 행정재량에 맡겼을 때 공평하지도 정의롭지도 않은 법집행의 가능성을 처음부터 배제하기 위함이다. 특히 헌재 2015.7.30. 2014헌바298 등의 지적과[36] 같은 부당이득 징수제도의 정당성을 고려하면, 애써 그것을 이익형량의 틀속에서 징수권자의 자의가 개재될 가능성이 있는 재량행위로 접근할 이유가 어디에 있는지 반문하고 싶다. 부당이득에 해당하지 않은 부분은 일부취소판결로 충분히 대처할 수 있는데, 그 전체를 취소시킨다는 것은 전혀 수긍할 수 없다.

　　만약 여기서의 '징수한다'를 '징수하여야 한다'로 접근하기 주저된다면 나름의 차선책이 있다. 독일의 경우 가능규정과 의무규정 사이에 '당위규정(Soll-Vorschriften)'이 있다. 이는 행정청이 원칙적으론 그렇게 해야 하나, 예외적 사건, 즉 비전형적인 상황에선 나름의 논거를 제시함을 전제로 그렇게 하지 않을 수 있다는 것을 의미한다. 국민건강보험법

수 있다'고 규정되어 있지만 기속행위로 접근하는데, 이는 '할 수 있다'의 의미를 일종의 권한규정의 차원에서 접근한 것이다.

34) 여기서 일찍이 박영도 박사는 '한다', '하지 아니한다'의 표현과 관련해서 그것이 법률행위의 내용을 창설적으로 선언할 때 사용하는데, 그 이면의 의미로서 이른바 구속적 의미도 포함되어 있다고 정당하게 지적하였다(동인, 앞의 글, 32면).

35) 이는 독일의 경우에도 동일하다. 사회법전 제10권(SGB X) 제50조,

36) 심판대상조항들의 입법취지는 요양기관 및 의료급여기관이 부당한 방법으로 급여비용을 지급청구하는 것을 방지함으로써 바람직한 급여체계의 유지를 통한 건강보험 및 의료급여 재정의 건전성을 확보하려는 데 있다(헌재 2011.6.30. 2010헌바375 참조). 그런데 사무장병원의 경우에는 비의료인의 운영과 자본에 기반을 두다보니 상대적으로 진료보다는 영리추구에 그 목적이 있어 불법·과잉 의료행위 및 허위·부당 진료비청구 등으로 건강보험 및 의료급여 재정 누수의 원인이 되고 있다. 따라서 심판대상조항들이 사무장병원의 개설명의자인 의료인에 대해 부당이득금을 징수하도록 하는 것은 부당하게 지출된 급여비용을 원상회복하여 재정 건전성을 회복함과 동시에 이러한 제재를 통하여 향후 부당한 급여비용 지급청구를 방지한다는 일반예방 효과를 달성하기 위한 것이므로, 그 입법목적이 정당하고 수단이 적절하다.

의 부당이득징수규정을 당위규정으로 접근하였다면 대상판결이 비록 의도하지 않았으나 결과적으로 사무장병원을 사실상 용인한 셈으로 되지는 않았을 것이다.

4. 현행법상 명의대여의 역사

현행 의료법의 시원법인 의료법(시행 1962.3.20., 법률 제1035호) 제40조는 '비영리의료기관의 개설허가'와 관련해서는 의사, 치과의사 또는 한의사가 아닌 자도 보건사회부장관의 허가를 얻어 비영리개설할 수 있게 하였는데(제1항), 동항 제2항은 "전항의 규정에 의한 의료기관개설자는 그 의료기관이 의료를 주목적으로 하는 것일 때에는 의사, 치과의료를 주목적으로 하는 것일 때에는 치과의사, 한방의료를 주목적으로 하는 것일 때에는 한의사에게 그 의료기관을 관리시켜야 한다.고 규정하였다. 지금처럼 의료인이 자신이 개설한 의료기관에서 의료행위를 하도록 강제한 것은 1973.2.16., 전부개정된 의료법(시행 1973.8.17., 법률 제2533호) 제30조 제1항이다.[37] 동 규정 그 자체가 사무장병원 자체가 허용될 수 없음을 천명한 것이다.[38] 50년 가까운 세월이 지났음에도 여전히 사무장병원이 횡행하고 명의대여가 근절되지 않고 있다. 판례가 사무장병원과 관련하여 매우 엄격한 태도를 견지하고 있으며,[39] 명의차용

---

37) 의료인은 이 법에 의한 의료기관을 개설하지 아니하고는 의료업을 행할 수 없다.
38) 동 개정의 이유: 종전의 의료법이 1962년 3월 20일 제정·공포된 이래 10여년이 경과하는 동안 사회여건이 변화되었을 뿐만 아니라 의료기관의 편중, 응급환자의 진료거부, 의료밀수의 부적정등 의료에 관한 여러 가지 사회적 문제를 야기시킴으로써 국민의료를 저해하는 중요한 요인이 되고 있으므로 변화된 현실에 부응하고 나아가서는 의료인으로 하여금 유신과업의 총화적인 전진대렬에서 국민을 위한 진취적인 자세를 확립하도록 의료에 관한 제도적인 모순을 시정하고 의료질서를 확립하려는 것임.
39) 대법원 2001.11.30. 선고 2001도2015판결: 의료인이나 의료법인이 아닌 자가 의료기관을 개설하여 운영하는 행위는 그 위법의 정도가 중하여 사회생활상 도저히 용인될 수 없는 정도로 반사회성을 띠고 있으므로 업무방해죄의 보호대상이 되는 '업

인에게 전달된 요양급여비용은 강행법규를 위반한 불법원인급여이어서 명의대여자가 부당이득반환을 통해 보전받기 어려운 데도40) 불구하고, 바뀌지 않는 현실에 대한 국가적 차원의 문제의식이 필요하다.

5. 명의대여자에 대한 그릇된 평가의 문제

대상판결은, 구 의료법이 제30조 제2항 위반행위의 주체인 비의료인 개설자는 5년 이하의 징역 또는 2천만 원 이하의 벌금에 처하도록 규정한 반면, 의료인인 개설명의인은 제69조에서 '의료기관의 개설자가 될 수 없는 자에게 고용되어 의료행위를 한 자'로서 300만 원 이하의 벌금에 처하도록 규정하고 있는 것은, 의료인인 개설명의인은 개설자에게 자신의 명의를 제공할 뿐 의료기관의 개설과 운영에 관여하지 않으며, 그에게 고용되어 근로 제공의 대가를 받을 뿐 의료기관 운영에 따른 손익이 그대로 귀속되지도 않는다는 점을 반영한 것으로 본다.41) 그리하여 -잘못된- 재량에서의 이익형량의 논증에 '의료기관 개설·운영 과정에서의 개설명의인의 역할과 불법성의 정도', '의료기관 운영성과의 귀속 여부', '개설명의인이 얻은 이익의 정도', ' 그 밖에 조사에 대한 협조 여부 등'의 사정을 고려하여야 할 것을 지적한다.

명의차용자(진정운영자)와 명의대여자를 차별적으로 접근한 현행 법 상황을 논거로 명의대여자를 -의도하지는 않았지만 결과적으로- 두텁게 보호하는 셈이 되어버렸는데, 수긍하기 힘들다. 명의대여자는 법률에서 금지하는 명의대여를 한 범법자이다.42) 오히려 현실적으로 명

무'에 해당하지 않는다.
40) 최규진, 앞의 글, 237면-238면.
41) 대상판결의 이 부분은 명의대여자에 대한 징수처분의 정당성을 판시한 대법원 2010.9.9. 선고 2010두13258판결의 설시와는 조화되지 않는다.
42) 차제에 명의대여자를 상대적으로 보호해주는 일련의 법규정은 합당하게 개정될 필요가 있다. 그런데 일본의 경우 健康保險法 제58조 제3항은 요양기관에 대해 100분

의대여가 빈번하게 행해지는 현실에서 잠재적 명의대여의 가능성을 부정할 수 없기에 명의대여자에 대한 입법적 호의가 발현된 것은 아닌지 궁금하다. 불법적인 사무장병원은 불법적인 명의대여가 그 출발점인 점에서 그릇된 입법상황을 논거로 명의대여자를 보호하는 태도는 전혀 수긍할 수 없다. 대상판결이 보여주는 것처럼, 법원은 종종 실질주의를 내세워 법의 형식성을 애써 무시하곤 하는데, 판례의 법형성(Rechtsfortbildung) 자체를 인정하더라도 이런 논증은 법치국가원리에 반하여 허용되지 아니 한다. 사실 사안의 문제는 법형성의 문제가 아니라 단순한 해석의 문제이다.

6. 일련의 부당이득의 징수규정 및 환수규정의 법적 성질에 관한 논의

이들 규정은 어떤 것은 가능규정으로, 어떤 것은 의무규정으로 규정되어 있다. 현황을 보면 다음과 같다.

(1) 현황

1) '하여야 한다' 규정
* 산업재해보상보험법
제84조(부당이득의 징수)

① 공단은 보험급여를 받은 사람이 다음 각 호의 어느 하나에 해당하면 그 급여액에 해당하는 금액(제1호의 경우에는 그 급여액의 2배에 해당하는 금액)을 징수하여야 한다. 이 경우 공단이 제90조제2항에 따라 국민건강보험공단등에 청구하여 받은 금액은 징수할 금액에서 제외한다.

의 40을 추가로 지급하게 할 수 있게 규정한다.

* 별정우체국법

제30조(급여의 환수) ① 연금관리단은 급여를 받은 사람이 다음 각 호의 어느 하나에 해당하면 그 급여액을 환수하여야 한다. 이 경우 제1호의 경우에는 급여액에 대통령령으로 정하는 이자와 환수 비용을 더하여 징수하고, 제2호나 제3호의 경우로서 환수금을 내야 할 사람이 납부기한까지 내지 아니하면 대통령령으로 정하는 이자를 더하여 징수하여야 한다.

1. 부정한 방법으로 급여를 받은 경우
2. 급여를 받은 후 그 급여의 사유가 소급하여 소멸된 경우
3. 그 밖에 급여가 잘못 지급된 경우

* 공무원연금법

제37조(급여의 환수) ① 공단은 급여를 받은 사람이 다음 각 호의 어느 하나에 해당하는 경우에는 그 급여액(지급받은 급여액과 지급하여야 할 급여액과의 차액이 발생한 경우에는 그 차액을 말한다. 이하 이 조에서 같다)을 환수하여야 한다. 이 경우 제1호에 해당하면 급여액에 대통령령으로 정하는 이자 및 환수비용을 가산하여 징수하고, 제2호 또는 제3호의 경우로서 환수금을 내야 할 사람이 기한까지 내지 아니하면 대통령령으로 정하는 이자를 가산하여야 한다.

1. 거짓이나 그 밖의 부정한 방법으로 급여를 받은 경우
2. 급여를 받은 후 그 급여의 사유가 소급하여 소멸된 경우
3. 그 밖에 급여가 잘못 지급된 경우

* 공무원 재해보상법

제16조(급여의 환수 등) ① 인사혁신처장 또는 지방자치단체의 장은 급여를 받은 사람이 다음 각 호의 어느 하나에 해당하는 경우에는 그 급여액(지급받은 급여액과 지급하여야 할 급여액과의 차액이 발생한 경우에는 그 차액을 말한다. 이하 이 조에서 같다)을 환수하여야 한다. …

* 사립학교교직원 연금법 (사학연금법)

제39조(급여의 환수) 공단은 다음 각 호의 어느 하나에 해당하는 급여를 수급자(상속인을 포함한다)에게 지급한 경우에는 그 급여액을 환수하여야 한다. …

2) '한다' 규정

* 재난적 의료비 지원에 관한 법률(재난적 의료비지원법)

제17조(부당이득의 징수 등) ① 공단은 지원금액을 받은 자(제14조 제2항에 따라 지원금액을 직접 받은 의료기관등을 포함한다)가 다음 각 호의 어느 하나에 해당하는 경우에는 그 지원금액의 전부 또는 일부를 부당이득금으로 징수한다.

1. 제15조 각 호에 따른 지급제한 사유가 있음에도 지원금액이 지급된 경우

2. 그 밖에 잘못 지급된 지원금액이 있는 경우

* 사회서비스 이용 및 이용권 관리에 관한 법률
  (사회서비스이용권법)

제21조(부당이득의 징수 등) ① 시장·군수·구청장은 거짓이나 그 밖의 부당한 방법으로 사회서비스 제공 비용을 지급받은 제공자에 대하여 그 비용에 상당하는 금액의 전부 또는 일부를 징수한다.

* 의료급여법

제23조(부당이득의 징수) ① 시장·군수·구청장은 속임수나 그 밖의 부당한 방법으로 의료급여를 받은 사람 또는 급여비용을 받은 의료급여기관에 대하여는 그 급여 또는 급여비용에 상당하는 금액의 전부 또는 일부를 부당이득금으로 징수한다.

3) '하여' 규정
* 약사법

제86조의5(피해구제급여의 지급중단 결정 및 부당이득의 징수 등) ② 의약품안전관리원의 장은 피해구제급여를 받은 사람이 다음 각 호의 어느 하나에 해당하는 경우에는 그 피해구제급여액(제1호의 경우에는 그 급여액의 2배를 말한다)을 징수하여 부담금 회계의 수익금으로 하여야 한다.

1. 거짓 또는 그 밖의 부정한 방법으로 피해구제급여를 받은 경우
2. 피해구제급여를 받은 이후 의료사고로 판명되어 조정·중재를 받은 경우
3. 그 밖에 잘못 지급된 피해구제급여가 있는 경우

* 석면피해구제법

제21조(부당이득의 징수) ① 기술원은 구제급여를 받은 사람이 다음 각 호의 어느 하나에 해당하는 경우 그 급여액(제1호의 경우에는 그 급여액의 2배를 말한다)을 징수하여 제24조에 따른 석면피해구제기금에 납입하여야 한다.

4) '할 수 있다' 규정
* 우체국예금·보험에 관한 법률(우체국예금보험법)

제46조(부당이득의 징수) ① 체신관서는 거짓이나 그 밖의 부정한 방법으로 보험금을 지급받은 자에게는 그 지급액을 반환할 것을 요구할 수 있다. 이 경우 보험계약자등이 거짓 진술이나 거짓 증명으로 보험금을 지급하게 하였으면 연대(連帶)하여 책임을 진다.

* 사회보장급여의 이용·제공 및 수급권자 발굴에 관한 법률 (사회보장급여법)

제22조(사회보장급여의 환수) ① 수급자가 제20조에 따른 신고를 고의로 회피하거나 속임수 등의 부정한 방법으로 사회보장급여를 받거

나 타인으로 하여금 사회보장급여를 받게 한 경우에는 사회보장급여를 제공한 보장기관의 장은 그 사회보장급여의 전부 또는 일부를 그 사회보장급여를 받거나 받게 한 자(이하 "부정수급자"라 한다)로부터 환수할 수 있다.

* 고용보험 및 산업재해보상보험의 보험료징수 등에 관한 법률
  (고용산재보험료징수법)

제21조의2(지원금의 환수) ① 국가는 제21조에 따른 고용보험료의 지원을 받은 자가 다음 각 호의 어느 하나에 해당하는 경우에는 그 지원금액의 전부 또는 일부를 환수할 수 있다. 다만, 환수할 금액이 대통령령으로 정하는 금액 미만인 경우에는 환수하지 아니한다.

* 보조금 관리에 관한 법률

제30조(법령 위반 등에 따른 교부 결정의 취소)

① 중앙관서의 장은 보조사업자가 다음 각 호의 어느 하나에 해당하는 경우에는 보조금 교부 결정의 전부 또는 일부를 취소할 수 있다.

1. 보조금을 다른 용도에 사용한 경우

2. 법령, 보조금 교부 결정의 내용 또는 법령에 따른 중앙관서의 장의 처분을 위반한 경우

3. 거짓 신청이나 그 밖의 부정한 방법으로 보조금을 교부받은 경우

(2) '할 수 있다' 규정의 법적 성질

'한다' 규정과 '하여' 규정 역시 기속행위로 접근하는 데 별다른 문제가 없는데, 여기서 문제는 '할 수 있다' 규정이다. 그 자체가 가능규정을 나타내기에 일견 재량규정으로 봄직하다. 재량행정의 특징은 행정청이 법규정을 통해 결정의 자유를 갖는 데 있다. 다수의 법적으로 허용되는 결정 가운데서 공익과 개인의 이익을 형량하면서 합목적성의 고려에서 본질에 맞춰(합사실적으로) 선택하는 결정의 자유가 그것이다.[43] 그

리고 기본권개입수권의 경우 재량수권의 증명에 대해서는 엄격한 요청
을 설정해야 한다.44) 따라서 규범의 상관관계 및 입법취지에 비추어 그
리고 체계적 해석의 차원에서, 부당이득의 징수나 환수의 규정은 설령
가능규정으로 되어 있다 하더라도 기속규정으로 접근하는 것이 바람직
하다.

7. 맺으면서-법에서 형식은 자의(恣意)의 단호한
배격자(排擊者)이자 자유의 쌍둥이자매이다.

행정법도그마틱은 '행정(법집행)과 법원(판례)에 의한, 법문과 법적
용간의 조작가능한(표준화, 규격화가능한) 층(켜)'이다.45) 그것은 규범적
제도와 의미상의 상관관계에 의한 집적이다. 그것은 실정법의 바탕에서
전개되나, 개별법규의 현재상태에 좌우되지는 않는다.46) 법치국가에서
도그마틱은 항상 "법부속적"(rechtsakzessorisch)이다.47) 사법이 현재와
미래를 결정하는 권력인 점에서 대상판결의 논증방식과 결론은 많이 아
쉽다. 한정된 공적 재원의 상황에 비추어 이런 식의 접근이 과연 누구
를 위한 것인지 반문하고 싶다. 민사적으로 명의대여자가 명의차용자를
상대로 부당이득반환을 구하기가 불가능하다는 점에서, 대상판결이 명
의대여자에 대한 치명적인 결과에 착안하여 나름 합리적인 해결책을 강

---

43) Stelkens/Bonk/Sachs, Verwaltungsverfahrensgesetz, §40 Rn.13.
44) Bader/Ronellenfitsch, BeckOK VwVfG, 51. Edition(Stand: 01.04.2021), §40 Rn.36.
45) Eifert, Zum Verhältnis von Dogmatik und pluralisierter Rechtswissenschaft, in:
    Kirchhof/Magen/Schneider, Was weiß Dogmatik?, 2012, S.79(96).
46) Möllers, in: Grundlagen des Verwaltungsrechts Bd. I, 2.Aufl., 2012 §3 Rn.35. 비슷하
    게 Klement, Verantwortung, 2006, S.34ff.는 다음의 두 가지 종류의 법규를 구분한
    다: 창설적 법규와 확인적 법규. 도그마틱의 법규는 두 번째 종류의 법규이다: 그것
    은 첫 번째 그룹의 당위조항으로부터 일반적인 구체화하는 규범적 언명을 형성한
    다(S.39). 양 그룹의 상호관계는 "교호적으로 이해되어야" 한다(S.40).
47) Waldhoff, in: Kirchhof/Magen/Schneider, Dogmatik, S.17(27).

구하고자 한 선의는 충분히 이해될 수 있지만, 그것이 법질서의 근간을 침식한다면 사정이 다르다.

　명의대여가 아직 온존한다는 것은 형식에 맞춘 법제도가 아직 완전히 착근하지 않은 것이다. 일찍이 Jhering이 형식을 자의(恣意)의 단호한 배격자(排擊者)이자 자유의 쌍둥이자매로 평하였듯이,[48] 법에서 형식은 공식(公式)이자 정식(定式)이다. 전방위적 상황을 고려하지 않은 채 실질을 함부로 내세워서는 아니 된다. 자칫 법적 아노미를 유발할 수 있다. 비록 대상판결에서는 명시적으로 인용되지 않았지만, 최근 사회보장영역에서 법치국가원리와 조화되지 않은 양상이 대법원 2014.4.10. 선고 2011두31697판결을 시발로 빚어지고 있다. 아무리 사회보장행정법이 일반행정법의 실험장인 동시에 혁신의 원동력으로 여겨진다 하더라도, 민주적 법치국가원리를 넘어갈 수는 없다.[49] 일찍이 Zacher 교수가, "사회적인 것 그 자체가 결코 예외를 정당화시키지는 않는다. 개별적 결정이 개별사례에서 비사회적인(unsozial) 결과를 초래하더라도 그 개별적 결정은 법률에 구속된다."고 지적하였다.[50]

---

48) ders., Geist des römischen Rechts auf den verschiedenen Stufen seiner Entwicklung, 2.T1., 2.Abt. 1875, S.471.
49) 김중권, 사회보장분야에서 행정재판의 의의와 역할, 행정판례연구 제23집 제2호, 2018.12.31. 3면 이하.
50) ders., Das soziale Staatsziel, in: Isensee/Kirchhof(Hrsg.), HStR Bd.1, §25 Rn.97.

참고문헌

김남진, 『행정법의 기본문제』, 법문사(1994).

김남진·김연태, 『행정법 I』, 법문사(2021).

김동희·최계영, 『행정법 I』, 박영사(2021).

김유환, 『현대행정법강의』, 법문사(2021).

김중권, 『행정법』, 법문사(2021).

_____, 『행정법기본연구 I』, 법문사(2008), II(2009), III(2010), IV(2013).

_____, 『EU행정법연구』, 법문사(2018).

_____, 『행정법의 현대화와 개혁』(행정법기본연구 VI), 법문사(2021)

김철용, 『행정법』, 고시계사(2021).

박균성, 『행정법론(상)』, 박영사(2021).

박영도, 『법령용어에 관한 연구』, 한국법제연구원(1995)

박정훈, 『행정소송의 구조와 기능』, 박영사(2006).

석종현·송동수, 『일반행정법(상)』, 삼영사(2011).

유지태·박종수, 『행정법신론』, 박영사(2021).

정남철, 『행정구제의 기본원리』, 법문사(2015).

정하중, 『행정법개론』, 법문사(2021).

한견우, 『현대행정법신론 』, 세창출판사(2014).

홍정선, 『행정법원론(상), 박영사(2021).

홍준형, 『행정법』, 법문사(2017).

김길량, 사회보장행정 영역에서의 수익적 행정행위 취소 제한에 관한 이
    익형량의 모습, 대법원 판례해설 제111호 2017, 325면 이하.

김중권, 사회보장급부지급취소처분과 환수처분간의 관계, 법조 제730호,
    2018.8.28., 341면 이하.

_____, 사회보장분야에서 행정재판의 의의와 역할, 행정판례연구 제23집

제2호, 2018.12.31. 3면 이하.

문현호, 비의료인 개설 의료기관('이른바 사무장병원')에 대한 국민건강보
    험법상 부당이득징수처분, 사법 제54호, 2020, 791면 이하

선정원, "과잉진료와 과잉원외처방으로 인한 부당이득 환수처분과 손해배
    상청구", 행정법연구 29호, 2011), 1면 이하.

유해용, 수익적 행정처분의 취소 제한, 신영철 대법관 퇴임기념 논문집,
    2015, 1050면 이하.

이상덕, 산재보험 영역에서 과오급 보험급여 환수의 법적 문제 : 수익적
    행정행위 직권취소제한의 법리와 관련하여. 사법논집 제57집 57집,
    2013, 123면 이하.

백경희·장연화, 사무장병원에 대한 법적 규제와 판례의 태도에 관한 고
    찰, 의료법학 제21권 제1호, 2019, 33면 이하.

최규진, "국민건강보험법 제52조 제1항의 해석에 관한 판례 동향", 법조
    통권652호, 2011, 233면 이하.

최계영. 국민건강보험의 행정법적 쟁점, 법학 제55권 제2호, 2014, 43면
    이하.

현두륜, "건강보험에 있어서 의사와 환자 간의 법률관계", 의료법학 제8권
    제2호, 2007, 69면 이하.

前田雅子, 社会保障における不正利得の徴収, 法と政治 71巻 2号, 2020.9.30.,
    67頁 以下.

Bader/Ronellenfitsch, BeckOK VwVfG, 51. Edition(Stand: 01.04.2021)

Bumke(Hrsg.),   Richterrecht   zwischen   Gesetzesrecht   und
    Rechtsgestaltung, 2012.

Ehlers/Pünder(Hrsg.), Allg. VerwR, 15.Aufl., 2015.

Isensee/Kirchhof(Hrsg.),   Handbuch   des   Staatsrechts   der
    Bundesrepublik Deutschland Bd.1, 2003.

Kopp/Ramsauer, VwVfG, 17.Aufl., 2016.

Kirchhof/Magen/Schneider, Was weiß Dogmatik?, 2012

Maurer/Waldhoff, Allg. VerwR, 19.Aufl., 2017.
Stelkens/Bonk/Sachs, Verwaltungsverfahrensgesetz, 9. Auflage 2018.

국문초록

판례는 구 국민건강보험법 제52조(현행 제57조) 제1항 부당이득의 징수규정을 재량규정으로 접근하는데, 내세운 논거 모두가 전혀 수긍하기 힘들다. 비록 익숙한 규정방식—하여야 한다—을 취하지 않아 논란이 있을 수 있지만, 법 규정의 내용, 체재와 입법취지를 감안할 때 해당 부당이득의 징수 규정은 기속규정일 수밖에 없다. 징수(환수)처분규정을 기속규정으로 둔 입법 상황은 입법자가 연금지급의 적법성을 다른 여지 없이 실현하기 위함이다. 침익적 처분을 행정재량에 맡겼을 때 공평하지도 정의롭지도 않은 법집행의 가능성을 처음부터 배제하기 위함이다. 이익형량의 틀속에서 징수권자의 자의가 개재될 가능성이 있는 재량행위로 접근할 이유가 어디에 있는지 반문하고 싶다. 사법이 현재와 미래를 결정하는 권력인 점에서 대상판결의 논증방식과 결론은 많이 아쉽다. 형식은 자의(恣意)의 단호한 배격자(排擊者)이자 자유의 쌍둥이자매이다(Jhering).

주제어: 불법수급급부의 반환, 재량행위, 기속행위, 가능규정, 의무규정, 당위규정, 법관의 법형성

Zusammenfassung

Rechtliche Natur der Entsscheidung über Erstattung zu
Unrecht erbrachter Leistungen im Krankenversicherungsgesetz

Kim, Jung−Kwon[*]

Die Rechtsprechung hat in diesem Fall §52 Krankenversicherungsgesetz (KVG) a.F. als Ermessensvorschrift interpretiert, welche Erstattung zu Unrecht erbrachter Leistung bestimmt. Diese Auffassung ist gar nicht überzeugend. Auch wenn das Gesetz hier keine deutliche Formulierung für gebundene Verwaltungsakte bzw. Vorschriften vorsieht und dadurch die Rechtsnatur der Regelung zweifehlhaft ist, muss die Regelung nach §52 KVG a.F. angesichts ihrer Inhalte, Struktur und Gesetzbegründung sicher als gebundene Vorschrift eingeordnet werden. Der Gesetzgeber geht davon aus, dass die Regelung über Erstattung zu Unrecht erbrachter Leistungen prinzipiell auf die Rechtsmäßigkeit der Rentenauszahlung zweifellos abzielt. Damit müsste §52 KVG a.F. entweder Muss−Vorschriften oder Soll−Vorschriften sein. Wenn die belastende Verfügung nach dem Ermessen der Behörde getroffen wird, ist diese Verfügung sicher unrichtig sowie ungerecht und erst die Rechtsdurchsetzungsmöglichkeit ausgeschlossen. Damit ist die Interpretation der Rechtsprechung grundsätzlich skeptisch, die die problematische Regelung als Ermessensvorschrift ansehen. Da die Ermessenvorschrift im Rahmen der Interessenabwägung der Willkür der

---

[*] Chung−Ang University

Behörde Rechnung trägt, ist die Ansicht der Rechtsprechung auch unzutreffend. Schließlich ist die Form die geschworene Feindin der Willkür, die Zwillingsschwester der Freiheit (Rudolf von Jhering)

Schlüsselwörter: Erstattung zu Unrecht erbrachter Leistungen, Ermessen, gebundener Verwaltungsakt, Kann-Vorschriften, Muß-Vorschriften, Soll-Vorschriften, richterliche Rechtsfortbildung

투고일 2021. 6. 4.
심사일 2021. 6. 30.
게재확정일 2021. 6. 30

교육환경영향평가와 건축의 자유

대법원 2020. 10. 15. 선고 2019두45739 판결

| Ⅰ. 대상판결의 개요와 쟁점   Ⅲ. 교육환경평가 제도에 관한 검토 |
| Ⅱ. 환경권 관련 행정청의 재량을   Ⅳ. 입법론 |
| 폭넓게 인정하는 법원의 태도   Ⅴ. 대상판결의 의의 |
└───┘

Ⅰ. 대상판결의 개요와 쟁점

1. 사실관계

원고는 해운대초등학교 경계로부터 19.1m(초등학교 정문으로부터 234m, 후문으로부터 212m) 떨어진, 교육환경 보호에 관한 법률(이하 '교육환경법'이라 한다) 제8조 제1항 제2호1)에 따른 상대보호구역 내에 있는

---

1) 제8조(교육환경보호구역의 설정 등) ① 교육감은 학교경계 또는 학교설립예정지 경계(이하 "학교경계등"이라 한다)로부터 직선거리 200미터의 범위 안의 지역을 다음 각 호의 구분에 따라 교육환경보호구역으로 설정·고시하여야 한다.
  1. 절대보호구역: 학교출입문으로부터 직선거리로 50미터까지인 지역(학교설립예정지의 경우 학교경계로부터 직선거리 50미터까지인 지역)
  2. <u>상대보호구역: 학교경계등으로부터 직선거리로 200미터까지인 지역 중 절대보호구역을 제외한 지역</u>

- 47 -

부산 해운대구 중동 1212-1 일원 합계 4,398m²(이하 '이 사건 부지'라 한다)에 지하 5층, 지상 44층 및 48층 규모의 주상복합건물 2개동(이하 '이 사건 건물'이라 한다)을 신축하려는 사업계획을 가지고 있었다. 원고는 2018. 2. 2. 피고인 부산시해운대교육지원청 교육장에게 교육환경에 미치는 영향에 관한 평가서(이하 '이 사건 평가서'라 한다)에 대한 승인을 신청하였다. 피고는 부산광역시 교육환경보호위원회에 교육환경평가서의 검토를 요청하였고, 위 위원회는 2018. 2. 26. 피고에게 불승인 의견을 제출하였다. 이에 따라 피고는 2018. 3. 2. 조망, 일조, 통학안전 등 심각한 교육환경 침해요인이 발생한다는 이유로 원고에게 이 사건 평가서에 대한 불승인을 통보하였다(이하 '이 사건 처분'이라 한다).

　　해운대초등학교 교사[2]는 남동향이며, 교사 정면에는 운동장이, 교사 측면 북동쪽에는 강당이, 교사 측면 남서쪽에 학교 정문이 위치하고 있다. 해운대초등학교 교사 뒤편(북서쪽)에는 780세대, 34층 규모의 롯데캐슬마린아파트 6개동이 있고, 강당 뒤편(북동쪽)에는 358세대, 32층 규모의 두산위브아파트 3개동이 있으며, 해운대초등학교 후문은 해운대해변로(폭 25m 대로)에 연접하여 위 롯데캐슬마린아파트와 두산위브아파트 사이로 연결되어 있다. 해운대초등학교 교사와 같은 방향으로 멀리 엘시티더샵아파트[3] 신축공사가 진행되고 있었다. 이 사건 부지는 해운대초등학교 강당과 두산위브아파트 남동쪽에 위치하고, 폭 12m와 25m의 도로(해운대해변로)에 접해 있으며, 국토계획법에 따른 용도지역은 일반상업지역이다.

---

2) 교실, 도서실 등 교수, 학습활동에 직간접적으로 영향을 미치는 모든 실내 시설을 말한다.
3) 엘시티더샵아파트는 2021년 6월 현재 완공되어 입주가 완료된 상태이다.

2. 원심판결의 요지

교육환경법은 학교의 교육환경 보호에 필요한 사항을 규정하여 학생이 건강하고 쾌적한 환경에서 교육받을 수 있게 하는 것을 목적으로 한다(제1조). 교육환경법 제6조 제1항은, 교육환경보호구역에서 건축법 제11조 제1항 단서에 따른 규모의 건축(21층 이상의 건축물 등)을 하려는 자는 교육환경평가서를 관할 교육감에게 제출하고 그 승인을 받아야 한다고 규정하고, 교육환경법 시행령 제17조 제3, 4항은, 교육감은 교육환경평가서를 제출받은 날부터 45일 이내에 그 승인 여부를 결정하고 평가작성자에게 교육환경평가서의 승인 여부와 승인하지 아니하는 경우 그 사유, 교육환경 보호를 위하여 필요한 사항의 권고 내용 및 그 사유를 명시하여 결과를 통보하여야 한다고 규정한다. 교육환경법 제6조 제8항은 교육환경평가서의 작성 항목·절차·기준과 각 항목별 작성방법 등 그 밖에 필요한 사항은 대통령령으로 정한다고 하고, 교육환경법 시행령 제16조는 교육환경평가서에 교육환경 영향평가 대상별 조사자료 및 현황, 교육환경 영향평가 결과, 교육환경 보호를 위한 조치 계획 등의 내용이 포함되어야 하고(제1항), 평가 대상별로 교육부령으로 정하는 평가 기준에 따라 평가한 결과(제3항 제3호) 및 평가 기준 이상이 되도록 할 수 있는 구체적인 방안 및 계획 등을 기재하도록(제3항 제4호) 규정하고 있다. 그 위임에 따른 교육환경법 시행규칙 제2조, [별표 1(이하 '이 사건 별표'라 한다)에서는 구체적 평가기준을 규정하고 있다. 또한 교육부장관은 위 각 내용별 작성방법과 작성기준에 관하여 구체적인 내용을 정하여 고시할 수 있다(법 제16조 제4항).

이와 같은 교육환경법의 입법목적, 교육환경평가서 승인의 성격(수익적 행정행위), 교육환경평가서 승인 절차, 거기에다가 기존에 학교의 보건관리와 환경위생 정화라는 입법 목적을 수행하고 있는 학교보건법 이외에 학생의 '건강권'과 '학습권'을 효과적으로 보장하기 위하여 2016.

2. 3. 교육환경법을 별도로 제정한 취지 등을 종합해보면, 교육환경평가서의 승인 여부를 결정함에 있어 이 사건 별표에서 열거하고 있는 사항들은 교육환경평가서에 포함되어야 할 최소한의 사항이라 할 것이어서 이 사건 별표규정은 교육환경평가서의 승인을 받기 위한 최소한도의 요건을 규정할 뿐 그 승인 요건을 일률적으로 확정하지 아니하여 교육감(또는 교육장)에게 폭넓은 재량권을 부여하고 있다. 따라서 이 사건 별표에서 규정하는 사항에 저촉되지 않는다 하더라도 교육환경법이 달성하고자 하는 목적과 공익을 해칠 우려가 있다고 인정되는 경우에는 교육감(또는 교육장)이 이를 이유로 교육환경평가서의 불승인 통보를 할 수 있다고 봄이 타당하다.

이처럼 원심은 이 사건 별표가 대외적 구속력이 있다는 부분을 명확하게 판단하지는 않았으나, "교육감이 평가서를 승인함에 있어 고려하여야 할 최소한의 기준"이라고 하거나(1심 인용), "교육환경평가서에 포함되어야 할 최소한의 사항"(원심 추가판단)이라고 하였다. 즉, 이 사건 별표 기준에 미치지 못하면 그 자체로 불승인 대상이라는 의미로, 이 사건 별표 규정은 그 범위 내에서 대외적 구속력이 있다고 본 것이다. 다만 원심은 이 사건 별표 규정을 모두 만족하더라도 "교육환경법이 달성하고자 하는 목적과 공익을 해칠 우려가 있다고 인정되는 경우"에는 불승인 할 수 있다고 봄으로써 이 사건 별표 기준을 충족하더라도 불승인의 재량이 인정된다고 보았다.

3. 대법원의 판단

대법원은 "교육환경 보호에 관한 법령 관련 규정들의 체계와 내용, 교육환경평가서 승인제도의 입법 연혁과 취지, 특성 등을 종합하여 볼 때, 교육환경보호구역에서 건축법 제11조 제1항 단서, 건축법 시행령 제8조 제1항에 따른 건축물(층수가 21층 이상이거나 연면적의 합계가 10만㎡

이상인 경우)을 건축하려는 자가 제출한 교육환경평가서를 심사한 결과
그 내용 중 교육환경 영향평가 결과와 교육환경 보호를 위한 조치 계획
이 교육환경 보호에 관한 법률 시행규칙 제2조 [별표 1]에서 정한 '평가
대상별 평가 기준'에 부합하거나 그 이상이 되도록 할 수 있는 구체적인
방안과 대책 등이 포함되어 있다면, 교육감은 원칙적으로 제출된 교육
환경평가서를 승인하여야 하고, 다만 교육환경 보호를 위하여 추가로
필요한 사항을 사업계획에 반영할 수 있도록 사업시행자에게 권고하는
한편 사업시행으로 인한 교육환경의 피해를 방지하기 위하여 교육환경
평가서의 승인 내용과 권고사항의 이행 여부를 계속적으로 관리·감독할
권한과 의무가 있을 뿐이라고 보아야 한다"고 판단하였다. 그와 같은
판단의 주요 근거로는 ① 교육환경평가서 승인제도는 대규모 건축물의
건축 등 국민의 재산권 행사를 원칙적으로 금지하거나 제한하려는 것이
아니라, 재산권과 교육환경권의 조화를 도모함으로써 건전하고 지속 가
능한 개발과 함께 교육환경 보호의 실효성을 확보하기 위한 것이라고
보아야 한다는 점, ② 교육환경법령 및 건축 관련 법령은 교육환경평가
서의 승인을 건축허가의 요건으로 하거나 불승인을 그 제한 사유로 정
하고 있지 않으므로 교육환경법 제9조에서 금지하는 행위나 시설에 해
당하지 않는 한 교육환경보호구역에서도 건축주는 원칙적으로 관할 행
정청의 건축허가를 받아 대규모 건축물을 건축할 수 있다는 점, ③ 이
사건 별표 등에서 구체적인 평가 기준을 마련한 취지는, 교육환경 보호
의 실효성을 확보함과 동시에 교육관청의 자의적인 재량을 배제하고 교
육환경평가서의 승인 여부에 대한 국민들의 예측가능성과 법적 안정성
을 보장함으로써 교육환경평가서 승인제도의 공정성·투명성·신뢰성을
확보하기 위한 것으로 이 사건 별표는 교육환경법 및 그 시행령과 결합
하여 대외적인 구속력이 있는 법규명령이라고 보아야 한다는 점 ④ 교
육환경법은 교육환경평가서 승인제도의 실효성을 확보하기 위한 수단
으로 교육환경평가서의 승인을 받지 않고 사업을 시행하는 경우 이를

형사처벌의 대상으로 규정하고 있다는 점을 고려하더라도(제16조 제2항 제1호) 교육환경평가서 승인을 건축법령상 건축허가와 별개의 독립된 '허가'로 기능하는 것은 입법자의 입법 의도라고 보기 어렵다는 점 등이 있다.

4. 이 사건의 쟁점과 검토 순서

원심(= 1심)은 교육환경평가서가 이 사건 별표 규정의 기준을 충족하는 경우에도 피고에게 광범위한 재량이 인정되며, 이 사건 처분에 재량권 일탈·남용의 위법은 없다고 판단하였다(=원고 패소). 원심의 판단은 결국 교육환경평가서 승인이 건축법령상 건축허가와 별개로 사전적인 독립적 '허가'라고 본 것이다. 그에 반해 대법원 판단은 교육환경법상 교육환경평가서 승인제도가 건축법상 건축허가를 사실상 대체하는, 즉 교육감이 건축행정청의 건축허가 재량을 대신 행사하는 것으로 해석해서는 안된다는 본 것이다. 표면적으로 이 사건의 쟁점은 이 사건 처분이 재량행위인지 여부인데 이는 결국 대규모 건축물의 건축이 가능한 일반상업지역에서 교육환경법상 교육환경평가서 승인이라는 것이 건축법상 건축허가의 요건인지 여부로 귀결된다.

이하에서는 다음과 같은 순서로 검토한다. 먼저 교육환경을 포함하여 환경권 보호에 대한 법원 판례의 태도를 살펴본다. 1990년 중반 이후 환경권에 대한 관심이 높아지면서 공사법 영역에 걸쳐 전반적으로 환경권과 관련된 판례가 늘어나고 있다. 환경권의 보호가 전통적인 자유권과 사실상 충돌하는 대상판결과 같은 사안을 본격적으로 살펴보기 전에 법원이 지금까지 환경권 보호 강화의 관점에서 행정청의 재량을 폭넓게 인정해 왔다는 사실을 확인해 볼 수 있다(Ⅱ).

그리고 교육환경평가제도의 개요에 대해 살펴본다. 원심은 교육환경평가서에 대한 불승인을 내용으로 하는 이 사건 처분을 발급할지 여

부에 대해서는 폭넓은 재량이 있다고 하면서 행정청의 재량판단을 존중
하는 판결을 하였는데 이러한 판단에는 이 사건 처분이 위법하지 않는
한 이 사건 건물을 지을 수 없다는 법해석이 전제되어 있다고 생각된
다. 교육환경평가제도는 도입 과정에서부터 환경영향평가와 유사한 제
도로 평가되었으나, 과연 교육환경평가제도가 환경영향평가제도처럼 법
상 사업 자체의 진행을 막을 수 있는 제도로 설계되었는지를 살펴볼 필
요가 있다. 만약 교육환경평가제도가 환경영향평가제도와는 달리 사업
자체의 허가와는 별개의 제도로 설계되었고, 사업의 진행은 교육환경영
향평가서의 승인 여부와는 직접 관련이 없다는 해석이 가능하다면, 이
사건 처분의 법적성질 및 위법성 판단에도 적지 않는 영향을 주게 될
것이다(Ⅲ).

　　대상판결의 법리판단이 옳다고 하더라도 이 사건 교육환경법령상
관계 규정은 건축허용성이나 과잉, 중복 환경규제 등과 관련하여 입법
의 개선이 필요하다고 생각되므로 입법론에 대해 간단히 논한다(Ⅳ).
이들 논의에 기초하여 마지막으로 이 사건 처분의 성질이 기속행위라고
판단한 대상판결의 의미에 대해 고찰한다(Ⅴ).

Ⅱ. 환경권 관련 행정청의 재량을 폭넓게 인정하는 법원의 태도 문제점

　　헌법 제35조 제1항은 모든 국민은 건강하고 쾌적한 환경에서 생활
할 권리를 가진다고 규정하고 있다. 동조의 보호영역에 속하는 '환경'에
는 자연적 환경뿐만 아니라 문화적·사회적 환경도 포함된다고 해석되
고,[4] 일찍이 대법원 1995. 9. 15. 선고 95다23378 판결[5]에서 교육환경

---

4) 조홍석, 헌법상의 환경권 논쟁 – 부산대학교와 강암건설사건과 관련하여, 헌법학연
　구, 1996 – 11 – 01, Vol.2 (2), 203 – 205면 참조

의 인정을 전제로 민사상 방해배제청구가 가능하다고 보았다. 그러나 환경권에 대한 논의는 주로 공법영역을 중심으로 발전되어 왔다. 자유주의가 강조된 고대로마에서도 환경권과 관련하여 건축물의 높이를 제한하기도 하였다.[6) 대상판결의 사안도 교육환경법을 통해 학교 근처에 용도지역에 별개로 건축물 건축의 공적 규제를 강화하는 것과 관련된다. 이하에서는 공법 사안에서 환경권 보호를 강조한 최근 대법원 판례의 경향성을 간단히 살펴본다.

2. 환경과 관련한 재량통제의 정도 완화

국토계획법상 개발행위허가와 관련하여 2016년 이전까지는 토지소유자의 재산권 행사 내지 사업주의 직업의 자유를 강조하면서 관계법령상 요건을 충족하면 허가를 발급하는 것이 원칙이고, 문제가 발생하면 사후 규제로 충분하고, 허가 자체를 발급하지 않아 개발사업의 시행(공장의 설치) 자체를 불허하는 것은 위법하다고 보는 것이 주류적인 재판실무 경향이었다. 그러나 2017년 이래로 최근 대법원은, 「행정청이 적정하게 개발행위를 불허하였음에도, 법원이 과도하게 개입하여 허가를 발급해 주라는 취지의 취소판결을 빈번하게 선고하여 국토의 난개발이

---

5) 부산대학교 인접 대지 위에 강암건설이 건축중인 아파트가 24층까지 완공되는 경우, 대학교 구내의 첨단과학관에서의 교육 및 연구 활동에 커다란 지장이 초래되고 첨단과학관 옥상에 설치된 자동기상관측장비 등의 본래의 기능 및 활용성이 극도로 저하되며 대학교로서의 경관·조망이 훼손되고 조용하고 쾌적한 교육환경이 저해되며 소음의 증가 등으로 교육 및 연구 활동이 방해받게 된다면, 그 부지 및 건물을 교육 및 연구시설로서 활용하는 것을 방해받게 되는 대학교측으로서는 그 방해가 사회통념상 일반적으로 수인할 정도를 넘어선다고 인정되는 한 그것이 민법 제217조 제1항 소정의 매연, 열기체, 액체, 음향, 진동 기타 이에 유사한 것에 해당하는지 여부를 떠나 그 소유권에 기하여 그 방해의 제거나 예방을 청구할 수 있다고 한 선례.

6) 윤일구, 환경권의 역사와 사법상 정립에 관한 고찰, 환경법연구, 2013-08-30, Vol.35 (2), p.307-308

초래되고 있다」는 비판 여론을 고려하려, 개발행위를 불허가하는 행정청의 재량 판단을 존중하여야 한다는 취지의 판결을 여럿 선고하였다. 그 결정적인 계기가 된 것이 대법원 2017. 3. 15. 선고 2016두55490 판결로 그 주된 내용은 다음과 같다.

"환경의 훼손이나 오염을 발생시킬 우려가 있는 개발행위에 대한 행정청의 허가와 관련하여 재량권의 일탈·남용 여부를 심사할 때에는, 해당지역 주민들의 토지이용실태와 생활환경 등 구체적 지역 상황과 상반되는 이익을 가진 이해관계자들 사이의 권익 균형 및 환경권의 보호에 관한 각종 규정의 입법 취지 등을 종합하여 신중하게 판단하여야 한다. 그러므로 그 심사 및 판단에는, 우리 헌법이 "모든 국민은 건강하고 쾌적한 환경에서 생활할 권리를 가지며, 국가와 국민은 환경보전을 위하여 노력하여야 한다."라고 규정하여(제35조 제1항) 환경권을 헌법상 기본권으로 명시함과 동시에 국가와 국민에게 환경보전을 위하여 노력할 의무를 부과하고 있는 점, 환경정책기본법은 환경권에 관한 헌법이념에 근거하여, 환경보전을 위하여 노력하여야 할 국민의 권리·의무와 국가 및 지방자치단체, 사업자의 책무를 구체적으로 정하는 한편(제1조, 제4조, 제5조, 제6조), 국가·지방자치단체·사업자 및 국민은 환경을 이용하는 모든 행위를 할 때에는 환경보전을 우선적으로 고려하여야 한다고 규정하고 있는 점(제2조), '환경오염 발생 우려'와 같이 장래에 발생할 불확실한 상황과 파급효과에 대한 예측이 필요한 요건에 관한 행정청의 재량적 판단은 내용이 현저히 합리성을 결여하였다거나 상반되는 이익이나 가치를 대비해 볼 때 형평이나 비례의 원칙에 뚜렷하게 배치되는 등의 사정이 없는 한 폭넓게 존중될 필요가 있는 점 등을 함께 고려하여야 한다. 이 경우 행정청의 당초 예측이나 평가와 일부 다른 내용의 감정의견이 제시되었다는 등의 사정만으로 쉽게 행정청의 판단이 위법하다고 단정할 것은 아니다.

비록 기존의 기본법리 자체가 바뀐 것은 아니지만, 재량권 일탈·

남용 여부 포섭판단에서 고려할 가치기준이 변한 것으로 주로 토지형질변경을 수반하는 개발행위허가신청 사안에서 주변환경과의 조화, 환경오염 우려, 재해방지를 이유로 한 행정청의 거부재량을 강조하는 취지이다. 이후 같은 취지의 판결이 다수 선고되었으며, 이에 대해서는 법원이 행정소송법 제26조에 따른 직권탐지주의를 적용하여 보다 적극적인 재량통제를 해야한다는 비판도 있지만[7] 대체로 환경보호와 훼손된 환경 복구의 어려움이라는 관점에서만 보면 판례의 태도를 긍정적으로 평가할 수 있다. 대법원 2017. 3. 15. 선고 2016두55490 판결이나 이 판결의 따름 판례 다수의 사안은 계사, 돈사 등 축사의 건축과 관련된 것으로, 축사의 건축과 운영으로 인한 환경오염의 우려를 전제로 하고 있다. 대법원 2020. 7. 23. 선고 2019두31839 판결에서는 건축물의 건축을 위해서는 건축법상 건축허가절차에서 관련 인허가 의제 제도를 통해 건축법상 건축허가와 국토의 계획 및 이용에 관한 법률상 개발행위(건축물의 건축) 허가의 발급 여부가 동시에 심사·결정되어야 한다고 보았는데, 이는 모든 건축허가절차에서 "주변지역의 토지이용실태 또는 토지이용계획, 건축물의 높이, 토지의 경사도, 수목의 상태, 물의 배수, 하천·호소·습지의 배수 등 주변환경이나 경관과 조화를 이루어야 한다"(국토계획법 제58조 제1항 제4호)는 요건을 충족해야 함을 의미한다. 여기에서의 '주변환경'이 자연환경에 국한된다고 보기 어려울 것이다. 그렇다면 모든 건물의 건축(대규모 건축을 포함하여)허가절차에서는 자연적, 사회적 주변환경을 고려해야 하며, 주변환경과 조화를 이루는지 여부에 대한 행정청의 판단은 폭넓게 존중될 필요가 있다는 것이 판례의 태도이다. 요컨대 판례는 모든 건축허가절차에서 필요적으로 의제되는 국토계획법상 개발행위허가로서의 건축허가의 요건인 환경 관련 요건에 대해 행정청의 폭넓은 재량을 인정함으로써 최소한 실정법상 건축허가는 자연

---

7) 정남철, 재량통제와 직권탐지주의 - 대법원 2021. 3. 25. 선고 2020두51280 판결 -, 법률신문(2021. 5. 27.)

적 자유의 회복으로 해석하기기는 어려워 보인다.

　이 밖에도 대법원은 공사로 수인한도를 넘는 생활환경침해가 발생
한 경우 명문의 규정이 없더라도 수인한도론을 적용하여 공사중지청구
권을 긍정하고 있고, 대규모사업의 시행을 위해 필요한 환경영향평가와
관련하여, 사업계획이나 개발허가와 관련된 행정소송에서 환경영향평가
구역내외의 주민에게 원고적격을 긍정하는 등 사업자의 사업활동에 의
해 이웃주민의 생활환경이 침해되는 경우 환경권을 강하게 보호해 나가
고 있다.[8]

3. 자연적 자유의 회복으로서의 건축허가?

　현행 건축법과 국토계획법의 체계적 해석에 따르면 건축허가절차
에서 국토계획법상 개발행위허가가 당연히 의제되어 동시에 판단되어
야 한다는, 그러므로 실정법상 건축허가는 사실상 재량행위라 볼 수 있
다는 취지의 판례의 태도가 합리적이고 타당하다. 그러나 건축법상 건
축허가와 해당 대지에 허용되는 건축의 범위, 즉 건축허용성 개념은 구
분해서 보아야 한다는 전제하에 입법론으로 개발행위허가에서 건축허
가가 제외되도록 국토계획법 조항은 개정되어야 한다는 견해가 있다.[9]
실제 과거 대법원 주류의 판례는 건축허가를 자연적 자유 회복이라는
강학상 허가의 대표적 예라는 사실을 전제로 기속행위 또는 기속재량행
위로 판단해왔다. 건축허가의 법적 성질과 건축허용성을 구분해서 봐야
한다는 견해는 건축허용성과 건축허가가 중복적 규제로 작동하는 것이
바람직하지 않다는 견해로 이해된다. 토지재산권은 다른 기본권과 비교

---

8) 선정원, 환경조례의 입법재량에 관한 사법적 통제 —축사건축에 대한 이격거리규제
　조례판결(대법원 2019. 1. 31. 선고 2018두43996 판결)을 중심으로—, 행정법연구
　61호, 2020.5, 64~65면 참조
9) 김종보, 박건우, 국토계획법상 토지형질변경허가와 건축허용성 — 대법원 2020. 7.
　23. 선고 2019두31839 판결 —, 행정법연구 64호, 2021.3, 45~73면

하여 더 폭넓은 제한이 가능하다는 것이 확립된 판례이지만 이러한 제
한은 건축허용성의 단계의 문제일 뿐 모든 건축행위를 개발행위로 의제
하여 건축허용성과 별개로 또다시 개발행위요건에서 인정되는 행정청
의 재량이 건축허가 단계에서 다시금 인정되어서는 안 된다는 것이다.
    교육환경법령과 이 사건 별표에서 대규모 건축행위에 대해 요구하
는 요건들은 자연적, 사회적 교육환경에 대한 것이고 국토계획법상 개
발행위로서의 건축행위의 요건 중 주변 환경과의 조화가 포함되어 있다
는 점을 상기해 보면 학교 보호구역에서의 대규모 건축에 대해 교육환
경평가서 승인을 통해 사업시행자에게 추가적인 절차적·실체적 부담을
지우는 것은 결국 이중규제에 해당할 수 있다. 일반적으로 이중규제는
추상적이거나 일반적 규제권한을 근거로 개별 부처에서 중복적으로 규
제권한을 행사하고자 하는 상황을 일컫지만, 교육환경법령상 교육환경
평가서 승인제도가 건축법상 건축허가에 대해 국토계획법상 개발행위
허가 요건에 더하여 입법자가 중복적인 환경규제를 둔 것이라는 점에서
구별된다. 그러나 이중규제에 대해 관계법령의 합리적 해석을 통해 이
중규제의 문제가 해결될 수 있다는 견해는10) 이 사안에서도 그대로 적
용가능하다. 즉, 최대한 이중규제로 작동하지 않도록 합리적으로 해석
해야 한다는 뜻이다. 이하에서는 교육환경평가 제도를 간단히 살펴보고
대규모 건물의 건축에 대한 교육환경평가서 승인 제도 관련 규정을 합
리적으로 해석할 수 있는 방안을 생각해본다.

---

10) 이원우, 규제개혁과 규제완화:올바른 규제정책 실현을 위한 법정책의 모색, 저스티
   스, 2008.09, 355-389(35 pages), 373면

Ⅲ. 교육환경평가 제도에 관한 검토

가. 연혁

교육환경평가제도의 연혁은 크게 3단계로 나누어 살펴볼 수 있다. 먼저 1단계로 2007년 4. 27. 학교보건법이 법률 제8391호로 개정되면서 제6조의2에 최적의 장소에 학교용지를 선정하기 위한 제도로 교육환경평가 제도가 도입되었다. 학교용지를 학교를 설립하고자 하는 자, 「국토의 계획 및 이용에 관한 법률」 제25조에 따른 도시관리계획의 입안자 및 「학교용지확보 등에 관한 특례법」 제3조제1항에 따른 개발사업시행자가 학교용지를 선정함에 있어서 교육환경에 대한 평가를 실시하여야 한다고 규정하여(제6조의2 제2항) 상대적으로 쾌적한 지역을 학교용지로 선정하도록 하였다.[11] 다만 교육환경평가를 실시하지 않은 경우에도 이에 대한 벌칙 조항은 없었다. 교육부에서 배포한 교육환경평가제도 설명회 자료(2008. 7. 24.)에 따르면 교육환경평가제도는 택지개발을 하거나 아파트를 건립할 때 상업성용지가 우선적으로 개발되고 외곽 자투리 땅에 학교를 짓는 일이 발생하면서, 신설학교의 교육환경 또한 위협받고 있어 학교설립 예정지를 사전에 평가하여 선정토록 하자는 요구가 빈번하여, 이를 제도화함으로써 교육환경 보호의 실효성을 확보할 수 있도록 도입되었다.

2단계에서는 학교보건법상 기존 학교의 교육환경보호를 위한 제도가 추가로 도입되었다. 1단계의 교육환경영향평가가 도입된지 얼마 지나지 않아서 또다시 학교보건법이 2007. 8. 3. 법률 제8578호로 개정되면서 제6조의3에서 "교육감은 학교(「고등교육법」 제2조 각 호에 따른 학교를 제외한다)가 「도시 및 주거환경정비법」 제2조제1호에 따른 정비구역

---

11) 第265回國會(臨時會) 教育委員會會議錄 第 3 號 3면 법안심사소위원장 최재성 위원의 발언 참조

안에 있거나 학교환경위생정화구역이 같은 법에 따라 정비구역으로 지정·고시되는 경우에는 학교의 보건·위생, 학습환경 등을 보호하기 위하여 학부모·교직원·지역사회 인사 등으로 구성하는 정비구역학습환경보호위원회를 설치·운영하여야 한다."고 규정하고(제1항), "교육감은 제1항에 따른 정비구역학습환경보호위원회의 회의 결과가 학교의 보건·위생 및 학습환경 보호를 위한 사항으로 「도시 및 주거환경정비법」 제3조에 따른 기본계획과 같은 법 제4조에 따른 정비계획 등에 반영할 필요가 있다고 판단되는 때에는 특별시장·광역시장·도지사·특별자치도지사 또는 시장·군수에게 그 요구사항을 건의하여야 한다. 이 경우 특별시장·광역시장·도지사·특별자치도지사 또는 시장·군수는 특별한 사유가 없는 한 이에 따라야 하며, 그 조치 결과를 교육감에게 통보하여야 한다."고 규정하였다(제2항). 교육감은 학교가 「도시 및 주거환경정비법」에 따른 정비구역 안에 있거나 학교환경위생정화구역이 정비구역으로 지정·고시되는 경우에는 정비구역학습환경보호위원회를 설치·운영하도록 하고, 정비구역학습환경보호위원회의 회의 결과가 학교의 보건·위생 및 학습환경 보호를 위한 사항으로 「도시 및 주거환경정비법」에 따른 기본계획과 정비계획 등에 반영할 필요가 있다고 판단되는 때에는 시·도지사 또는 시장·군수에게 그 요구사항을 건의하도록 하려는 것이다.12) 신설 학교용지 선정시 행해지는 교육환경 평가에서의 교육감의 승인 등 절차 대신 교육감이 필요하다고 판단되는 경우 정비계획 행정청에게 건의할 수 있도록 하였을 뿐이다.

마지막으로 3단계에서는 학교보건법에서 독립하여 교육환경법이 2016. 2. 3. 법률 제13937호로 제정되면서 교육환경평가제도가 독립되면서 교육환경평가의 평가 범위가 대폭 넓어졌다. 국가법령정보센터에서 확인되는 교육환경법의 제정이유를 인용하면 다음과 같다. "학교의

---

12) 국가법령정보센터 개정이유

교육환경을 보호하기 위해서는 교육행정기관과 학교 및 지자체, 국가가 유기적으로 협력하여야 함에도 불구하고 학생의 건강권과 학습권 등을 보호하기 위한 교육환경평가, 학교환경위생정화구역 등에 관한 내용이 「학교보건법」에 학교보건과 관련된 사항과 함께 규정되어 있어 학생의 교육환경 보호를 강화할 필요가 있음에도 제도 시행에 한계가 따르는 실정이므로 학교의 교육환경 보호에 관한 사항을 규정한 법률을 제정함으로써 안전한 교육환경을 조성하여 학생의 학습권을 보장하기"위해 새로이 법을 제정하였다. 학교보건법에 학생의 건강권과 학습권 관련 내용이 혼재되어 있어, 학습권 보호가 충분하게 이루어지지 않아서, 학습권 보호를 강화하기 위하여 교육환경법을 제정한다는 입법취지에 따라 기존 학교보건법보다 교육환경 관련 규제가 강화되었다. 2007년 교육환경 보호를 위해 학교보건법에 신설 도입된 신설 학교에 대한 교육환경평가제도와 정비구역 안 기존학교의 교육환경 보호 제도가 교육환경법 안에서 '교육환경 평가제도'로 통합되면서 학교보건법에는 없었던 대규모 건축허가신청 전에 교육환경평가서를 승인받도록 하는 규정이 새롭게 추가되었다. 문제는 교육환경법이 제정되면서 기존의 교육환경평가 제도는 학교의 신설과 관련하여서만 운영되었다가 기존학교의 환경을 고려하는 완전히 다른 이익고려 상황에 대해 일괄적으로 교육환경평가서 승인제도가, 그것도 깊은 고민없이 도입된 것이다.

나. 대규모 건축행위에 대한 교육환경평가서 승인의 법적 성격과 관련된 관계법령의 해석

1) 관계법령의 주요내용

교육환경법은 제1조에서 학생이 건강하고 쾌적한 환경에서 교육받을 수 있게하는 것을 목적으로 한다고 규정하며, 교육환경법 제8조 제1항에 따라 설정·고시된 교육환경보호구역에서 「**건축법**」 **제11조 제1항**

단서13)에 따른 규모의 건축, 즉 대규모 건축을 하려는 자도 건축허가
신청 예정일 60일 전에 관할 교육감에게 교육환경평가서를 제출하고 그
승인을 받아야 한다(교육환경법 제6조 제1항 제5호, 법시행령 제16조 제5항
제3호). 교육감은 교육환경평가서를 검토한 결과 교육환경 보호를 위해
필요한 사항을 사업시행자에게 권고하여야 하며, 사업시행자는 특별한
사유가 없으면 그 권고에 따라야 하며, 그 조치결과를 교육감에게 통보
하여야 한다(교육환경법 제6조 제5항). 교육환경법 **제6조 제1항**을 위반하
여 **교육환경평가서의 승인을 받지 아니하고 학교용지 선정 등을 한** 자에
대해서는 1년 이하의 징역 또는 1천만원 이하의 벌금에 처한다(교육환경
법 제16조 제2항 제1호). 한편, 교육환경법 시행령에 따르면 교육감은 교
육환경평가서를 제출받은 날부터 45일 이내에 그 승인여부를 결정하고
평가서작성자에게 교육환경평가서의 승인 여부와 승인하지 않는 경우
그 사유를 명시하여 그 결과를 통보하여야 한다(제17조 제3항 제1호). 교
육감은 교육환경평가서의 승인결과를 관련 행정기관의 장에게 통보할
수 있다(제17조 제4항).

교육환경보호구역에서의 대규모 건축에 대한 교육환경평가승인제

---

13) **건축법 제11조(건축허가)** ① 건축물을 건축하거나 대수선하려는 자는 특별자치시장·
특별자치도지사 또는 시장·군수·구청장의 허가를 받아야 한다. 다만, **21층 이상의
건축물 등 대통령령으로 정하는 용도 및 규모의 건축물**을 특별시나 광역시에 건축하
려면 특별시장이나 광역시장의 허가를 받아야 한다.
   건축법 시행령 제8조(건축허가) ① 법 제11조 제1항 단서에 따라 특별시장 또는 광역시
   장의 허가를 받아야 하는 **건축물의 건축은 층수가 21층 이상이거나 연면적의 합계
   가 10만 제곱미터 이상인 건축물의 건축**(연면적의 10분의 3 이상을 증축하여 층수
   가 21층 이상으로 되거나 연면적의 합계가 10만 제곱미터 이상으로 되는 경우를
   포함한다)을 말한다. 다만, 다음 각 호의 어느 하나에 해당하는 건축물의 건축은 제
   외한다.
   1. 공장
   2. 창고
   3. 지방건축위원회의 심의를 거친 건축물(특별시 또는 광역시의 건축조례로 정하는
      바에 따라 해당 지방건축위원회의 심의사항으로 할 수 있는 건축물에 한정
      하며, 초고층 건축물은 제외한다)

도는 교육환경법 제정과정에서 최초로 도입된 규정으로 이 사건 처분의 핵심 근거규정이다. 현재 교육환경평가서 승인의 대상은 크게 ① 신설학교에 관한 규제와 ② 기존 학교에 관한 규제로 나눌 수 있다. 교육환경법이 도입되기 전 학교보건법에서는 신설학교에 관해서만 교육환경평가서 승인제도를 두었을 뿐, 기존학교에 관해서는 교육감이 교육환경에 대한 요구사항을 관계 행정청에게 건의를 할 수 있는 규정만을 두었고 이러한 건의를 법상 강제할 수도 없었다. 이처럼 학교보건법에서는 신설학교와 기존학교에 대해 교육환경 보호제도의 규율밀도와 강도를 달리하여 규정하였던 반면, 교육환경법에서는 이들 모두를 교육환경평가제도의 대상으로 규정하면서 대규모 건축에 대한 규정을 새로이 도입하였다. 결과적으로 교육환경법이 제정되면서 교육환경평가서 승인을 받아야 하는 범위가 대폭 확대되었다. 종전에는 신설되는 학교용지 선정에 한정되었으나, 학교 주변 용지에 대한 새로운 건축물 건축하려는 자까지 교육환경평가서를 승인받을 의무가 생겼기 때문이다.

학교보건법에서도 '학교환경위생 정화구역 제도'가 있었으나 교육환경평가 제도와는 직접 관련이 없었고 유흥시설, 폐기물처리시설, 감염병원 등의 유해시설을 금지하는 의미가 있었을 뿐이다. 또한 2016년에 교육환경법이 제정되면서 비로소 벌칙 조항이 신설되어 교육환경평가서 승인을 받지 않고 학교용지 선정 등을 할 경우 형사처벌 대상(법 제16조 제2항 제1호)이 되었다.

2) 교육환경보호구역에서 교육환경보호를 위한 규제의 체계[14]

이 사건 처분은 상대보호구역에서 원칙적으로 가능한 대규모 건축허가에 대한 것으로 교육환경보호구역에서 아예 금지된 행위와는 그 성질을 달리한다. 즉 교육환경보호구역에서 규제하고자 하는 대상 중 행

---

14) 아래 그림은 저자가 교육환경법 해석을 통해 분석한 내용을 나타낸 것임

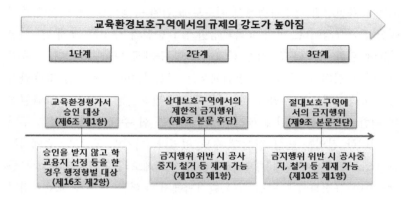

위규제의 강도가 제일 약한 교육환경평가서 승인에 대한 것이다. 또한 이 사건 처분은 신설학교 관련 교육환경평가가 아니라 기존학교 주변의 교육환경평가에 관한 것으로서, 입법연혁상으로 보아도 신설학교의 규제 강도보다 기존학교의 규제 강도가 보다 낮다고 평가함이 타당하다.

3) 환경영향평가 제도와의 비교

환경영향평가법에 따른 환경영향평가는 환경에 영향을 미치는 허가 등의 절차 안에서 이루어지고 있다. 즉, 환경영향평가서의 반려 등은 독립적 처분이 아니며, 환경영향평가의 하자는 해당 사업계획 관련 처분의 적법성 여부 관점에서 다루어진다. 사업계획 등을 허가하는 행정청은 환경영향평가와 관련하여 환경부장관과 긴밀한 협력관계를 가지는데, 환경부장관의 환경영향평가서 검토 의무(환경영향평가법 제28조 제1항), 환경부장관의 재검토 통보 권한(제28조 제5항), 승인기관등의 환경부장관 협의내용 반영 의무(제30조 제1, 2항) 등 개발사업 허가행정청은 (사실상) 환경부장관의 협의에 구속된다는 해석도 가능하다. 다만, 사업허가 절차 내에서 환경영향평가제도가 운영되고 있으므로 현재 우리나라의 환경규제 운용 실무는 환경규제의 중요성을 일방적으로 강조하면서 환경부가 독단적으로 행동하기 어렵고, 관계부처와의 협업 속에 운영된다. 이렇게 볼 경우 환경영향평가 제도는 대규모 개발사업을 전면 금지하는 쪽으로 적용되지 않는다.

이처럼 환경영향평가는 대상 사업과 법제도상 직접 견련되어 있고(대상사업의 승인 과정에서 반드시 고려해야 하는 사항), 교육환경영향평가는 근거 법령상 대상 사업과 직접 연결되어 있다고 보기 어렵다.

교육환경평가서의 승인 여부를 사업허가행정청에 통보할 의무는 없으나 환경영향평가는 협의를 반드시 거쳐야 하며, 그 협의내용을 원칙적으로 준수해야 하며 환경영향평가의 하자가 사업승인 처분의 위법성에 미치는 영향이 더 직접적이기 때문이다. 승인의 주체를 살펴보아도 교육환경평가에 대해서는 교육행정을 담당하는 행정청인 교육감이 그 승인 주체가 됨이 법령 규정상 명백하지만 환경영향평가의 경우 환경부장관 등 환경행정청이 아닌 환경영향평가 대상사업을 승인하는 행정청이 승인 주체이다. 따라서 환경영향평가의 위법을 직접 다투는 경우는 드물고, 개발사업 허가에 대한 취소소송에서 환경영향평가의 실체적·절차적 하자를 개발사업 허가의 취소사유로 주장하는 것이 보통이다.15)

환경영향평가와 관련하여 판례는 ① 환경영향평가 대상사업임이 분명함에도 행정청이 고의로 누락하여 사업허가를 한 경우 당해 허가가 당연무효라고 하고(대법원 2006. 6. 30. 선고 2005두14363 판결), ② 환경영향평가법이 환경영향평가절차가 완료되기 전에 공사시행을 금지하고

---

15) 다만, 환경영향평가서에 대한 환경행정청의 부동의 의견표명 내지 과도한 보완요구를 독립된 행정처분으로 보아야 한다는 주장이 일부 개진되고 있고, 일부 하급심에서 본안판단한 사례 있으나[대구지법 2014. 7. 25. 선고 2013구합11071 판결(청구기각, 항소 부제기 확정), 전주지법 2020. 6. 4. 선고 2019구합1316 판결(청구기각, 항소 부제기 확정), 이들 2건은 지방자치단체가 개발사업시행자로서 환경영향평가서 검토를 요청하였다가 지방환경청장으로부터 부동의 의견을 받은 경우임], 아직 대법원 판례는 없다.

있고, 사업자가 이러한 사전 공사시행 금지규정을 위반하였다고 하더라도 승인기관의 장이 한 사업계획 등에 대한 승인 등의 처분이 위법하게 되는 것은 아니라고 하였다(대법원 2014. 3. 13. 선고 2012두1006 판결은 환경영향평가를 누락한 사건은 아니다).

교육환경영향평가와 관련하여서는 판례가 많지 않다. 구 학교보건법에서 교육환경영향평가를 규율할 당시 교육환경영향평가의 재량적 판단을 존중하는 서울고등법원 판결(서울고등법원 2010. 4. 1. 선고 2009누28591 판결16))이 있었고 대법원에서 심불기각된 판결례가 있다(대법원 2010. 7. 15.자 2010두7239 심불 판결). 이 판결은 여관 근처에 유치원을 신설하는 것은 부적합하다고 본 교육행정청의 판단이 적법하다는 취지로서, 교육환경평가제도가 신설학교의 교육환경을 확보하기 위한 제도로만 운영될 때의 사안이다.

4) 관계법령의 해석

가) 문리적 해석

대법원 2013. 1. 17. 선고 2011다83431 전원합의체 판결 등에 따르면 법은 원칙적으로 불특정 다수인에 대하여 동일한 구속력을 갖는 사회의 보편타당한 규범이므로 이를 해석함에 있어서는 법의 표준적 의미를 밝혀 객관적 타당성이 있도록 하여야 하고, 가급적 모든 사람이 수긍할 수 있는 일관성을 유지함으로써 법적 안정성이 손상되지 않도록 하여야 한다. 한편 실정법은 보편적이고 전형적인 사안을 염두에 두고

---

16) 이 사건 신청지는 유치원 출입문을 이 사건 여관에서 가장 멀리 떨어진 지점에 낼 경우 절대정화구역을 겨우 60cm 정도 벗어난 상대정화구역에 속하게 되기는 하지만, 유치원 건물 대부분이 절대정화구역 거리 안쪽에 위치하게 되고, 유치원과 여관이 직선도로로 연결되어 있어 여관의 상황이 유치원 쪽에 쉽게 노출될 것으로 보이는 점, 이 사건 여관의 영업 형태, 유치원생 정도의 어린이에게 교육환경이 미치는 정서적 영향 등을 감안하면, **이 사건 신청지는 유치원 부지로서는 부적합하다고 한 이 사건 처분은 적법하다**고 하였다.

규정되기 마련이므로 사회현실에서 일어나는 다양한 사안에서 그 법을 적용함에 있어서는 구체적 사안에 맞는 가장 타당한 해결이 될 수 있도록 해석할 것도 또한 요구된다. 요컨대 법해석의 목표는 어디까지나 법적 안정성을 저해하지 않는 범위 내에서 구체적 타당성을 찾는 데 두어야 한다. 나아가 그러기 위해서는 가능한 한 법률에 사용된 문언의 통상적인 의미에 충실하게 해석하는 것을 원칙으로 하면서, 법률의 입법 취지와 목적, 그 제·개정 연혁, 법질서 전체와의 조화, 다른 법령과의 관계 등을 고려하는 체계적·논리적 해석방법을 추가적으로 동원함으로써, 위와 같은 법해석의 요청에 부응하는 타당한 해석을 하여야 한다.

관계법령의 문언의 통상적인 의미에 충실하게 해석한다면 사업시행자는 건축허가를 신청하기 전에 교육환경평가서를 승인받아야 한다고 해석하는 것이 합리적이다. 건축허가 신청 예정일 60일 전에 관할 교육감에게 교육환경평가서를 제출하고 승인을 받아야 하며, 승인을 받지 않고 교육환경법 제6조 제1항의 학교 용지 선정 등을 한 경우에는 형사처벌의 대상이 되기 때문이다. 대규모 건축허가는 교육환경법 제6조 제1항의 제5호이므로 학교 용지 선정이 아니므로 '등'에 해당되지 않는다는 견해도 상정할 수 있으나 문언상 그렇게 해석하기는 무리이다. 승인을 받지 않고 건축허가를 신청할 경우에는 행정의 상대방에게 형사처벌을 감수하고 건축절차를 진행하는 것을 기대하는 것이며, 교육감이 관계 건축허가 행정청에게 그 승인 결과를 통보할 수 있으므로 건축허가 가능성도 불투명할 수 있다.

나) 관계 법령의 체계적 목적론적 해석

다른 한편, 대법원 2020. 9. 3. 선고 2016두32992 전원합의체 판결 등에 따르면 법을 해석·적용할 때에는 그 결과를 고려해야 한다. 만일 해석의 결과 심히 불합리하거나 부당한 결론이 도출된다면 그러한 해석을 배제하는 방안을 강구해야 한다. 통상 이를 위하여 문언적 해석 외에 논리적·체계적 해석, 역사적 해석, 목적론적 해석 등 여러 해석방법이 동원된다. 이러한 시도에도 불합리와 부당함이 교정되지 않는다면 법원은 법의 문언을 넘어서는 해석, 때로는 법의 문언에 반하는 정당한 해석을 해야 한다.

대규모 건축에 대한 교육환경평가서 승인에 대해 교육감의 재량을 폭넓게 인정하는 것은 건축 사업시행자에게 과도하게 건축의 자유를 제한하는 것이고 예측가능성도 심각하게 저해된다. 그리고 원심과 같이 교육감의 재량을 강화할 경우 사실상 교육감이 대규모 건축허가에서의 재량권을 대신 행사하는 것이고 이는 입법자가 예정하거나 기대하지 않았던 심히 불합리하고 부당한 결과이다.

체계적인 해석만으로도 충분히 이 사건 처분을 기속행위로 볼 수 있다. 사후교육환경평가서 작성·제출 의무에 대한 제재 규정이 사후교육환경평가서 부실 작성에 대한 적극적 제재가 아닌 작성하지 않는 경우 등에만 제재를 하도록 규정하는 것에도 부합한다.

교육환경평가서를 제출하여 승인을 받은 사업시행자는 그 승인받은 교육환경평가서에 반영된 내용과 교육감의 권고에 따른 조치결과를 이행하여야 하고, 교육감은 이행사항을 조사확인하여 사업시행자에 대하여 사후교육환경평가서를 작성하여 제출하도록 명할 수 있다. 이 명령을 위반하여 사후교육환경평가서를 작성하지 않는 경우는 형사처벌의 대상이 되지만, 사업시행자가 사후교육환경평가서를 부실하게 작성하거나 사업시행자가 이행사항을 충실하게 이행하지 않는 경우에 대한 다른 제재수단이나 실효성 확보 수단은 규정되어 있지 않다. 또한 대규모 건축물이나 이를 건축하는 행위 자체는 교육환경보호구역에서의 금지행위·시설에 해당하지 않으며, 교육감은 교육환경평가서 승인 여부 심사결과를 건축행정청에 통보할 수 있을 뿐이고, 교육감의 심사결과가 건축행정청의 건축허가 발급 여부 판단을 구속한다는 규정은 없다.

한편, 「국토의 계획 및 이용에 관한 법률」(이하 '국토계획법'이라고 한

다) 제57조 제1항 단서에 의하면, 건축주는 건축행정청에 건축법상 건축허가를 신청하면서 국토계획법상 개발행위(건축물의 건축) 허가 심사에도 필요한 자료를 첨부하여 제출하여야 하고, 건축행정청이 개발행위허가권자와 사전 협의절차를 거쳐 건축법상 건축허가를 발급할 때 국토계획법상 개발행위(건축물의 건축) 허가가 의제되도록 하는 방식으로 건축법상 건축허가절차에서 건축주의 건축계획이 국토계획법상 개발행위 허가기준을 충족하였는지가 함께 심사되어야 한다(대법원 2020. 7. 23. 선고 2019두31839 판결 참조). 교육감이 건축행정청에게 통보한 교육환경평가서 심사결과는 건축허가 행정청에게는 건축법상 건축허가절차에서 '주변환경과의 조화', '환경오염·위해발생 등의 우려가 없을 것' 등과 같은 국토계획법상 개발행위 허가기준 충족 여부를 판단할 때 참작할 수 있는 고려요소일 뿐이다. 요컨대, 교육환경법령은 교육환경평가서의 승인이 아닌 승인 이후의 추가적 권고 사항 및 사후적 규율을 강조하였다고 볼 수 있다.

입법연혁상으로 신설학교 관련 교육환경평가의 경우보다, 뒤늦게 도입된 기존학교 주변의 교육환경평가의 경우가 규제 강도가 낮다고 평가함이 타당하다. 당초에는 개발대상지역 안에서 신설학교의 위치선정과 관련하여 교육감의 의견 제시 기회를 보장하기 위하여 교육환경평가 제도가 도입된 점을 고려하면, 기존 학교의 주변에서 대규모 건축물 건축 등이 교육환경법 시행규칙 별표1 평가기준에 명백히 저촉되지 않는 경우(이 사건 별표 기준이 불확정 개념으로 되어 있는 경우를 고려함), 교육감은 사업시행자의 교육환경평가서를 불승인할 것이 아니라 승인을 하면서 합리적인 대안을 제시하는 방식으로 재량권을 행사하는 것이 바람직하다. 교육환경평가제도는 건축물의 건축 허가 여부에 직접 영향을 미치는 중요한 고려요소로서가 아니라 학교환경에 가급적 피해를 주지 않고 건축을 할 수 있도록 최선의 대안을 마련하기 위해 도입된 제도인 것이다.

대규모 건축행위 관련 교육환경평가서 승인제도를 도입한 입법자의 의사도 고려해야 한다. 교육환경법은 2013. 8. 처음 제안되었으나 국회 소관위 심사가 2년 넘게 이루어졌다. 주되게 논의된 부분은 교육환경 보호를 이유로 교육환경보호구역에서의 건축물 건축이 사실상 금지되는 것이 아닌가에 대한 것이었다. 이에 대해 소관위인 교육문화체육관광위원회의 마지막 회의에서 이 법안의 대표발의자인 유은혜 의원은 제338회 국회(임시회) 제1차 법안심사소위에서 "이것이 건축 자체에 대한 허가 여부가 아니라 학교환경영향에 대한 평가에 대한 의견이기 때문에 건축허가가 나더라도 그러면 그 영향을 받는 것에 대해서 어떤 보완책을 제시해라 이런 정도의 평가이지 건축을 하느냐 마느냐의 그런 결정권한을 이야기하는 것이 아니기 때문에 그 부분에 대해서는 좀 오해가 없으셨으면 좋겠습니다."라고 발언하였다. 교육환경을 보호하는 공익의 중요성 못지않게 사업시행자의 건물 건축의 자유 또한 중요한 사익이라는 점이 고려된 것이다.

5) 소결

사업시행자는 교육환경평가서를 작성할 때 '교육환경 영향평가 결과' 항목에는 평가 대상별로 이 사건 평가기준에 따라 평가한 결과를 기재하고, '교육환경 보호를 위한 조치 계획' 항목에는 평가 대상별로 이 사건 평가기준 이상이 되도록 할 수 있는 구체적인 방안 및 계획을 기재하여야 한다. 교육감은 교육환경평가서의 내용이 이 사건 평가기준을 충족할 때에는 승인하여야 하고, 그 밖에 이 사건 평가기준 이상으로 교육환경 보호를 위하여 필요한 사항이 있다고 판단되면 사업시행자에게 승인 결정과 동시에 필요한 사항을 권고하여야 한다.

원심과 같이 이 사건 처분을 재량행위로 보게 되면 다음과 같은 상황이 우려된다. 이 사건 처분과 같이 교육감이 교육환경평가서를 불승인 하더라도, 법상 건축허가 행정청을 구속하는 것은 아니므로 건축허

가도 불가능하지 않다. 그러나, 건축허가 행정청은 교육환경평가서 불
승인이라는 부담을 안고 건축허가를 해야 하며, 교육환경평가서 불승인
을 이유로 건축허가가 위법하다는 점을 이유로 한 인근주민의 소제기도
예상할 수 있다. 또한 사업시행자 스스로도 교육환경평가서 불승인에도
불구하고 건축허가를 신청하여 허가를 받더라도 상당한 부담을 안고 사
업을 수행해야 할 것이다.

따라서 교육감의 교육환경평가서 불승인 결정에는 대규모 건축물
의 건축을 금지하는 법적 효과가 없으며, 이를 건축행정청에 통보함으
로써 건축법상 건축허가절차에서 참작해 달라는 취지의 의견표명으로
서의 의미를 가질 뿐이라고 보아야 한다. 바로 그렇기 때문에 교육감의
교육환경평가서 승인 여부 결정은 사업시행자가 제출한 교육환경평가
서가 이 사건 평가기준을 충족하는지에 관한 '확인행위'로서 그에 관한
재량은 없다고 보아야 하며, 교육감은 교육환경평가서가 이 사건 평가
기준에 명백히 저촉되지 않는 이상 승인하는 것을 전제로 교육환경 보
호를 위하여 필요한 사항을 발굴하여 사업시행자의 사업계획에 반영하
도록 권고하는 데에 재량을 발휘하여야 하고, 이 점에서 교육환경평가
서 심사 제도의 의미를 찾아야 한다.

Ⅳ. 입법론

교육환경평가서에 대한 교육감의 심사결과가 건축행정청을 법적으
로 구속한다고 보는 것이 아니라면, 교육환경평가 제도는 굳이 필요하
지 않은 전형적인 과잉규제로서, 입법정책론 관점에서는 폐지하는 것이
바람직할 수 있다. 오히려 개발사업 시행에서 교육행정의 입장을 개진
하는 절차는 개발사업 인·허가절차에서 관계 행정청(교육감)의 의견청취

절차를 두는 방식으로도 충분할 것이다.

현행 교육환경법을 전제로 해도 이를 위해서는 교육감의 재량은 불승인하는 방식으로 행사하여서는 안 되고, 교육환경에의 부정적 영향을 줄이는 代案을 제시하는 방안으로 행사하여야 한다고 자리매김하는 것이 타당하다. 또한 교육환경평가서를 불승인하기 위해서는 단순히 해당 개발사업 시행으로 교육환경에 안 좋은 영향을 미칠 우려, 가능성이 있다는 정도로는 부족하고, 교육환경이 현저히 훼손될 명백하고 현존하는 위험이 인정되는 정도이어야 할 것이다.

입법자는 교육환경의 중요성에 치중하여 해석에 따라서는 교육감의 승인 여부가 건축허가행정청을 구속한다는 해석도 결과적으로 가능할 수 있고 원심이 이러한 판단을 전제로 이 사건 처분을 재량행위로 판단한 것으로 이해된다. 현행 실정법의 해석론을 통해서는 이 사건 처분을 기속행위로 판단한 대상판결 이상의 결론을 도출하기 쉽지 않다. 대상판결은 법규명령인 이 사건 별표 규정의 완전한 대외적 구속력과 '통풍 및 조망에 장애가 없을 것'과 같은 일부 불확정개념에 대해서까지 법원의 적극적인 심판권을 인정하면서 이 사건 처분을 기속행위로 보았다. 교육환경평가서 승인제도가 건축허가 절차에서 추가적인 규제로 운영되는 것이 합리적이지 않다는 판단이 전제되어 있다. 문제는 위와 같은 대상판결의 법리판시에도 불구하고 대규모 건축물에 대한 교육환경평가서 승인제도 자체가 개발행위허가로서의 건축허가에 대해 추가적인 또는 중복적인 규제로 운영될 가능성이 적지 않다.

이 사건 부지가 교육환경법상 상대보호구역이라는 이유로 건축허가 전 단계에서 교육감의 승인을 받도록 하고 승인을 받지 못할 경우 행정형벌의 대상이 되기 때문에 결국 국토계획법상 일방상업지역에서의 건축허용성의 의미가 퇴색되거나 형해화될 수 있다. 따라서 교육환경보호구역에서의 건축허용성에 대해서 좀 더 명확하게 규정하여 예측가능성을 높일 필요가 있고 교육환경보호구역과 국토계획법상 용도지역 등 기존의 건축허용성 관련 규율과 어떤 관계가 있는지 분명히 할 필요가 있다.

구체적으로 교육환경보호구역에서의 대규모 건축물에 대한 교육환경평가서 승인제도를 유지하더라도 그 승인이 기속적이라는 점을 법률차원에서 명확하게 규정하고, 형사처벌 조항도 승인을 받지 않은 경우에 대해서가 아니라 승인절차를 거치지 않은 경우로 제한하여 규정하여야 할 것이다. 교육환경보호법의 법안 대표발의자인 유은혜 의원이 발언한 바와 같이, 교육환경평가 제도의 입법취지는 교육감의 의견을 개진할 수 있는 기회를 보장하기 위한 것이지, 교육감의 의견을 시장 등의 의견보다 상위에 두려는 것이 결코 아님은 분명하기 때문이다.

V. 대상판결의 의의

대상판결에 따르면, 입법연혁, 교육환경평가서 승인제도의 취지, 법규명령인 이 사건 평가 기준의 법적 성격 등을 고려하면 교육환경보호구역에서 대규모 건축물을 건축하려는 자가 제출한 교육환경평가서를 심사한 결과 그 내용 중 교육환경 영향평가 결과와 교육환경 보호를 위한 조치 계획이 이 사건 평가 기준에 부합하거나 그 이상이 되도록 할 수 있는 구체적인 방안과 대책 등이 포함되어 있다면, 교육감은 원칙적으로 제출된 교육환경평가서를 승인하여야 한다. 다만 교육환경 보호를 위하여 추가로 필요한 사항을 사업계획에 반영할 수 있도록 사업시행자에게 권고하는 한편 사업시행으로 인한 교육환경의 피해를 방지하기 위하여 교육환경평가서의 승인 내용과 권고사항의 이행 여부를 계속적으로 관리·감독할 권한과 의무가 있을 뿐이라고 보아야 한다.

공법관계의 규제17)는 다각적이므로 규제 또한 규제자와 피규제자의 양극적 관계로만 파악하는 것은 한계가 있다. 현대규제국가에서 공법관계는 다극적 관계로 파악하여야 한다. 적어도 '규제자 - 피규제자 - 규제수익자'라는 3각구도로 파악하여여 한다.18) 교육환경평가법은 규제자인 교육감과 피규제자인 사업시행자간의 관계에 초점을 두면서 규제수익자인 학교학생의 학습권, 건강권 등은 상수로 전제하고 있다. 그러나 규제의 관계를 다극적 관계로 본다는 의미는 피규제자와 규제수익자 상호간의 이익 조정의 중요성을 인식한다는 것을 의미한다. 즉, 규제를 통해 피규제자가 기존 법제도에서 보호받던 건축의 자유와 교육환경법령에 따른 학생의 건강권, 학습권의 조정 차원에서 문제를 바라봐야 한다는 의미이다. 원심판결은 규제의 관계를 규제자와 피규제자의 양자 관계로 본 것처럼 이해되지만 대상판결은 규제의 다각적 관계에 대한 이해에 기초한 것이다. 대법원이 지금까지 환경권 보호를 강하게 보호해왔던 태도에 비추어 보면 대상판결은 대법원이 환경권 보호에 대한 기존의 입장을 다소 변경한 것은 아닌지에 대한 비판을 받을 수도 있다. 그러나 대상판결은 교육환경보호를 위한 교육환경법의 입법취지를 존중하면서도 다만 규제의 다각적 구도를 고려하여 환경권 이외에도 우리 법질서가 보호해야할 중요한 기본권이 있다는 점, 그리고 그러한 기본권 제한에 있어 중복적이고 과다한 제한이 이루어져서는 안 된다는 점을 실정법상 해석론을 통해 도출했다는 점에서 의의를 찾을 수 있다.

---

17) 「행정규제기본법」은 "행정규제"를 "국가나 지방자치단체가 특정한 행정 목적을 실현하기 위하여 국민(국내법을 적용받는 외국인을 포함한다)의 권리를 제한하거나 의무를 부과하는 것으로서 법령등이나 조례·규칙에 규정되는 사항"으로 정의한다. 그러나 이러한 규제의 정의는 지나치게 협소한 것으로 이 글에서는 행정규제를 "행정의 유형상 질서행정과 동일하게 여겨지거나 영역특수적 규제, 그리고 규제법상 법적 개념으로서 규제"로 본다. 계인국, 현행법상 규제의 의미와 입법평가, 입법평가연구 제11호, 한국법제연구원, 2017. 6면 이하

18) 이원우, 헌법상 경제질서와 공생발전을 위한 경제규제의 근거와 한계, 행정법학 제4호 1-47면2013. 3. 30., 8-9면 참조

참고문헌

김종보·박건우, 국토계획법상 토지형질변경허가와 건축허용성 — 대법원 2020. 7. 23. 선고 2019두31839 판결 —, 행정법연구 64호, 2021.3, 45−73

선정원, 환경조례의 입법재량에 관한 사법적 통제 − 축사건축에 대한 이격거리규제조례판결(대법원 2019. 1. 31. 선고 2018두43996 판결)을 중심으로 −, 행정법연구 61호, 2020.5, 57−84 (28 pages)

윤일구, 환경권의 역사와 사법상 정립에 관한 고찰, 환경법연구, 2013−08−30, Vol.35 (2), p.299−328

이원우, 헌법상 경제질서와 공생발전을 위한 경제규제의 근거와 한계, 행정법학 제4호 1−47면 , 2013. 3. 30.,

이원우, 규제개혁과 규제완화: 올바른 규제정책 실현을 위한 법정책의 모색, 저스티스, 2008.09, 355−389(35 pages)

조홍석, 헌법상의 환경권 논쟁−부산대학교와 강암건설사건과 관련하여, 헌법학연구, 1996−11−01, Vol.2 (2), p.197−232

정남철, 재량통제와 직권탐지주의 − 대법원 2021. 3. 25. 선고 2020두51280 판결 −, 법률신문

국문초록

    대상판결은, 입법연혁, 교육환경평가서 승인제도의 취지, 법규명령인 이 사건 별표 규정의 법적 성격 등을 고려하면 교육환경보호구역에서 대규모 건축물을 건축하려는 자가 제출한 교육환경평가서를 심사한 결과 그 내용 중 교육환경 영향평가 결과와 교육환경 보호를 위한 조치 계획이 이 사건 평가 기준에 부합하거나 그 이상이 되도록 할 수 있는 구체적인 방안과 대책 등이 포함되어 있다면, 교육감은 원칙적으로 제출된 교육환경평가서를 승인하여야 한다고 판단하였다. 그러면서 교육환경 보호를 위하여 추가로 필요한 사항을 사업계획에 반영할 수 있도록 사업시행자에게 권고하는 한편 사업시행으로 인한 교육환경의 피해를 방지하기 위하여 교육환경평가서의 승인 내용과 권고사항의 이행 여부를 계속적으로 관리·감독할 권한과 의무가 있을 뿐이라고 보았다.

    교육환경평가법은 규제자인 교육감과 피규제자인 사업시행자간의 관계에 초점을 두면서 규제수익자인 학교학생의 학습권, 건강권 등은 상수로 전제하고 있다. 그러나 규제의 관계를 다극적 관계로 본다는 의미는 피규제자와 규제수익자 상호간의 이익 조정의 중요성을 인식한다는 것을 의미한다. 즉, 규제를 통해 피규제자가 기존 법제도에서 보호받던 건축의 자유와 교육환경법령에 따른 학생의 건강권, 학습권을 상호조정 차원에서 바라봐야 한다는 의미이다. 대상판결의 원심판결은 규제의 관계를 규제자와 피규제자의 양자 관계로 본 것처럼 이해되지만 대상판결은 규제의 다각적 관계에 대한 이해에 기초한 것이다. 다시 말해, 대상판결은 교육환경보호를 위한 교육환경법의 입법취지를 존중하면서도 다만 규제의 다각적 구도를 고려하여 환경권 이외에도 우리 법질서가 보호해야 할 중요한 기본권이 있다는 점, 그리고 그러한 기본권 제한에 있어 중복적이고 과다한 제한이 이루어져서는 안 된다는 점을 실정법상 해석론을 통해 도출했다는 점에서 의의를 찾을 수 있다.

주제어: 교육환경영향평가, 대규모 건축허가, 환경권, 중복규제,
　　　　건축허용성

Abstract

Educational Environmental Impact Assessment and Right to build

Woo Meehyung*

Considering the legislative history, the purpose of the educational environment evaluation report approval system, and the legal nature of the attached table of this case, the Superintendent of Education shall, in principle, approve the educational environment evaluation report submitted by a person who intends to build a large—scale building in the educational environment protection zone, if the results of the impact assessment and the action plan for the protection of the educational environment meet or exceed the provisions of the attached table of this case. However, for the protection of the educational environment, it is recommended to the project implementer so that additional necessary matters can be reflected in the business plan, while the Superintendent of Education continuously monitoring the contents of approval of the educational environment evaluation and whether the recommendations are implemented in order to prevent damage to the educational environment due to the implementation of the project.

The Educational Environment Act focuses on the relationship between the superintendent of education, and the business operator, who is the regulated, and assumes that the right to study and health of school

---

* PhD in Law

students who are the beneficiaries of the regulation are constant. Regulatory relations must be viewed from multiple perspectives, which means that agencies recognize the importance of mutual profit coordination between the regulated and regulatory beneficiaries. In other words, it means that the legislators should look at the problem in terms of the adjustment of the freedom of architecture, which was protected by the existing legal system when protecting the right to health, and the right to learn according to the Educational Environment Act. The high court judgment is understood as focusing on a bilateral relationship between the regulator and the regulated, but the target judgment is based on the understanding of the multifaceted relationship of regulation. While respecting the legislative purpose of the Educational Environment Act for the protection of the educational environment, the ruling is based on the fact that there are important basic rights that our legal order must protect in addition to environmental rights in consideration of the multifaceted structure of the regulations. It can be found meaningful in that it was derived through the interpretation theory under the positive law.

Keywords: Educational environmental impact assessment, large-scale building permits, environmental rights, overlapping regulations, development permission

투고일 2021. 6. 4.
심사일 2021. 6. 30.
게재확정일 2021. 6. 30

行政行爲의 效力

처분기준 설정·공표의무와 이를 위반한 처분의 효력
(하명호)

처분기준 설정·공표의무와
이를 위반한 처분의 효력

하명호*

(대상판결: 대법원 2020. 12. 24. 선고 2018두45633 판결)

Ⅰ. 대상판결

1. 사건의 개요

(1) 피고 문화체육관광부장관은 중국 정부에 추천할 '중국 단체관광객 유치 전담여행사'의 지정 및 관리 등을 시행하기 위하여 「중국 단체관광객 유치 전담여행사 업무 시행지침」을 제정하였는데, 2013. 5.경

---

* 고려대학교 법학전문대학원 교수.

위 지침 제3조의2를 신설하여 2년에 1회 재심사를 통해 전담여행사 지위를 갱신하는 '전담여행사 갱신제'를 도입하였다.

(2) 피고는 2013. 9.경 각 평가영역·항목·지표에 따른 점수의 합계가 75점 이상인 경우에 전담여행사 지위를 갱신하기로 기준을 정하고, 이를 전담여행사들에게 공지하였다.

(3) 원고는 2006. 4. 11. 위 지침에 따라 전담여행사로 지정되었는데, 피고는 종전 처분기준에 따른 심사를 거쳐 2013. 12. 5. 원고의 전담여행사 지위를 갱신하였고, 그 무렵 원고를 비롯한 전담여행사들에게 종전 처분기준에서도 대체로 고려되었던 유치실적, 상품가격, 행정제재 이력, 저가상품 여부, 고부가상품 판매비율 등을 지속적으로 모니터링하여 이를 2년마다 실시하는 갱신제 평가에 반영할 것임을 공지하였다.

(4) 피고는 일부 전담여행사들이 무자격가이드를 고용하고, 무단이탈보고 의무를 제대로 이행하지 않는 등의 위반행위로 인한 폐해가 늘어나자, 이에 대한 제재를 강화하는 차원에서 2016. 3. 23.경 종전 처분기준의 각 평가영역·항목·지표 및 배점 등을 일부 변경하고, ① 평가기준 점수가 70점 미만이거나 ② 70점 이상 업체 중에도 행정처분(무자격가이드 등)으로 6점 이상 감점된 업체에 대해서는 전담여행사 지위를 갱신하지 않기로 결정하였으나, 이를 미리 공표하지 않은 채 갱신심사에 적용하였다.

(5) 원고는 변경된 처분기준에 따르면 갱신 기준 점수인 70점을 상회하는 77점을 받았으나, 갱신제 평가기간인 2014. 1.경부터 2015. 10.경 사이에 무자격가이드 고용, 무단이탈보고 불이행 등의 위반행위로 받은 감점이 8점이어서 탈락기준인 6점을 상회하였다.

(6) 피고는 당초 2016. 3. 28. 원고에게 전담여행사로 재지정한다고 통지하였으나, 원고의 행정처분으로 인한 감점이 8점이어서 재지정 탈락기준인 6점을 상회한다는 점을 간과한 사실을 뒤늦게 확인하고,

2016. 11. 4. 원고에 대하여 전담여행사 재지정을 직권으로 취소한다고 통지(이하 이 사건 처분이라 한다)하였다.

2. 판결요지

(1) 원심판결(서울고등법원 2018. 4. 25. 선고 2017누84954 판결)의 요지

원심은 피고가 행정처분으로 6점 이상 감점된 전담여행사에 대해서는 지정취소하도록 평가기준을 변경하는 것은 허용된 재량의 범위 내이고, 피고가 변경된 처분기준을 사전에 공표하지 않았더라도 원고로서는 그러한 변경을 예측할 수 있었을 것이므로, 이 사건 처분에 행정절차법 제20조 제1항을 위반하거나 재량권을 일탈·남용한 위법이 없다고 판단하였다.

(2) 대상판결(대법원 2020. 12. 24. 선고 2018두45633 판결) 의 요지(파기환송)

① 행정청이 행정절차법 제20조 제1항의 처분기준 사전공표 의무를 위반하여 미리 공표하지 아니한 기준을 적용하여 처분을 하였다고 하더라도, 그러한 사정만으로 곧바로 해당 처분에 취소사유에 이를 정도의 흠이 존재한다고 볼 수는 없다. 다만 해당 처분에 적용한 기준이 상위법령의 규정이나 신뢰보호의 원칙 등과 같은 법의 일반원칙을 위반하였거나 객관적으로 합리성이 없다고 볼 수 있는 구체적인 사정이 있다면 해당 처분은 위법하다고 평가할 수 있다.

② 사전에 공표한 심사기준 중 경미한 사항을 변경하거나 다소 불명확하고 추상적이었던 부분을 명확하게 하거나 구체화하는 정도를 뛰어넘어, 심사대상기간이 이미 경과하였거나 상당 부분 경과한 시점에서 처분상대방의 갱신 여부를 좌우할 정도로 중대하게 변경하는 것은 갱신

제의 본질과 사전에 공표된 심사기준에 따라 공정한 심사가 이루어져야 한다는 요청에 정면으로 위배되는 것이므로, 갱신제 자체를 폐지하거나 갱신상대방의 수를 종전보다 대폭 감축할 수밖에 없도록 만드는 중대한 공익상 필요가 인정되거나 관계 법령이 제·개정되었다는 등의 특별한 사정이 없는 한, 허용되지 않는다.

3. 이 사건의 쟁점

대상판결의 사안은 그리 복잡하지 않음에도 불구하고 상당히 많은 쟁점을 내포하고 있다. 먼저 떠오르는 쟁점으로는 처분기준의 설정·공표의무를 위반하고 행한 처분이 위법하여 취소되어야 하는 것인지 여부이다. 뒤에서 자세히 설명하겠지만 처분기준의 설정·공표제도는 우리나라와 일본의 행정절차법에만 존재하는 매우 독창적인 것으로서, 제정 당시부터 그 획기적인 사고방식에 대한 찬사와 일일이 처분기준을 설정하여야 하는 행정 부담에 대한 우려가 교차한 제도이다. 그리하여 법원이 과연 이러한 의무를 위반한 처분의 효력을 어떻게 볼 것인지에 관하여 주목을 받고 있었는데, 대상판결은 이에 대하여 분명하게 답변하고 있다.

만일 대법원이 처분기준의 설정·공표의무에 대한 절차적 하자가 청문이나 이유제시의 하자와 같은 비중을 가진 것이라고 판단하였다면, 이 사건 처분은 그 자체로 위법하여 취소되었을 것이다. 그렇지만 대상판결은 그러한 학설의 주류적인 견해를 따르지 않았다. 다만 이미 공표된 처분기준을 적용하지 않고 피고에게 불리하게 새롭게 설정된 처분기준을 적용한 것을 두고 소급적용금지의 원칙에 위반된다는 관점으로 접근하여 이 사건 처분의 위법을 지적하고 있다. 여기에서 소급적용금지의 대상이 법령뿐만 아니라 행정규칙에 해당하는 처분기준도 포함되는지도 매우 중요한 쟁점이다.

이 사건은 위와 같은 굵직한 두 가지 쟁점 외에도 종기가 정해진 인·허가처분에서 갱신제의 의미와 해석이라는 쟁점이 포함되어 있고 그것은 그 자체로도 하나의 평석거리가 될 만하다. 그러나 이하에서는 위에서 제시한 쟁점 중에서 첫 번째로 제시한「처분기준의 설정·공표의무와 이를 위반한 처분의 효력」이라는 쟁점에만 집중하여 평석하고자 한다. 앞에서 본 것처럼 대상판결은 처음으로 위 쟁점을 정면으로 다룬 판결로 기록될 것이고, 이 쟁점을 다루기에도 벅차고 다른 쟁점을 다루기에는 지면이 부족하기 때문에, 그에 대한 평석은 다음의 기회로 미루기로 한다.

II. 처분기준의 설정·공표제도의 의의

1. 도입 경위

(1) 미국에서의 논의상황

미국연방행정절차법에는 우리나라 행정절차법 제20조의 처분기준의 설정·공표의무가 규정되어 있지는 않으나, 이러한 절차법적인 접근이 미국의 판례와 학설을 통해 처음으로 제기되었다고 알려져 있다.[1] 미국에서는 원래 행정청이 처분기준에 관하여 일반·추상적인 규칙을 제정하지 않고 해당 사안에 적용할 처분기준을 형성할 재량을 가지고 있다고 인식되었는데, 연방대법원은 1947년 체르니 사건[SEC. v. Cherney 332 U.S. 194(1947)]에서 재결에 의하여 설정된 규칙의 소급적 적용이 당사자에게 중대한 불이익을 초래하는 경우 규칙으로 일반적인 지침을 미리 설정하지 않고 재결로 사안별로 그때그때 지침을

---

1) 임재홍, "행정절차법상 처분기준의 설정 및 공표",「행정법연구」, 제4호, 1999, 69면 이하 참조. 미국에서의 논의상황의 상당부분은 위 논문에 의존하고 있음을 밝힌다.

설정하는 것은 재량권의 남용으로 위법하다고 판결하였다. 이어서 1974년 루이스 사건[Morton v. Ruiz 415 U.S. 199(1974)]에서 행정청은 정책의 관리에 있어서 입법적 규칙을 제정할 권한과 의무를 가지고, 행정절차법은 행정청에 대하여 공표된 입법적 규칙에 의한 결정을 요구한다고 하면서, 공표되지 않은 해석규칙에 기초한 결정은 무효라고 판결하였다.

이와 관련하여 데이비스는 재량통제라는 목적을 달성하기 위하여 행정청의 처분기준 설정이 필요하다고 전제한 다음, 이러한 처분기준은 입법적 규칙뿐만 아니라 해석적 규칙, 행정청의 정책의 일반적 설명이나 정책 설명까지 포함하는 것이지만, 이해관계인의 참여를 보장하기 위하여 연방행정절차법상의 규칙제정절차를 이용하자고 제안하였다. 이러한 견해를 취한다면 행정청이 입법적 규칙이나 해석적 규칙을 발할 권한이 있다는 것은 설명할 수 있으나, 행정청에게 어떠한 근거로 그러한 의무를 부과할 수 있는지에 관하여 의문이 제기될 수 있는데, 데이비스는 법원이 행정청에 처분기준의 설정을 요구하여야 한다고 주장하였다. 데이비스의 처분기준에 관한 견해는 설정, 공개, 체크라는 세 단계로 구성되어 있는데, 그중 기준의 설정과 공개가 우리나라와 일본에서 입법적으로 도입되었다고 설명될 수 있다.

(2) 일본에서의 도입과정

행정절차법 제20조의 처분기준의 설정·공표제도와 가장 유사한 대표적인 입법례로는 일본의 행정수속법(行政手續法)을 들 수 있는데, 제5조에서 신청에 의한 처분에서의 심사기준, 제12조에서 불이익처분에서의 처분기준을 나누어서 규정하고 있다.

일본에서 행정수속법의 제정시도는 1950년대까지 소급되는데, 1950. 10.경 법제심의회에 행정수속법부회를 설치하고 1952년에 국가행정운영법안 14개조, 1953년에 행정심의회운용부회의 국가행정운영법안

요강(시안) 21개조를 발표하였지만,[2] 아직까지는 처분기준의 설정·공표에 관한 사고는 없었던 것 같다.

처분기준의 설정·공표에 대한 발상은 1960년대에 들어서서 처음으로 등장하게 된다. 이는 도로운송법에 의한 개인택시사업의 면허거부처분의 취소소송과 관련된 동경지방재판소 1963년 9월 18일 판결,[3] 그 항소심인 동경고등재판소 1965년 9월 16일 판결,[4] 그 상고심인 최고재판소 1971년 10월 28일 판결[5]이라고 알려져 있다.[6] 당시의 일본 도로운송법에는 면허 신청의 가부를 결정하는 절차에 대하여 특별한 경우에 청문절차를 실시할 것을 요구하는 이외에는 아무런 규정도 두고 있지 않았는데, 최고재판소는 행정법규상 면허기준의 '취지를 구체화한 심사기준'을 설정할 필요성에 관하여 "도로운송법 제6조는 추상적 면허기준을 규정하고 있는 것에 지나지 않기 때문에 내부적이라고 하더라도 그 취지를 구체화한 심사기준을 설정하고 이것을 공정하고 합리적으로 적용하여야 하고, 특히 상기 기준의 내용이 미묘하고 고도의 인정을 필요로 하는 것 등의 경우에는 이러한 기준을 적용하는데 필요한 사항에 관하여 신청인에 대해서 그 주장과 증거제출의 기회를 부여하여야 할 것이고, 면허신청인은 이와 같은 공정한 절차에 따라 면허의 허부에 대하여 판정을 받아야 할 법적 이익을 가지는 것으로 해석하여야 한다."라는 취지로 판시하였다.[7]

---

2) 일본 행정수속법의 입법경위에 관한 개략적 내용은 홍준형/ 김성수/ 김유환, 행정절차법 제정연구, 법문사, 1996, 105-110면 참조.
3) 東京地方裁判所 昭和38(1963). 9. 18. 宣告 昭和36年 (行) 第26号 判決, 行政事件裁判例集 14卷 9号 1666頁.
4) 東京高等裁判所 昭和40(1965). 9. 16. 宣告 昭和38年 (ネ) 第2341号 判決, 行政事件裁判例集 16卷 9号 1585頁.
5) 最高裁判所 昭和46(1971). 10. 28. 宣告 昭和40年 (行ツ) 第101号 判決, 最高裁判所 民事判例集 25卷 7号 1037頁.
6) 김창조, "행정절차법상 처분기준",「법학논고」, 제15권, 1999, 110면 이하; 김원주, "행정절차법 판례연구", 한국행정법학의 어제·오늘·내일(문연 김원주 교수 정년기념 논문집 1권), 2000, 433면 이하에는 위 판결들에 대한 상세한 설명이 있다.

위 판결이 일본의 행정수속법의 제정과정에 직접적인 영향을 미치기는 하였지만, 개인택시의 면허발급과 같이 다수의 사람으로부터 소수의 특정한 사람을 선정하는 경우에서 면허기준의 설정이라는 한정된 영역에서 문제가 되었고, 이해관계인에게 직접 고지하여 주장·증명의 기회를 주는 것에 주안점이 있었다.[8] 여기에서 승인된 절차적 권리는 일본 헌법 제22조의 직업선택의 자유의 보호에서 도출되었고, 도로운송법을 넘어서서 신청에 대한 처분을 할 때 심사기준의 설정과 운용의 의의를 일반적으로 확립한 것은 아니었으며, 심사기준의 공표에 대해서도 그 필요성을 인정하지 않았다.[9]

결국 심사기준과 처분기준의 설정·공표제도의 이론적 배경이 된 것은 위 판결뿐만 아니라 일본 헌법의 적법절차조항, 미국의 정보공개제도와 적정절차의 법리 및 이와 관련된 미국판례법의 영향 등이었다.[10]

이에 관한 최초의 시도는, 1962. 2.경 발족된 제1차 임시행정조사회 제3전문부회 제2분과회의 1964. 2. 행정수속법 초안 168개조에서 비롯되었다. 위 초안 제21조에서 행정청이 허가, 인가, 면허, 특허 등에 관하여 신청의 절차, 허가기준 그 밖의 법령의 시행을 위하여 필요한 사항을 설정하여 공표하는 것을 원칙적인 의무로 규정하고, 제24조에서는 이해관계인에게 처분기준의 설정을 신청할 수 있도록 하였다.[11]

---

7) 위 판결의 사안, 사건의 경과 등에 관한 좀 더 자세한 내용은 유진식, "일본법상 심사기준의 법적 성격", 행정절차와 행정소송, 피앤씨미디어, 2017, 298-302면 참조.
8) 塩野 宏/ 高木 光 條解 行政手續法, 弘文堂, 2000, 139頁.
9) 室井 力/ 芝池義一/ 浜川 淸, 行政手續法·行政不服審査法, 第2版, 日本評論社, 2008, 94頁.
10) 임재홍, 앞의 글, 68면.
11) 위 법안 초안은 총무처 행정조사연구실이 1985.에 발간한 「각국의 행정절차법」이라는 자료집에 '일본 행정절차법 초안(1963년안)'으로 번역되어 수록되어 있는데, 거기에 수록된 조문은 다음과 같다.
   제21조(허가기준의 공표) 행정청이 법령에 의하여 허가, 인가, 면허, 특허 등(이하 허가 등이라 한다)을 하고자 할 때에는 미리 허가 등의 신청절차, 허가기준 기타

그 이후 행정관리청 행정관리국장 자문기구로 설치된 제1차 행정
소속법연구회에서는 1983. 11.경 행정수속법법률안요강안 71개조(1983
년 제1차 행정수속법연구회 요강안)를 발표하였는데, 제35조에서 처분
기준의 설정의무와 제36조에서 그에 대한 공표의무, 제37조에서 변경의
경우에도 같다는 내용으로 이루어져 있다.[12] 또한 총무성 행정관리국장
자문기구로 설치된 제2차 행정소속법연구회에서는 1989년에 45개조로
된 요강안(1989년 제2차 행정수속법연구회 요강안)을 발표하였는데,
0501조에서 처분에 대한 처분기준의 설정·공표를 의무화하고 있었다.
위 두 요강안은 모두 1963년의 행정수속법 초안에 입각하여, 거기에 불
이익처분에 관한 처분기준을 더하고 그것을 심사기준과 나누지 않고 규
정하고 있었다.

그런데, 제3차 임시행정개혁추진심의회 소속 '공정, 투명한 행정소
속부회'가 1991. 11.경 행정수속법요강안을 제3차 행정개혁추진심의회

법령의 시행을 하기 위하여 필요한 사항(본조에서는 허가기준 등이라 한다)을 정
하여야 한다. 행정청이 허가기준 등을 변경할 경우에도 또한 같다. 다만 허가기준
등을 정하는 것이 매우 곤란한 경우 또는 허가기준 등을 공표하는 것이 공공의 안
전 그밖의 공공의 복지를 침해할 것으로 인정될 경우에는 그러하지 아니하다.
　제24조(기준설정 등의 신청) ① 행정청이 법령에 의하여 기준의 설정·구역의 지
정(변경 또는 폐지를 포함한다. 이하「기준의 설정 등」이라 한다)을 할 수 있는 경
우에는 당해 행위에 이해관계가 있는 자는 당해 행정청에 대하여 당해행위를 할
것을 신청할 수 있다.
12) 위 요강안도 총무처 행정조사연구실이 발간한 「각국의 행정절차법」에 '일본 행정절
차법 요강안(1983년안)'으로 번역되어 수록되어 있다.
　제0701조/제35조(처분기준) 행정청은 처분에 대하여 처분기준을 설정하여야 한다.
다만 다음 각 호의 1에 해당할 때에는 그러하지 아니하다. 1. 당해처분을 행함에
있어 처분청에 재량의 여지가 없을 때, 2. 법령에 의하여 처분기준이 구체적으로
정하여진 경우, 3. 처분기준을 설정하는 것이 당해처분의 성질상 곤란한 경우
　제0702조/제36조(동전) 전조의 규정에 의하여 설정한 처분기준은 미리 공표하여야
한다. 다만 처분기준을 공표하는 것이 행정목적 수행에 방해되거나 공공복지를 해
할 대에는 그러하지 아니하다.
　제0703조/제37조(동전) 전항의 규정은 행정청이 처분기준을 변경하는 경우에 준용
한다.

에 최종보고하였는데, 심의과정에서 신청에 기한 처분과 불이익처분을 나누어서 개별적으로 검토하는 방법이 취해졌고 이것이 요강안 작성의 단계에서도 승계되어, 불이익처분의 기준과 별도로 심사기준에 관한 조항이 설치되었다.13)

일본의 행정수속법은 1993. 9. 일본국 국회를 통과하여 같은 해 11. 12. 공포되어 1994. 10. 1.부터 시행되고 있다.14) 현행 행정수속법 제5조15)와 제12조16)는 다음과 같다.

> **제5조(심사기준)** ① 행정청은 심사기준을 정하는 것으로 한다.
> ② 행정청은 심사기준을 정하는 때에는 인허가 등의 성질에 비추어 가능한 한 구체적으로 하여야 한다.
> ③ 행정청은 행정상 특별한 지장이 있는 때를 제외하고, 법령에 의하여 신청의 제출처가 되고 있는 기관의 사무소에 비치 그밖의 적당한 방법으로 심사기준을 공표하여야 한다.
> **제12조 (처분기준)** ① 행정청은 처분기준을 정하고 이를 공개하도록 노력하여야 한다.
> ② 행정청은 처분기준을 정할 때 불이익처분의 성질에 비추어 가능한 한 구체적으로 하여야 한다.

---

13) 塩野 宏/ 高木 光, 前揭書, 139頁.
14) 현행 행정수속법은 2005(平成17年). 6. 29. 法律 第73号로 개정되어, 2006(平成18年). 4. 1. 시행되고 있다.
15) 2005(平成17年). 6. 29. 法律 第73号로 개정, 2006(平成18年). 4. 1. 施行. 행정수속법이 제정될 당시에는 제1항은 "행정청은 신청에 의하여 구하여진 인허가 등을 할지 여부를 그 법령이 정함에 따라 판단하기 위하여 필요한 기준(이하 심사기준이라 한다)을 정하는 것으로 한다."라고 되어 있었다.
16) 위 조문 역시 제1항은 제정될 당시에는 "행정청은 불이익처분을 할 지 여부 또는 어떠한 불이익처분을 할 것인가에 대하여 법령이 정함에 따라 판단하기 위하여 필요한 기준(이하 처분기준이라 한다)을 정하고, 이를 공개하도록 노력하여야 한다."라고 규정하고 있었다.

(3) 우리나라 행정절차법에서의 도입경위

우리나라에서 행정절차법의 제정에 관한 논의는 일찍부터 시작되었고, 처분기준의 설정·공표제도를 법제화하겠다는 사고도 생각보다 상당히 오래전부터 있었다. 이미 1960년대 중반부터 한국공법학회, 서울변협, 대한변협 등을 중심으로 행정절차법 제정의 필요성이 제기되어 왔었고, 1971년에는 행정절차법안이 마련되기도 했었다. 그러다가 한국공법학회는 국무총리 산하 행정개혁위원회의 의뢰를 받아 5개장 전문 145조의 공법학회안을 작성한 후 1975. 12.에 위 위원회에 제출하였다.[17] 그런데, 공법학회안은 일본의 1963년 행정절차법 초안과 상당히 유사한 내용으로, 제39조에서는 특허·인가·허가의 기준 설정 및 공표 의무, 제41조에서는 당사자의 행정청에 대한 처분기준의 설정에 대한 신청권을 규정하고 있었다.[18] 다만 일본의 1963년 행정절차법 초안과

---

17) 김도창(연구책임자), 서원우, 김남진, 박윤흔으로 연구진이 구성되어 있었고, 그 법률안은 한국행정과학연구소, 행정절차법연구: 행정연구(12), 아산사회복지사업재단, 1980, 283면－285면에 수록되어 있다.

18) **공법학회안 제39조(특허, 인·허가나 그 취소·정지·철회 기준 공표 등)** ① 행정청은 법령에 의한 특허·인가·허가(이하「특허 등」이라 한다)의 기준을 정하여 미리 공표하여야 한다. 다만, 그것을 공표하는 것이 국가적 안전·질서유지 또는 공공복리(이하「공익」이라 한다) 또는 사안의 성질에 반하는 경우에는 예외로 한다. ② 특허 등의 기준을 변경하는 경우에도 ①과 같다. ③ 법령에 의하여 특허 등을 취소·정지 또는 철회하는 경우에도 ①의 예에 의한다. ④ ① 내지 ③의 규정에 의한 기준을 정하는 경우에 중앙행정청에 있어서는 부령을 규정하는 절차에 준하여 관계기관의 심사 또는 협조를 받아야 한다. ⑤ 행정청은 ① 내지 ③의 규정에 의한 기준을 정기적으로 검토하여 불필요한 부담 또는 과중한 부담을 과하는 기준 기타 적합하지 아니한 사항을 정비하고, 사정의 변경, 기술의 개선에 맞추어 그 기준을 개선하여야 한다.
제41조(기준설정 등의 신청) ① 행정청이 법령에 의하여 기준의 설정·구역의 지정·변경 또는 철회를 할 수 있는 경우에는 당해 행위에 직접 이해관계가 있는 자는 당해 행정청에 대하여 그 행위를 할 것을 신청할 수 있다. ② ①의 신청은 소정 사항을 기재한 서면으로 하여야 한다. ③ 행정청은 ①의 신청이 이유있다고 인정할 때에는 이유를 붙여 그 뜻을 당해 신청인에게 통지하여야 한다.

다른 점은 적용대상을 특허 등의 기준에만 한정하지 않고 법령에 의하여 특허 등을 취소·정지 또는 철회하는 경우에도 그 기준을 설정·공표하도록 한 것이다.

1980년대에 들어서서 총무처를 중심으로 1981년과 1982년에 두 차례에 걸쳐 행정절차법 제정에 관한 연구가 진행되었고, 그 결과물로서 1985. 12.에 행정절차법시안이 마련되었는데(1985년 총무처의 행정절차법 시안), 위 시안이 현행 행정절차법의 모태가 된 것으로 생각된다. 위 시안 제23조에서는 처분기준의 설정·공표제도가 정부 차원의 입법안으로는 처음으로 규정되어 있었다.19) 당시의 논의과정에서 처분기준의 공표대상을 수익적 처분으로 한정할 것인지(일본의 1963년 행정절차법 초안) 아니면 수익적 처분·불이익처분 모두에 적용할 것인지(공법학회안, 일본의 1983년 요강안)가 논의되었는데, 설정·공표의무의 예외를 인정하고 있어 둘 사이에 큰 차가 없을 것이므로 모든 처분으로 하였다고 설명되어 있다.20) 한편, 위 시안은 처분기준을 반드시 법령으로 정하도록 한 것이 특징인데, 처분기준을 공시 또는 행정청의 내부지침으로 정하는 사례를 막음으로써 국민이 사전에 처분의 기준을 충분히 알 수 있도록 하여 공권력의 자의적 행사를 억제하고 국민의 법적 생활의 안정을 도모하고자 하였다고 설명하고 있다.21)

한편, 1986. 4. 18. 총무처에 행정절차법심의위원회가 설치되고, 심의위원회는 7개장 전문 71개조로 된 행정절차법안을 마련하고 1987. 7. 7. ~ 8. 5. 그 법안을 입법예고하기도 하였는데, 제24조에서 현행법상 처분기준의 설정·공표제도를 담고 있었다.22) 그런데, 1987년의 행정절

---

19) **1985년 총무처의 행정절차법 시안 제23조(처분기준의 공표)** 행정청은 행정처분의 기준을 미리 법령으로 정하여야 한다. 다만, 처분기준을 법령으로 정하는 것이 당해 처분의 성질상 곤란하거나 공공의 안전 또는 복리를 현저하게 해치는 것으로 인정될 때에는 그러하지 아니하다.
20) 총무처 행정조사연구실, 행정절차법 시안, 총무처, 1985. 12, 177면.
21) 총무처 행정조사연구실, 앞의 책, 17면.

차법안은 입법화에 실패하였고, 그 내용 중 일부가 1989. 11. 14. 국무총리훈령인 '국민의 권익보호를 위한 행정절차에 관한 훈령'과 1990. 3. 1. 총무처의 행정절차운영지침으로 시행되었지만, 여기에는 처분기준의 설정·공표에 관한 규정이 빠져 있었다.

　처분기준의 설정·공표에 관한 제도적 취지가 처음으로 입법화된 것은 1994. 1. 7. 행정규제 및 민원사무기본법이었고,23) 행정절차법이

제20조(처분기준의 설정·공표) ① 행정청은 필요한 처분기준을 해당 처분의 성질에 비추어 되도록 구체적으로 정하여 공표하여야 한다. 처분기준을 변경하는 경우에도 또한 같다.
② 제1항에 따른 처분기준을 공표하는 것이 해당 처분의 성질상 현저히 곤란하거나 공공의 안전 또는 복리를 현저히 해치는 것으로 인정될 만한 상당한 이유가 있는 경우에는 처분기준을 공표하지 아니할 수 있다.
③ 당사자등은 공표된 처분기준이 명확하지 아니한 경우 해당 행정청에 그 해석 또는 설명을 요청할 수 있다. 이 경우 해당 행정청은 특별한 사정이 없으면 그 요청에 따라야 한다.

---

22) **1987년의 행정절차법안 제24조(행정처분기준의 공표)** ① 행정청은 행정처분의 기준을 미리 정하여 공표하여야 한다. 다만, 그 행정처분의 성질상 기준을 공표하는 것이 현저하게 곤란하거나 공공의 안전 또는 복리를 현저하게 해하는 것으로 인정될 만한 상당한 이유가 있는 경우에는 그러하지 아니하다. ② 행정처분의 기준을 변경 또는 폐지하고자 하는 경우에도 제1항의 규정에 의한다. ③ 당사자 등은 당해 행정청에 대하여 행정처분의 기준을 제시하여 줄 것을 신청할 수 있다. 이 경우 행정청은 제1항 단서에 해당하는 상당한 이유가 없는 한 이를 거부할 수 없다.

23) **행정규제 및 민원사무기본법 제11조(심사기준의 설정·공표)** 행정기관의 장은 처분등의 민원사무를 처리함에 있어서 적용하게 될 객관적이고 구체적인 심사기준(이하 "심사기준"이라 한다)을 미리 정하여 공표하여야 한다. 이를 변경 또는 폐지한 경우에도 또한 같다. 다만, 그 기준을 공표하는 것이 당해 업무의 수행에 현저한 지장을 주거나 공공의 안전 또는 복리를 현저하게 해하는 것으로 인정될 만한

제정되면서 위 규정은 삭제되었다. 한편, 1987년 행정절차법 시안에 규정되었던 이 제도는 1994년 행정절차법 시안에서는 **빠졌다가** 1996년 행정절차법 시안에 포함되었고, 그것이 반영된 행정절차법은 1996. 12. 31. 법률 제5241호로 제정되어 1998. 1. 1.부터 시행되고 있고, 제20조에서는 처분기준의 설정·공표제도에 관하여 위와 같이 규정하고 있다.

(4) 소결

미국의 행정절차법과 그에 대한 판례에서는 설정된 처분기준의 공표에만 염두에 두고 있을 뿐 그 설정의무까지 부과하고 있지는 않고 있다. 따라서 행정청에게 처분기준의 설정·공표의무를 부과하는 형태로 재량권의 행사를 통제하겠다는 사고방식을 입법화한 최초의 시도는 일본에서 행정수속법을 제정한 것이라고 보아야 할 것이다. 그것은 1960년대에 선고된 도로운송법에 의한 개인택시사업의 면허거부처분의 취소소송과 관련된 판결과 미국 행정절차법과 그에 대한 판례, 학설의 영향으로 촉발된 것으로 확인된다.

일본 다음으로 이러한 사고방식을 입법화한 나라는 우리나라인데, 이미 1975년의 한국공법학회안에서 처분기준의 설정·공표제도를 제안하고 있었지만, 일본 행정수속법 제정과정의 영향을 받았다고 짐작된다. 우선 위 공법학회안의 해당 조문이 1963년 일본 행정조사회 작성 행정절차법안과 상당히 유사하다. 뿐만 아니라 현행 행정절차법의 제정에 커다란 영향을 미친 것으로 보이는 1985년 총무처의 행정절차법 시안은 정부 차원의 입법안으로는 처음으로 처분기준의 설정·공표제도를 규정하고 있었는데, 당시의 논의과정에서 처분기준의 공표대상을 일본의 1963년 행정절차법 초안과 1983년 행정수속법 요강안 중 무엇을 따를 것인지 논의되고 있었던 것으로 보아도 그렇다.[24]

상당한 이유가 있는 경우에는 그러하지 아니하다.

24) 1985년 총무처의 행정절차법 시안을 작성하는데, ① 1985년 총무처 용역보고서안,

물론 일본의 行政手續法은 제5조의 인·허가 등에 대한 심사기준에 대하여 법적 의무로 규정하고 제12조의 불이익처분에 대한 처분기준에 대해서는 노력의무로 규정하는 등 기준의 성격에 따라 규율의 내용과 강도 등을 달리 정하고 있으나, 우리나라 행정절차법은 이를 구별하지 않는 등 완전히 같은 입법을 하고 있지는 않지만, 위와 같은 도입경위에 비추어 보면, 우리나라에서의 처분기준의 설정·공표제도를 이해하는데, 일본의 그에 대한 해석론은 상당한 참고가 될 것이라는 점은 부인할 수 없다.[25]

2. 제도적 취지

행정절차법 제20조에서 처분기준의 설정·공표제도를 규정하기 이전에도, 행정청이 광범위한 재량권을 가지고 있는 경우 행정작용의 일관성을 유지하고 행정객체에 대한 자의적 차별을 방지할 필요가 있으므로, 행정청이 개별적 처분을 할 수 있는 재량권을 향유하고 있거나 매우 미약한 조건적 제약 밖에 없는 경우에 미리 그 권한행사의 기준을 정하여 두는 사례는 많았다. 그러나, 행정절차법이 제정될 때까지는 행정청에게 처분기준의 설정·공표의무를 부과하는 형태로 처분과정을 통제하겠다는 관념이 우리나라 학설과 판례에 일반화되어 있었던 것은 아

---

② 1975년 한국공법학회안, ③ 1981년 대한변호사협회안, ④ 1976년 제정 서독연방 행정절차법, ⑤ 1963년 일본 행정조사회 작성 행정절차법안, ⑥ 1983년 일본 행정절차법연구회 마련 행정절차법 요강안, ⑦ 1926년 오스트리아 일반행정절차법, ⑧ 1946년 제정 미국 연방행정절차법 등의 입법례를 참조한 것으로 기록되어 있다(총무처 행정조사연구실, 앞의 책, 35면).

25) 塩野 宏/ 高木 光, 前揭書, 140頁에서는, 우리나라의 행정절차법에 대하여, 심사기준과 처분기준을 구분하지 않고 "행정청은 필요한 처분기준을 당해 처분의 성질에 비추어 가능한 한 구체적으로 정하여 공표하여야 한다."라고 규정하고 있으므로, 제정법 차원에서 가장 잘 정비되어 있지만, 일본의 행정절차법이 광범위하게 영향을 준 것이라고 평가하고 있다.

니다. 그런데, 행정절차법은 행정청이 처분을 할 때 절차법적 규율로 처분의 이유제시, 의견제출 및 청문, 문서의 열람 외에 행정청으로 하여금 국민의 권리의무와 직접적인 영향을 미치는 처분의 기준을 미리 정하여 공표할 의무를 부과하였는데, 그 입법취지에 대하여 행정의 투명성과 예측가능성을 확보하여 주는 동시에 처분에 대한 불복을 용이하게 하여, 궁극적으로 행정의 공정타당성과 법적 안정을 확보하려는데 있다고 일반적으로 설명하고 있다.26) 구체적으로 처분기준의 설정·공표제도는, ① 행정의 자기구속을 강화하고, ② 행정청의 자의를 배제하며, ③ 국민의 행정에 대한 예측가능성을 보장하고, ④ 행정청의 재량권 행사에 사법적 통제를 쉽게 해주는 기능을 수행한다.27)

그런데, 앞에서 살펴본 도입경위를 위와 같은 일반적인 설명에 덧붙여 검토하면, 처분기준의 설정·공표제도의 취지는 '당해 처분의 이해관계인에 대한 절차적 권리보장'에 머무는 것이 아니라 '올바른 재량권의 통제를 위한 처분기준의 설정에 대한 국민의 참여 보장'도 아울러 도모하고 있다는 점도 강조되어야 한다고 생각한다.

앞에서 살펴본 것처럼 일본에서 심사기준과 처분기준의 설정·공표제도를 규정하게 된 계기는 도로운송법에 의한 개인택시사업의 면허거부처분의 취소소송과 관련된 판결의 선고라고 여겨진다. 위 판결은 어떠한 처분을 발령할 때 처분기준을 미리 설정하고 이해관계인에게 알려주어야 그에 따라 주장과 증명의 기회를 실질적으로 부여받게 되는 것이라는 사고에서 비롯되었다. 신청인이 막연한 법령상의 요건만 알고 있는 상태에서는 어떠한 자격을 가지고 어떠한 준비를 하여야 인·허가를 취득할 수 있는지를 알 수 없고, 그 상태에서는 바람직한 의견청취

---

26) 홍준형, "행정절차법상 처분기준의 설정·공표", 「고시계」, 통권485호, 1997, 34면 참조. 오준근, 행정절차법, 삼지원, 1998, 325면에서는 행정의 투명성과 신의성실 및 신뢰보호의 원칙을 입법취지라고 설명하고 있다.
27) 홍준형, "행정절차법상 처분기준 설정·공표와 합의제 행정청의 행정절차", 「행정법연구」, 제20호, 2008, 148면.

가 불가능하기 때문이다.

그런데, 처분기준의 설정·공표제도가 당해 처분의 이해관계인의 절차적 보장이라는 관점에서만 처분기준의 설정·공표제도가 마련된 것은 아니고, 미국의 판례와 학설의 성과를 반영하여 마련된 것이라는 점도 간과되어서는 안 된다. 처분기준을 설정하는 과정에서 잠재적인 이해관계인을 비롯한 국민의 참여가 이루어지고, 이를 공개함으로써 처분기준이 적절한 것인지, 행정청이 해당 처분기준을 준수하였는지를 사후적으로 검토할 수 있게 된다. 이렇게 함으로써 행정청의 재량권 행사에서 자의를 방지하고 효율적인 사법적 통제를 할 수 있게 되는데, 여기에도 입법적 취지가 있는 것이다.

3. 행정절차법의 규정과 그 해석론

(1) 처분기준의 의의와 범위

행정절차법 제20조 제1항은 '필요한 처분기준'에 대하여 설정·공표의무를 행정청에 부과하고 있을 뿐, 설정·공표의 대상이 되는 처분기준이 무엇인지에 관하여 구체적으로 밝히지 않고 있다. 이에 관해서는 해당 처분의 법적 성질, 특히 일반 국민의 이해관계와의 관련성 여부와 그 영향력의 정도 등에 따라 판단하여야 할 것이다.

여기에서 말하는 처분기준이 재량기준만 의미하는 것인지 의문이 들 수 있다. 통상 행정청으로 하여금 처분기준을 설정하라고 요구하는 것은 행정청에 재량권이 부여된 경우이므로, 처분의 여부나 내용의 선택이 법적으로 기속되어 있는 경우 행정청이 그와 별도로 처분기준을 설정하는 것은 생각하기 곤란하다. 그러나 행정청에게 재량권이 부여되어 있지 않은 경우에도 행정청은 상급행정기관의 지위에서 하급행정기관의 법령해석을 통일시키고 행정사무를 합리화하기 위하여 행정규칙을 발할 수 있고(해석규칙), 대량으로 행해지는 행정처분에서 개개의 구체적인 사정을 감안하기 어려운 사정이 있는 경우 획일적인 처분기준을 정하는 행정규칙을 발할 수 있는데(간소화규칙), 이러한 행정규칙들은 재량사항이 아니더라도 국민의 권리의무에 중대한 영향을 미칠 수 있으므로, 처분기준의 설정·공표의무의 대상이 된다고 볼 수도 있을 것이다.

　　다음으로 부관 중에서 본체가 되는 인·허가 여부를 좌우하는 것은 인·허가를 할지 여부를 판단하는 기준과 같다고 볼 수 있으므로, 이때에는 행정청은 그 부관에 관해서도 처분기준의 설정·공표의무를 부담한다고 생각할 수도 있다.[28] 이에 대하여 일본에서는 심사기준은 인·허가를 할지 여부의 판단에 관한 기준이고 부관을 붙일 경우의 기준 등은 포함되어 있지 않다는 견해도 있고, 부관에 대하여 심사기준을 정하여야 한다고 일률적으로 할 수 없고 유형적으로 판단하자는 견해도 있다.[29]

(2) 설정 · 공표의 구체성

　　처분기준이 어느 정도로 구체적으로 설정·공표되어야 하는지에 관하여, 행정절차법 제20조 제1항은 필요한 처분기준을 당해 처분의 성질에 비추어 되도록 구체적으로 정하여 공표하여야 한다고 규정하고 있다. 따라서 행정청은 처분의 공정성과 투명성을 확보하기 위하여 당해 처분의 성질이 허락하는 한 최대한 구체적으로 설정·공표하여야 할 것이다. 그러나 일률적으로 처분기준이 어느 정도까지 구체적이어야 한다고 설명하기 곤란하고, 사안별로 판단할 수밖에 없다. 이를 너무 엄격하게 요구하여 법령에서 인정하는 재량의 여지를 없앤다면, 당사자의 권리보호에 치우쳐서 행정청이 공익을 배려할 수 있는 운신의 폭이 좁아질 수 있다.[30]

　　한편, 근거가 되는 법령에서 이미 그 처분기준에 관하여 구체적으

---

28) 南 博方/ 高橋 滋, 注釋 行政手續法, 第一法規, 2000, 137頁.
29) 室井 力/ 芝池義一/ 浜川 淸, 前揭書, 98頁.
30) 김창조, 앞의 글, 119면 참조.

로 규정하고 있기 때문에 더 이상 구체화가 불가능한 경우에 처분기준
의 설정·공표는 불필요할 것이다.[31] 이와 관련하여 대법원은, 방송위원
회의 최대액 출자변경승인처분 취소사건에서 "방송법 제15조의2 제2항
이 '방송의 공적 책임·공정성 및 공익성의 실현가능성, 사회적 신용 및
재정적 능력, 시청자의 권익보호, 그 밖에 사업수행에 필요한 사항'과
같은 심사요건 등을 규정하고 있어 이해관계인들도 그 의의와 내용을
인식할 수 있으므로, 이 사건 처분이 행정절차법 제20조 제1항에서 요
구한 처분기준의 설정·공표의무를 위반한 것으로 볼 수는 없다."라는
원심의 판단을 수긍하기도 하였고,[32] 교육부장관이 학교법인에 대하여
대학교의 폐쇄 및 법인해산명령을 발령함에 있어서, 고등교육법 제62
조, 사립학교법 제47조에 이미 예측가능한 처분기준이 규정되어 있다는
이유로 행정절차법 제20조 제1항에서 요구한 처분기준의 설정·공표의
무를 위반한 것이 아니라는 원심의 판단을 수긍하기도 하였다.[33]

(3) 설정·공표의 형식과 방법

처분기준은 반드시 행정규칙의 형식으로 설정·공표하여야 하는 것
은 아니고, 법규명령의 형식으로도 가능하다. 실제로 제재적 처분의 경
우 시행령 또는 시행규칙에 처분기준이 별표의 형식으로 구체화되는 경
우가 많이 있다.

처분기준이 법규명령의 형식으로 제정되어 있는 경우에는 입법절
차에 따라 공포되므로 별 문제가 없지만, 행정규칙의 형식으로 설정되
어 이를 공표하는 경우 행정절차법 시행령 제12조에서 정한대로 당사자

---

31) 하명호, 행정법, 제3판, 박영사, 2021, 277면; 總務省 行政管理局 編, 逐條解說 行政手
　　續法, 98頁; 塩野 宏/ 高木 光, 前揭書, 135頁 참조.
32) 대법원 2011. 8. 25. 선고 2008두5148 판결. 원심판결을 비판한 평석으로는, 홍준형,
　　앞의 글(주27); 오준근, "처분기준을 설정·공표하지 아니한 합의제 행정기관의 행
　　정처분의 효력", 「인권과 정의」, 제378호, 2008 참조.
33) 대법원 2016. 4. 29. 선고 2014두3631 판결(공보불게재).

등이 알기 쉽도록 편람을 만들어 비치하거나 게시판·관보·공보·일간
신문 또는 소관 행정청의 인터넷 홈페이지 등에 공고하여야 한다.

(4) 처분기준 공표의무가 면제되는 경우

행정절차법은 제20조 제2항에서는 처분기준을 공표하는 것이 당해
처분의 성질상 현저히 곤란하거나 공공의 안전 또는 복리를 현저히 해
하는 것으로 인정될 만한 상당한 이유가 있는 경우에는 처분기준을 공
표하지 않을 수 있도록 그 예외를 규정하고 있다. 행정절차법은 행정의
공정·타당성뿐만 아니라 투명성과 예측가능성을 확보하기 위하여 공표
의무를 원칙으로 하되, 위와 같은 사유가 있는 경우에 예외를 인정함으
로써 공익과 사익 및 관계이익 상호간의 형평을 도모하고 있다.

다만 행정절차법 제20조 제2항에서 공표하지 않을 수 있는 경우의
요건에 관하여 '현저히', '공공의 안전 또는 복리'와 같은 불확정개념을
사용하여 어느 경우에 공표의무가 면제되는 것인지 일의적으로 해석되
지는 않는다. 행정절차법이 공표를 원칙으로 삼고 있으므로, 예외적인
사정은 엄격하게 제한적으로 해석하여야 할 것이다.

이와 관련하여, 공증인법에 따른 공증인가는 지역별 사정과 공증수
요를 고려하여 결정하여야 하므로 성질상 처분기준을 공표하는 것이 현
저히 곤란한 경우에 해당한다는 대법원 판례가 있다.[34]

---

34) 대법원 2019. 12. 13. 선고 2018두41907 판결.

Ⅲ. 처분기준을 설정·공표하지 않고 한 처분의 효력

1. 기존의 논의와 대상판결의 입장

(1) 기존의 논의

행정청이 처분기준을 설정하지 않거나 설정했다고 하더라도 구체적으로 정하지 않고 추상적으로 정했거나 설정된 처분기준을 공표를 하지 않고 처분을 하였을 경우, 바로 처분이 취소되어야 하는지에 관해서는 견해가 나뉜다.

우리나라의 학설과 판례가 절차적 하자를 독립된 취소사유로 보고, 처분기준의 설정·공표는 처분의 이유제시, 의견제출 및 청문, 문서의 열람과 함께 처분과정의 중요한 절차적 규율로서 행정절차법이 특별히 규정하고 있으므로, 다른 행정절차법상의 의무와 마찬가지로 독립적인 취소사유로 인정하여야 한다는 견해가 다수설이다.[35]

이에 반하여, 행정절차법상 처분기준을 설정·공표하여야 하는 경우와 아닌 경우의 구별이 불분명하고 처분기준이 설정되지 않았다고 하더라도 처분을 할 수 없는 것도 아니라는 이유로, 이를 단순한 성실의무로 취급하여 처분기준 설정·공표의무 위반만으로는 구체적인 처분의 하자가 되지 않아 취소사유가 되지 않는다는 견해도 있다.[36]

절충적인 견해로서 모든 경우에 취소사유를 구성한다고 할 수 없고 처분기준의 설정·공표의무가 개별사안에서 구체적인 처분과 관련하여 응축되는 경우이거나[37] 당사자의 절차적 공정성을 침해한 경우에

---

35) 박균성 행정법론(상), 제19판, 박영사, 2020, 683면; 오준근, 앞의 글, 141면; 임재홍, 앞의 글, 78면; 최철호, "행정처분기준설정의 법적 쟁점에 관한 연구", 「토지공법연구」, 제39집, 2008, 606면; 하명호, 앞의 책, 279면; 홍정선, 행정법원론(상), 제28판, 박영사, 2020, 600면.
36) 정하중, 행정법개론, 제13판, 법문사, 2019, 359면; 정형근, 행정법, 제2판, 피엔씨미디어, 2014, 227면.

만[38] 그 의무위반을 독립된 취소사유로 구성할 수 있다는 견해가 있다.

일본의 경우에는 行政手續法 제5조 제1항에서 심사기준을 "정하여야 한다."라고 규정하지 않고 "정하는 것으로 한다."라고 규정하여 우리나라보다 해석상 논란이 있을 소지가 더 있다. 이를 적극적으로 해석하여 위법하다고 보는 견해와 위법사유까지는 되지 않는다는 소극적인 견해 및 중간적인 입장에서 위법성이 추정된다는 견해로 나뉘어져 있으나, 적극설이 주류적인 견해로 보인다.[39]

한편, 일본의 하급심 판결례도 적극설을 따르는 것이 주류로 보이지만, 소극설을 취한 것도 없는 것은 아니다. 중국 내의 의학교를 졸업한 중국 국적인 원고가 후생대신에게 의사국가시험의 본시험 수험자격을 인정하여 달라고 신청하였으나 후생노동대신은 원고가 예비시험의 수험자격만 있다는 이유로 위 신청을 거부한 사안에서, 동경고등재판소는 "후생대신은 본건 인정신청을 행한 항소인에 대하여 심사기준을 공표하지 않고, 법률상 제시해야 할 이유를 제시하지 않고 본건 각하 처분을 하고 있는데, 이렇게 행정수속법이 규정하는 중요한 절차를 실천하지 않고 행하여진 처분은, 해당 신청이 부적법하다는 것이 일견 명백하다는 등의 특별한 사정이 있을 경우를 제외하고, 행정수속법에 위반한 위법한 처분으로서 취소를 면할 수 없다."라고 판시하였다.[40] 나아

---

37) 홍준형 교수는 처분의 상대방 또는 그밖의 이해관계인이 처분기준의 설정·공표를 요구하였으나 행정청이 이에 응하지 않고 처분을 강행하였다는 등의 사정이 인정되는 경우를 예로 들고 있다[홍준형, 앞의 글(주 26), 43면].

38) 박재윤, "처분기준의 설정공표와 신뢰보호", 「행정법연구」, 제59호, 2019, 128면.

39) 南 博方/高橋 滋, 前揭書, 139頁; 塩野 宏/高木 光, 前揭書, 142頁; 神橋一彦, "手續的瑕疵の 效果", Jurist 行政法の爭點, 第3版, 有斐閣, 2004, 64－65頁; 宇賀克也, 行政手續法の解說, 第6次改訂版, 學陽書房, 2013, 85頁; 杉原丈史, 行政の違法事由と行政訴訟, 現代行政法講座Ⅱ 行政手續と行政救濟, 日本評論社, 2015, 138頁. 그리고, 室井 力/ 芝池義一/ 浜川 淸, 前揭書, 99頁에서는 이러한 견해가 일본의 주류적인 견해인 것처럼 기술되어 있는 것으로 보아 일본의 권위 있다고 생각되는 문헌들은 이러한 견해를 취하고 있는 듯 하다.

40) 東京高等裁判所 平成13(2001). 6. 14. 宣告 平成11年 (行コ) 第173号 判決(상고), 判例

가 항만시설의 목적외 사용 불허가 처분에 대한 취소소송에서 심사기준
이 설정되지 않은 점만을 이유로 위 처분을 취소한 하급심 판결이 있
다.41) 반면에 나라현 노동조합연합회가 나라현을 상대로 재량권을 일탈
·남용하여 노동회관의 사용을 불허가한 것에 대하여 손해배상을 청구
한 사안에서 처분기준을 공표하지 않은 것도 위법사유라는 주장이 들어
있었는데, "행정수속법 제5조는 신청에 대한 처분을 하기 앞서 심사를
하기 위하여 행정청에 대하여 가능한 한 구체적인 심사기준의 정립을
의무로 부과하고 이를 원칙적으로 공표하도록 하여 행정청의 허인가 처
분의 투명성과 공정함을 확보하기 위하여 마련된 규정이지만 위 절차가
실현되지 않았다고 하여 개개의 행정처분이 즉시 위법이 되는 것이라고
해석할 근거가 없다."라고 판시한 하급심 판결도 있다.42)

(2) 대상판결의 입장

대법원은 대상판결에서 "행정청이 처분기준 설정·공표의무를 위
반하여 미리 공표하지 않은 기준을 적용하여 처분을 하였다고 하더라
도, 그것만으로는 해당 처분의 취소사유에 이르는 흠이 존재한다고 볼

時報 1757号 51頁.
41) 那覇地方裁判所 平成20(2008). 3. 11. 判決(이 판결은 杉原丈史, 前揭書, 139頁에 소개
되어 있다).
42) 奈良地方裁判所 平成12(2000). 3. 29. 宣告 平成10年 (行ウ) 第23号 判決(확정), 判例
地方自治 204号 16頁, 行政手續法 제정 이전에는 물론 처분기준의 비공개가 위법하
지 않다고 한 하급심 판결들이 있었다고 한다(南 博方/ 高橋 滋, 前揭書, 139頁 참
조). 그밖에도 우리나라의 문헌 중에서 일본의 하급심 판결례 중에서 부정설을 취
한 판결들도 많다고 소개한 문헌들이 있는데, 엄밀하게 보면 그러한 판결들은 심
시기준의 설정·공표의무를 위반한 처분의 효력에 관한 것이라고 보기 어렵고, 주
로 필요한 심사기준이 아니라든가 법령에 구체적인 심사기준이 정해져 있어서 굳
이 심사기준을 정할 필요가 없다든가 심사기준의 설정에 면제사유가 있다든가 하
는 등의 사유를 든 것이다. 대표적으로 仙台高等裁判所 平成18(2006). 1. 19. 判決을
두고 부정설을 취한 것이라고 설명되기도 하나, 실제 판시내용을 보면 심사기준의
설정의무 자체는 인정하면서 법령에 심사기준이 정해져 있고 그 구체화의 필요성
이 없다는 이유를 들고 있다(室井 力/ 芝池義一/ 浜川 淸, 前揭書, 99頁 참조).

수 없다."라고 판시하였다. 다만 이에 덧붙여서 "다만 해당 처분에 적용한 기준이 상위법령의 규정이나 신뢰보호의 원칙 등과 같은 법의 일반원칙을 위반하였거나 객관적으로 합리성이 없다고 볼 수 있는 구체적인 사정이 있다면 해당 처분은 그것을 이유로 위법하다고 평가할 수 있다."라고도 하였다.

　　그 이유를 요약하면, 행정절차법 제20조 제1항에 따라 정하여 공표된 처분기준이 근거 법령으로부터 구체적인 위임을 받아 제정·공포되지 않았다면 행정규칙의 성질을 가지는데, 이를 위반하였다고 바로 그 처분이 위법하게 되는 것은 아니고 그것을 따랐다고 처분의 적법성이 보장되는 것이 아닌 것과 마찬가지로, 행정청이 미리 공표하지 않은 기준을 적용하였다는 이유만으로 바로 위법하다고 할 수 없고, 그렇게 된다면 처분의 위법여부가 지나치게 불안정해지고 개별법령의 집행이 사실상 유보·지연되는 문제가 발생한다고 설시하고 있다.

　　대상판결은 처분기준을 설정하지 않은 채 행한 처분이 그 자체로 위법한 것이 아니고, 재량권 일탈·남용에 해당하는 다른 실체법적 추가적인 사유가 있어야 비로소 위법하게 된다는 입장을 취한 것이라고 보인다. 특히 처분을 발령하기에 앞서 처분기준을 설정하여야 한다는 절차적 의무의 준수문제와 그렇게 설정된 처분기준이 행정규칙의 성질을 가지는 경우 법규성이 없다는 처분기준의 효력문제는 서로 다른 차원의 것임에도 불구하고, 이를 연계시켜서 동일시하는 듯한 판시를 한 것을 보더라도 그렇다.

　　이는 학설의 주류적인 견해를 취하지 않은 것이 분명하고 그렇다고 소극설을 취한 것이라고 분명하게 하지 않고 단서를 달아 일종의 절충적인 태도를 취한 듯한 인상을 준다. 그러나 행정절차법에 처분기준의 설정·공표제도가 마련되어 있든지 아니든지 어차피 이 사건과 같이 처분기준의 소급적용과 같은 실체법적 사유가 있었다면 그것만으로 취소를 면치 못할 것이고, 반대로 이 사건에서 처분기준의 소급적용이라는 실체적 위법사유가 없었다면 처분기준의 설정·공표의무를 위반하였다는 것만으로 해당 처분을 취소하지는 않았을 것이므로, 결국은 소극설이 있는 것이나 다름없다.

다음으로 주목할 판시는 대상판결이 위와 같은 입장을 선언하고, 그 이유를 설시하였는데, 그 핵심적인 내용은 그동안 판례가 취하고 있다고 간주되었던 절차적 하자가 독자적인 취소사유라는 명제를 거부하고 있다는 점이다. 아래에서는 이상과 같이 파악된 대상판결의 입장에 대하여 평석하고, 향후의 과제에 대하여 논하기로 한다.

2. 독자적 취소사유성 여부

(1) 절차적 하자의 효과에 대한 판례의 경향

절차적 하자가 독자적인 취소사유에 해당하는지에 관하여, 우리나라 판례가 적극설을 취하고 있다고 흔히들 설명하고 있고, 실제로도 대부분의 대법원 판결에서는 기속행위나 재량행위를 구별하지 않고 절차상 하자를 독자적인 취소사유로 보는 적극설의 입장을 취하고 있다.[43]

그러나, 민원사무를 처리하는 행정기관이 민원 1회방문 처리제를 시행하는 절차의 일환으로 민원사항의 심의·조정 등을 위한 민원조정위원회를 개최하면서 민원인에게 회의일정 등을 사전에 통지하지 않은 경우 이러한 사정만으로 곧바로 민원사항에 대한 행정기관의 장의 거부처분에 취소사유가 있다고 볼 수 없고, 재량권의 불행사 또는 해태로 볼 수 있는 구체적 사정이 있다면 비로소 그 거부처분이 재량권을 일탈·남용한 것으로서 위법하다고 판시한 사례가 있다.[44] 또한, 청문절차나

---

43) 대표적으로 재량행위인 식품위생법에 의한 영업정지처분에 대한 대법원 1991. 7. 9. 선고 91누971 판결 및 징계처분에 대한 대법원 2012. 6. 28. 선고 2011두20505 판결과 기속행위인 조세처분에 대한 대법원 1984. 5. 9. 선고 84누116 판결 등에서 보는 것처럼 기속행위인지 재량행위인지를 구별하지 않고 절차적 하자가 있는 처분을 취소한 판결들이 도처에 산재해있다.

심의절차에서 변호사의 조력을 받을 권리를 침해하는 것은 해당처분의 취소사유가 되지만, 이미 육군3사관학교 생도에 대한 퇴학처분이 다른 하자는 없이 처분서면을 교부하지 않은 하자 때문에 취소되어 다시 재처분을 하는 과정에서 대리인의 출석을 허용하지 않은 것은 방어권의 행사를 방해하는 사유가 아니라는 이유로 다시 취소할 수 있는 사유가 아니라고 판시한 사례도 있다.[45]

후자의 판결들까지 감안하여 대법원 판례의 태도를 살펴보면, 절차적 정의를 실현하고 상대방의 방어권을 보장하기 위하여 절차적 하자를 독자적인 취소사유로 인정하는 원칙하에서, 절차적 정의나 방어권이 실질적으로 침해되지 않는 경우에는 반드시 취소사유로 보지 않고, 그럼으로써 소송경제와 무용한 절차의 반복을 방지하겠다는 것으로 읽힌다.[46] 또한 종전까지는 부수적으로 절차적 하자만을 이유로 실체판단을

---

44) 대법원 2015. 8. 27. 선고 2013두1560 판결.
45) 대법원 2018. 3. 13. 선고 2016두33339 판결.
46) 절차적 정의와 소송경제의 조화가 문제가 되는 것은 절차적 하자의 독자적 취소사유성의 문제뿐만 아니라, 처분사유의 추가·변경의 허용기준, 절차적 하자의 치유, 처분에 대한 위법성의 판단시점, 기속력의 범위 등에서도 나타난다. 그런데, 그동안의 판례는 소송경제보다는 절차적 정의를 중시하는 것으로 평가되어 왔다. 처분사유의 추가·변경에 관해서도 그 허용 범위를 엄격히 제한하고 있는 것은 소송경제를 희생해서라도 절차적 정의를 실현하고자 하는 것이라고 평가할 수 있다(하명호, "처분사유의 추가·변경에 관한 판례의 평가와 보완점", 「고려법학」, 제58호, 2010, 17면 참조). 그러나 이러한 판례의 경향은 분쟁의 일회적 해결을 저해하는 요인으로 소송경제를 해할 뿐만 아니라 이를 빌미로 법원으로서도 실체판단을 소홀히 하고 절차적 하자만을 찾아내어 형식적으로 사건을 처리하는 부작용이 없는 것도 아니었다. 그리하여 최근의 대법원 판례의 경향을 살펴보면, 절차적 하자가 있다는 것만으로 바로 처분의 취소사유라고 연결시키지만은 않는 것 같다. 이러한 경향은 처분사유의 추가·변경의 허용범위에 관해서도 나타난다. 이 문제를 판단하는 데 있어서 무엇이 처분사유인지 확정하는 것이 사안에 따라서는 매우 중요하다. 예컨대, 법무부장관이 자동차관리법위반죄로 기소유예처분을 받은 것을 '품행 미단정'이라고 하면서 국적법상의 귀화요건을 갖추지 못하였다는 이유로 귀화불허가 처분을 한 경우, 처분사유를 국적법상의 귀화요건을 갖추지 못하였다는 것으로 볼 것인지, 아니면 자동차관리법위반죄로 기소유예처분을 받은 전력이 있다는 것으로

하지 않고 형식적인 판결을 선고하는 경향도 없지 않아 있었는데, 향후
에는 그렇게 하지 않겠다는 의지도 엿보인다.

그렇다면, 남은 문제는 처분기준의 설정·공표제도가 행정절차법에
서 차지하는 위치가 청문과 같은 의견청취제도나 이유제시제도와 비견
되는 차원의 주요 절차인지, 민원 1회방문 처리제의 일환으로 이루어지
는 민원조정위원회의 사전통지제도와 비교할 수 있는 부수적 절차에 불
과한 것인지를 살펴보아야 한다.

(2) 행정절차법에서 차지하는 위치

처분기준의 설정·공표제도는 대륙법계는 물론 영미법계에도 일찍
이 그 유래를 찾아볼 수 없는 독창적이고 획기적인 제도인 것은 분명하
다. 그런데, 앞에서 살펴본 것처럼 이미 일본에서는 1963년에 행정절차
법 시안에서 입법화가 시도되었고 우리나라에서도 1975년에 한국공법
학회에서 행정절차법안으로 제안된 이래 행정부처 내에서 논의되어오
다가 1987년의 행정절차법안으로 성안되기도 하였다.

이렇게 성안된 행정절차법안을 토대로 행정절차법은 1996. 12. 31.
법률 제5241호로 제정되어 1998. 1. 1.부터 시행되고 있다. 행정절차법
은 제1장 총칙, 제2장 처분, 제3장 신고, 제4장 행정상 입법예고, 제5장
행정예고, 제6장 행정지도, 제7장 국민참여의 확대, 제8장 보칙 등 63개
조로 구성되어 있지만, '제2장 처분에 관한 규정'이 거의 절반을 차지하
고 있어서 실질적으로는 처분절차법이라고 하더라도 과언이 아니다. 행
정절차법의 제정문에는 구체적인 제정이유를 8개를 나열하고 있는데,
처분절차와 관련해서는 처분의 처리기간 및 처분기준의 설정·공표를

볼 것인지에 따라 처분사유의 변경·추가의 범위가 달라질 수 있다. 대법원은 위
사안에서 '귀화요건 중 일부를 갖추지 못하였다는 판단' 그 자체가 처분사유라고
하면서, 법무부장관이 소송계속 중에 불법 체류 전력 등을 추가로 제시하였다고
하더라도 이는 처분사유의 근거가 되는 기초 사실 내지 평가요소에 지나지 않다는
이유로 이를 허용하였다(대법원 2018. 12. 13. 선고 2016두31616 판결).

의견청취제도와 나란히 거론하고 있는 점에 비추어 보면, 제정 당시에 입법자가 이 제도를 얼마나 중요하게 인식하고 있었는지를 단적으로 보여준다.

모든 절차적 하자를 곧바로 처분의 취소사유로 연결시키는 것은 소송경제를 위하여 바람직하지 않을지도 모른다. 그렇다고 하더라도 법치주의 원칙상 절차적 정의를 실현하고 상대방의 방어권을 보장하기 위해서는 절차적 하자를 독자적인 취소사유로 인정하는 것이 원칙이 되어야 하고, 그 원칙과 예외를 어떻게 나누어야 하는지가 중요하다고 생각된다.

우선 그 기준으로 행정절차를 주요절차와 부수적 절차로 나누고, 주요절차에 대한 하자는 경미하여 절차적 권리가 침해되었다고 볼 수 없을 정도가 아니라면, 독자적인 취소사유를 구성하고, 자문위원회의 자문과 같은 부수적 절차와 관련된 하자는 그 하자가 실체적 결정에 영향을 미칠 가능성이 있는 경우를 제외하고는 독자적인 취소사유를 구성하지 않는다고 프랑스식으로 이론을 구성해볼 수 있다.[47] 그러한 관점에서 보면, 처분기준의 설정·공표제도는 나름대로 오랜 논의과정을 거쳐서 형성되었고 행정절차법 제정 당시에 매우 중요한 제도로 강조되었다는 점, 처분기준의 설정에 민중적인 통제를 시도하는 독창적인 제도이라는 점, 현행 행정절차법에서 차지하는 위치 등을 감안하면, 주요절차에 속하면 속하였지 부수적인 제도라고 보기 어렵다. 따라서, 처분절차 중 사전통지와 의견청취절차, 문서열람, 이유제시와 함께 그 절차상의 하자가 경미하여 절차적 권리가 침해되었다고 볼 수 없을 정도가 아니라면, 독자적인 취소사유를 구성한다는 결론이 된다.

다음으로 생각할 수 있는 기준으로 항고소송의 주관소송적 기능에 입각하여 당사자의 방어권과 관련된 절차적 권리인지 여부에 따라 독자

---

47) 박균성, 앞의 책, 741면에서는 이러한 견해를 취한 듯하다.

적인 취소사유인지를 가르는 견해도 생각해볼 수 있다. 그런데, 처분기준의 설정·공표제도는 처분기준의 설정단계에서 올바른 재량권의 통제를 위하여 처분기준의 설정에 국민의 참여를 보장하고, 설정된 처분기준을 공표함으로써 당해 처분을 받는 이해관계인에게 자신의 권익을 위하여 무엇을 주장하고 증명하여야 하는지의 방향을 제시하여, 불이익처분에 대해서는 실질적인 방어권의 행사를 가능하게 하고, 인·허가절차에서는 바람직한 의견청취를 보장하는 기능을 수행한다. 즉, 처분기준의 설정·공표제도는 행정의 투명성이나 예측가능성을 보장하는 기능만 수행하는 것이 아니라 신청인 등의 이해관계인의 주관적인 권리이익에 기여하는 기능도 수행한다는 점도 유의하여야 한다.[48]

결국, 이 제도는 어느 기준에 의하더라도 훈시규정이나 지도적 규정에 머무는 것이 아니라 행정절차법상의 처분절차에서 사전통지와 의견청취절차, 문서열람, 이유제시와 함께 4개의 기둥이 되는 주요절차이자 신청인 등의 이해관계인의 주관적 권리를 도모하는 절차로서, 이 의무를 위반한 처분은 독자적인 취소사유가 된다고 할 수 밖에 없다고 생각한다.

(3) 재량의 통제와 행정의 경직성 사이에서 긴장관계의 해소 장치

처분기준의 설정·공표의무에 대해서는 이미 1987년 행정절차법안이 성안되었을 때부터 다양한 행정처분의 기준을 모두 공표하는 것이 어려울 뿐만 아니라 행정의 경직성을 가져올 우려가 있다는 비판이 있었고,[49] 대상판결도 이러한 의무위반을 처분의 취소사유라고 한다면, "처분의 위법여부가 지나치게 불안정해지고 개별법령의 집행이 사실상 유보·지연되는 문제"가 발생한다고 설시한 것으로 보아, 그러한 우려

---

48) 室井 力/ 芝池義一/ 浜川 淸, 前揭書, 94頁.
49) 박윤흔, 최신행정법강의(상), 개정20판, 국민서관, 1988, 495면.

를 하고 있다.

그러나 행정절차법 제20조 제1항은 행정청에 대하여 단지 '필요한 처분'의 설정·공표의무를 행정청에 부과하고 있을 뿐이어서, 당해 처분의 법적 성질, 특히 일반 국민의 이해관계와의 관련성 여부와 그 영향력의 정도 등을 고려할 수 있도록 규정되어 있다. 또한, 처분기준의 구체성과 관련해서도 법령에서 인정된 행정청의 재량권을 고정화시키지 않도록 할 수 있어서 공익 배려의 여지를 둘 수 있도록 하는 해석이 가능하다. 이에 따라 판례는 이미 근거가 되는 법령에서 그 처분기준에 관하여 구체적으로 규정하고 있어 더 이상 구체화가 불가능한 경우에는 처분기준의 설정·공표가 굳이 필요하다고 볼 수는 없다는 법리를 충분히 활용하면서, 방송법상 심사기준에 관한 판결에서와 같이 법령에서 구체적으로 처분기준을 정한 것인지 여부라는 요건을 상당히 너그럽게 해석하고 있는 것으로 확인된다.

더군다나 행정절차법은 제20조 제2항에서 처분기준 공표의무의 면제사유를 규정하여 공익과 사익 및 관계이익 상호간의 형평을 도모하고, 그 요건으로 "당해 처분의 성질상 현저히 곤란하거나 공공의 안전 또는 복리를 현저히 해하는 것으로 인정될 만한 상당한 이유가 있는 경우"라는 불확정개념을 사용하여, 행정청에게 처분기준의 공표여부에 관한 판단의 여지를 주고 이를 통제하는 법원에게 사법 정책적 관점에 따른 공간을 주고 있다. 그에 따라 대법원은 공증인법에 따른 공증인가에 관한 처분기준은 지역별 사정과 공증수요를 고려하여 면제사유에 해당한다고 판시하기도 하였다.

이렇듯 행정절차법에서는 행정의 경직성을 방지하기 위한 안전장치를 마련하고 있고, 대법원은 이를 충분히 고려한 판결들을 선고하고 있다. 그럼에도 불구하고 대상판결이 이를 넘어서서 행정청의 어려움을 지나치게 고려하는 판단을 한 것은 입법자의 명백한 의사를 도외시하고 행정의 편의를 도모한 것이라고 볼 수밖에 없다.

Ⅳ. 향후의 과제

1. 문제 상황

대상판결이 선고됨으로써 이제는 처분기준이 사전에 설정·공표되지 않았다는 것만으로는 당해 처분이 취소되지 않을 수도 있게 되었다. 이는 대상판결의 사안과 같이 갱신제의 특수성으로 인하여 신청인에게 '공정한 심사'를 받을 권리를 보장하고 있는데, 변경된 처분기준을 공표하지 않고 소급적용하는 경우와 같이 다른 위법사유와 결합하지 않고서는, 항고쟁송을 통한 처분의 무효화라는 유력하고 실효적인 사법적인 통제수단이 없어졌다는 것을 의미한다.

따라서, 이제는 처분기준의 설정·공표의무는 행정부 내에서의 감사나 자율적인 내부통제에 의존하게 되었는데, 이래서는 입법부가 행정부에 부과한 의무가 제대로 이행되기를 기대하기 어렵다. 그동안은 절차적 하자가 독자적인 취소사유이라고 인식되어왔기 때문에, 절차적 의무의 법치주의적인 관철수단으로서 항고쟁송 이외의 다른 통제장치에 대하여 소홀하였지만, 이제는 대상판결을 계기로 이를 고민하여야 할 시점이 된 것이다.

2. 사전적 보완방안: 절차적 하자의 치유

주지하다시피 독일의 경우 1996년 개정전의 행정절차법 제46조에서는 "제44조에 의하여 무효로 되지 아니하는 행정행위의 취소는 실체적으로 다른 결정이 행해질 가능성이 없을 경우 그 행정행위가 절차, 형식 또는 토지관할에 관한 규정에 위반하여 성립하였다는 이유만으로 청구될 수 없다."라고 규정하여, 대체불가능성의 관점에서 규정하고 있었다.50) 이에 대하여 절차적 하자를 너무 가볍게 여기고 권리구제에 반한다는 비판이 제기되었다. 그에 따라 행정절차법이 1996년의 「행정절차의 신속화를 위한 허가절차촉진법」(Genehmigungsverfahrensbeschleunigungsgesetz)에 의하여 절차적 하자의 효과를 대체불가능성의 관점에서 인과관계의 관점으로 개정되었다. 그리하여 현행 행정절차법 제46조에서는 "제44조에 의하여 무효로 되지 아니하는 행정행위의 폐지는 그 위반이 실체적 결정에 영향을 미치지 않았음이 명백한 경우 절차, 형식 또는 토지관할에 관한 규정을 위반하여 성립되었다는 이유만으로 청구될 수 없다."라고 규정하고 있다.51) 다만 절차의 신속과 무용한 반복을 방지하기 위하여, 절차적 하자의 치유를 "취소소송의 변론종결시"까지로 범위를 확대하고 있다(제45조 제2항).

절차적 하자의 치유시기를 연장한 것은 절차적 하자의 비중을 다른 나라보다 적게 두는 독일의 전통적인 사고방식을 수정하는 과정에서 비롯된 것이기는 하지만, 대상판결로 나타난 문제점을 해결하는 하나의 방안이 될 수도 있다. 이미 하자의 치유시기를 항고쟁송 전으로 제한하고 있는 통설과 판례를 입법적인 조치없이 취소소송의 변론종결시로 연장하는 것은 어렵다고 생각되지만, 향후 대상판결이 그 범위를 확대하여 절차적 하자의 독자적 취소사유성을 부인하는 입장이 일반화되는 것을 대비하는 차원에서라도 위와 같은 관점에서 입법론적 대비가 있어야 한다고 생각된다.

---

50) 따라서 기속행위의 경우에는 원칙적으로 위 규정이 적용되어 취소청구가 불가능하게 될 것이고, 재량행위의 경우에는 위 규정의 적용이 없다는 결론에 이르게 된다.
51) 이러한 개정으로 인하여 위 규정을 둘러싼 상황은 1995. 5. 19.의 행정절차법 초안의 상태로 되돌아 갔다고 한다(Knack, Verwaltungsverfahrensgesetz Kommentar, 8. Auflage, S.924).

3. 사후적인 통제장치: 국가배상

국가배상은 피해자구제기능, 손해분산기능만 있는 것이 아니라 제재기능 및 위법행위억제기능도 수행한다. 즉, 국가배상은 항고쟁송과 마찬가지로 위법한 처분에 대한 권리구제기능만 수행하는 것이 아니라 일정한 범위 내에서 행정통제기능도 아울러 수행한다. 그런데, 우리나라의 경우 전통적으로 대위책임설에 입각한 국가배상관이 우세하고 민사소송으로 다루는 경향 때문에 이 기능이 소홀하게 다뤄졌던 것이 사실이다. 그런데, 처분기준의 설정·공표의무에 대한 사후적인 통제로서 항고쟁송이 무력화된 마당에는 국가배상청구로 인한 사후적인 통제를 고려할 필요가 생기게 되었다.

국가배상으로 사후통제를 하여야 할 상황으로는 다른 실체법적 하자가 없는 상태에서 처분기준의 설정·공표의무만 위반한 경우가 문제가 될 것이고, 이때 주로 쟁점이 될 것이라고 예상되는 것은 손해를 입었는지 여부가 될 것이다. 행정절차법 제20조는 행정청에게 처분기준의 설정·공표의무를 법적의무로 부과하여 행정청을 구속하고 있기는 하지만, 모든 국민에게 처분기준의 설정·공표청구권을 부여한 것으로 해석할 수는 없다.[52] 다만 당해 인·허가 등의 발급을 신청하려는 사람, 불이익처분을 받거나 받게 될 우려가 있는 사람 또는 그 밖에 행정절차에 참가하는 당사자 등은 문제된 처분과의 관계에서 법률상 보호되는 이익을 가지고 있는지 여부에 따라 구체적·개별적인 처분기준 설정·공표청구권이 인정될 여지가 있으므로, 이때에는 법률상 이익의 위법한 침해로서 국가배상법상 손해가 있었다고 평가할 수 있을 것이다. 이때 손해의 성격은 정신적 피해에 대한 위자료가 될 것이다.

이 쟁점을 해결하는데 도움이 될 만한 흥미로운 하급심 판결례가

---

52) 홍준형, 앞의 글(주 26), 42면.

있어서 아래에서 소개한다. 지방자치단체가 폐기물 처리시설을 설치하기 위해서는 구「폐기물처리시설 설치촉진 및 주변지역지원 등에 관한 법률」(폐기물시설촉진법)에 따라 입지선정계획을 설정·공고하여야 하고, 공고 후에는 지체 없이 주민대표가 참여하는 입지선정위원회를 설치하고 그 입지선정위원회로 하여금 입지를 선정하여야 한다. 그런데, 피고 보성군은 이러한 절차를 거치지 않음으로써 입지선정위원회를 통한 지역주민의 의견수렴, 입주 선정에 관한 심의·의결을 거치지 않았고, 그 과정에서 오히려 피고 소속 공무원들은 위와 같은 절차가 진행된 것처럼 서류를 위조하여 전라남도지사에게 제출하였고, 전라남도지사는 이 사건 폐기물 매립장의 설치계획을 승인하였다. 한편, 원고들은 폐기물 매립시설의 경계선으로부터 2km 이내에 거주하는 간접영향권 내의 주민들로서 폐기물시설촉진법령에 따라 절차에 참여할 수 있는 권리를 가지고 있었다.[53] 이에 대하여 광주고등법원은 원고들의 절차참여권을 고의로 침해하거나 배제하였다는 이유로 위자료 50만원씩 지급할 의무가 있다고 판시하였다.[54]

위 하급심 판결의 사안에서는 보성군수의 폐기물 처리시설 입지결정·고시처분과 전라남도지사의 설치계획 승인처분이 모두 무효로 확인되어서,[55] 이 평석에서 상정하고 있는 사안과는 다소 다르지만, 결국은 보성군이 위 무효확인판결 이후 애초에 계획하였던 폐기물 매립장을 운영하고 있는 것으로 보아, 절차적 하자를 보완하여 새로운 처분을

---

53) 폐기물처리시설을 설치하는 지역에 거주하는 주민들은 직접 주민대표로서 입지선정위원회에 참여하고 주민대표로서 전문가 위원을 추천하여 입지선정위원회를 구성하거나 주민대표가 참여한 입지선정위원회의 활동 과정과 결과를 공람하고 입지선정위원회에 자신의 의견을 표명하는 방법 등으로 입지선정위원회를 통해 폐기물 처리시설의 입지선정결정 과정에 참여할 수 있도록 보장되어 있다.

54) 광주고등법원 2015. 5. 27. 선고 2014나12743 판결(상고). 참고로 이 사건에서 쾌적한 환경에서 생활할 권리, 진입로를 안전하게 통행할 권리의 침해를 원인으로 한 손해배상청구는 모두 기각되었다.

55) 광주지방법원 2018. 5. 31. 선고 2015구합912 판결(확정).

한 것으로 보인다. 결국 실체적 하자는 없고 절차적 하자만 남은 경우라는 점에서 동일하고, 그 절차적 하자에 대한 위법성을 근거로 위자료를 인정하였다는 점에서 시사점이 있다.[56]

---

56) 위 하급심 판결에 대하여 민법학계에서의 비판적인 평석으로는,「최준규, "행정절차참여권의 침해와 비재산적 손해배상:독일법과의 비교",「비교사법」, 제27권 제2호, 2020」이 있는데, 그 비판의 주된 취지는 행정절차참여권은 공적 성격이 강한 것이므로, 이에 관한 침해를 배상한다면 공적 손해를 사유화하는 것이라고 한다. 그러나 위 사건에서 원고는 폐기물시설촉진법상 간접영향권 내의 주민들로서 이들이 가지는 이익은 일반 공중의 이익과는 구별되는 법률상 이익이라고 평가되어야 한다.

참고문헌

박균성 행정법론(상), 제19판, 박영사, 2020.

박윤흔, 최신행정법강의(상), 개정20판, 국민서관, 1994.

오준근, 행정절차법, 삼지원, 1998.

정하중, 행정법개론, 제13판, 법문사, 2019.

정형근, 행정법, 제2판, 피엔씨미디어, 2014.

하명호, 행정법, 제3판, 박영사, 2021.

한국행정과학연구소, 행정절차법연구: 행정연구(12), 아산사회복지사업재
        단, 1980.

홍정선, 행정법원론(상), 제28판, 박영사, 2020.

홍준형/ 김성수/ 김유환, 행정절차법 제정연구, 법문사, 1996.

김원주, "행정절차법 판례연구", 한국행정법학의 어제·오늘·내일(문연 김
        원주 교수 정년기념 논문집 1권), 2000.

김창조, "행정절차법상 처분기준", 법학논고 제15권, 1999.

박재윤, "처분기준의 설정공표와 신뢰보호", 행정법연구 제59호, 2019.

오준근, "처분기준을 설정·공표하지 아니한 합의제 행정기관의 행정처분
        의 효력", 인권과 정의 제378호, 2008.

유진식, "일본법상 심사기준의 법적 성격", 행정절차와 행정소송, 피앤씨
        미디어, 2017.

임재홍, "행정절차법상 처분기준의 설정 및 공표", 행정법연구 제4호,
        1999.

최준규, "행정절차참여권의 침해와 비재산적 손해배상: 독일법과의 비교",
        비교사법 제27권 제2호, 2020.

최철호, "행정처분기준설정의 법적 쟁점에 관한 연구", 토지공법연구 제39
        집, 2008.

하명호, "처분사유의 추가·변경에 관한 판례의 평가와 보완점", 고려법학
    제58호, 2010.
홍준형, "행정절차법상 처분기준의 설정·공표", 고시계 통권485호, 1997.
홍준형, "행정절차법상 처분기준 설정·공표와 합의제 행정청의 행정절차",
    행정법연구 제20호, 2008.

총무처 행정조사연구실, 각국의 행정절차법, 총무처.
총무처 행정조사연구실, 행정절차법 시안, 총무처, 1985. 12.

南 博方·高橋 滋, 注釋 行政手續法, 第一法規, 2000.
杉原丈史, 行政の違法事由と行政訴訟, 現代行政法講座Ⅱ 行政手續と行政
    救濟, 日本評論社, 2015.
室井 力/ 芝池義一/ 浜川 淸, 行政手續法、行政不服審査法, 第2版, 日本評
    論社, 2008.
塩野 宏/ 高木 光, 條解 行政手續法, 弘文堂, 2000.
宇賀克也, 行政手續法の解說, 第6次改訂版, 學陽書房, 2013.
神橋一彦, "手續的瑕疵の效果", Jurist 行政法の爭點, 第3版, 有斐閣, 2004.

Knack, Verwaltungsverfahrensgesetz Kommentar, 8.Auflage.

국문초록

　　이 사건의 쟁점은 행정절차법 제20조 제1항에서 요구하는 처분기준의 설정·공표의무를 위반한 처분이 위법하여 취소되어야 하는 것인지 여부이다. 이에 대하여 대법원은 행정청이 미리 공표하지 않은 처분기준을 적용하여 처분을 행하였다고 하더라도, 그러한 사유만으로 곧바로 해당 처분에 대한 취소사유에 이를 정도의 흠이 존재하는 것은 아니라고 판시하였다. 다만 해당 처분에 적용한 기준이 상위법령의 규정이나 신뢰보호의 원칙 등 행정의 일반적인 원칙을 위반하였거나 객관적으로 합리성이 없는 구체적인 사정이 있다면 해당 처분은 위법하게 된다고 판시하였다.

　　우리나라의 처분기준 설정·공표제도는 일본을 제외하고는 유래를 찾아볼 수 없는 독창적이고 획기적인 행정절차로서, 처분기준의 설정단계에서 올바른 재량권의 통제를 위하여 처분기준의 설정에 국민의 참여를 보장하고, 설정된 처분기준을 공표함으로써 당해 처분을 받는 이해관계인에게 자신의 권익을 위하여 무엇을 주장하고 증명하여야 하는지의 방향을 제시하는 기능을 수행한다. 따라서 이 제도는 훈시규정이나 지도적 규정에 불과한 것이 아니라 행정절차법상 처분에 대한 주요절차이자 신청인 등의 이해관계인의 주관적 권리를 도모하는 절차로서, 이 의무를 위반한 처분은 독자적인 취소사유가 된다고 생각된다.

　　그러나 대법원은 위와 같은 의무의 위반만으로는 처분의 취소사유가 되지 않고, 다른 위법사유와 결합하여야만 처분을 취소할 수 있다는 입장에 있다. 그렇다면 이러한 의무에 대한 취소소송 이외의 다른 관철수단이 요구되는데, 그 수단으로 국가배상 청구소송의 활용과 절차적 하자의 치유 등을 제안하고자 한다.

　　주제어: 처분기준, 처분기준의 설정·공표, 국가배상, 절차적 하자의 치유, 절차적 하자의 독자적 취소사유성

Abstract

The effect of disposition in violation of the obligation to establish and publish disposition standards

Ha, Myeong Ho*

The issue in this case is whether the disposition in violation of the obligation to establish and publish the disposition standards required by Article 20 (1) of the Administrative Procedures Act should be canceled because it is illegal. In response, the Supreme Court ruled that even if the administrative agency applied an unpublished disposition standards, it would not immediately result in cancellation of the disposition, but only if the disposition violated general administrative principles, such as the provisions of higher statutes or the principle of trust protection.

The establishment and publication system of Korea's disposition standards is original and innovative, which is not found in other countries except Japan. It guarantees the citizens' participation in the establishment of disposition standards and by promulgating the set disposition standards, it performs the function of presenting the direction of protection of its rights and interests to the other party of the disposition. Therefore, this system is not merely a disciplinary rule or a guiding rule, but is a major procedure for disposition under the Administrative Procedure Act and a procedure to promote the subjective rights of interested parties such as applicants, and the disposition that violates this

* Korea University

obligation itself is considered to be a reason for cancellation.

However, the Supreme Court is in a position that the violation of the above obligations does not constitute a reason for cancellation of the disposition, and that the disposition can be canceled only when it is combined with other reasons for the offense. If so, other means of implementing these obligations other than the cancellation suit are required, and I would like to propose the use of the national compensation claim suit and the complement of procedural defects as such means.

Keywords: Disposition standards, Establishment and publication of disposition standards, National compensation, Procedural defect, complement of defect

투고일 2021. 6. 4.
심사일 2021. 6. 30.
게재확정일 2021. 6. 30

行政行爲의 瑕疵

입법미비를 이유로 한 장애인등록 거부처분의
위법여부와 사법심사의 방식(李殷相)

입법 미비를 이유로 한 장애인등록
거부처분의 위법 여부와
사법심사의 방식

李殷相*

대법원 2019. 10. 31. 선고 2016두50907 판결[1]

---

* 아주대학교 법학전문대학원 부교수, 법학박사(행정법)
1) 이하 '평석대상 판결'이라 한다.

1. 평석대상 판결의 개요

가. 사실관계[2]

1) 원고의 발병과 상태

원고(1992년생)는 초등학교 2학년 때 음성 틱(vocal tic)[3] 증상이 처음 나타났다. 그 후 원고는 만 11세이던 2003. 10.경부터 그 증상이 악화되어 음성 틱은 물론 운동 틱(motor tic)[4]이 함께 나타나게 되었다. 결국 원고는 만 13세 때인 2005. 4. 21. 삼성서울병원에서 음성 틱과 운동 틱이 동시에 발현되는 뚜렛증후군(Tourette's Disorder)[5] 진단을 받았다.

원고는 틱 장애로 진단받은 초등학교 6학년 이전까지는 친구들과 활발하게 어울렸다. 원고는 2003. 10.경부터 개인병원에서 약물치료를 받았으나 증상이 호전되지 않았고, 이에 2004. 5.경부터는 약 40일 간 삼성서울병원에서 입원치료를 받기도 했는데, 그 당시에는 틱 증상으로 인해 학교생활이 거의 불가능하였다. 그 후 원고는 서울대학교병원, 연세대학교 의과대학 세브란스병원에서 입원 치료와 약물치료 등을 받았지만, 이와 같은 지속적인 치료에도 불구하고 운동 틱과 음성 틱 증상

---

2) 이하의 사실관계는 평석대상 판결의 원심판결(서울고등법원 2016. 8. 19. 선고 2015누70883 판결, 이하 '제2심판결'이라 한다)과 제1심판결(수원지방법원 2015. 12. 8. 선고 2015구합60120 판결, 이하 '제1심판결'이라 한다)의 사실관계 부분을 참조하여 정리하였다.

3) 특별한 이유 없이 자신도 모르게 이상한 소리를 내는 이상 증상을 말한다. 제1심판결의 판시내용 참조.

4) 특별한 이유 없이 자신도 모르게 목, 어깨, 얼굴, 몸통 등 신체 일부분을 매우 빠르게 반복적으로 움직이는 이상 증상을 말한다. 제1심판결의 판시내용 참조.

5) 위와 같은 운동 틱과 음성 틱 증상이 모두 나타나면서 전체 유병기간이 1년을 넘는 것을 '뚜렛증후군'이라 하는데, 의학적으로 정확한 원인은 규명되지 않았다. 제1심판결의 판시내용 참조. 해당 병명을 '투렛증후군'으로 표기하기도 하는데, 표기법에 관하여 어느 하나로 올바른 표기법이 정해진 것으로 보이지는 않으므로, 평석대상 판결의 표현에 따라 이 글에서는 '뚜렛증후군'으로 통일하여 기재한다.

이 매우 심각하였다. 이로 인해 원고는 학업 수행과 대인관계에 있어서 현재까지도 큰 어려움6)을 겪고 있다.7)

원고는 낮밤을 가리지 않고 크게 소리를 지르고 발로 바닥을 구르거나 물건을 계속 치는 등으로 소음을 일으키고 온몸에 열이 나 집안에서 속옷만 입고 지내야 했고 겨울에도 에어컨을 가동해야 할 정도인 상태였다. 원고의 음성 틱 소음과 운동 틱 진동 등으로 인해 원고의 가족들은 아파트 등 공동주택에서 생활하지 못하고 타인에게 피해를 끼치지 않는 경기도 인근으로 이사를 하였다. 원고는 대화 도중 반복하여 단발적 괴성을 지르거나 원치 않는 단어를 말하는 등 음성 틱으로 인해 일상적 대화가 어려웠고, 간헐적으로 욕설이 튀어나와 대인관계 유지가 어려워 주위와 단절된 생활을 할 수밖에 없는 형편이었다. 이동면에서도 대중교통을 이용하기 어려웠고, 자가용으로 이동하면서도 좁은 공간에 들어갈 경우 틱 증상이 더 심해져서 장거리 이동이 어려운 실정이었다.

다만, 원고는 지능지수가 평균 수준이고, 기억 장애가 있으나 언어적 개념 형성 능력, 주의 집중 능력, 연산 능력, 시공간 구성 능력은 평균 이상의 수준이며, 의미 있는 자극에 대한 억제기능과 청각적 재료에

---

6) 뚜렛증후군을 겪고 있는 환자의 고충과 사회생활상의 어려움을 한 번에 쉽게 알 수 있는 최근의 예능 프로그램으로서 https://www.youtube.com/watch?v=eAXN1C0dLe8&t=222s 참조(특히 처음 00:00부터 03:40 부분까지).

7) 제2심판결의 사실인정에 의하면, 연세대학교 소아정신과 전문의는 2014. 5. 20. 원고의 병명을 뚜렛 장애와 우울성 장애로 진단하면서, 10년을 넘는 투병과 치료가 반복되었음에도 원고의 틱 증상이 매우 심각한 상태이고, 지속적이고 심각한 음성 틱으로 인하여 사회생활과 일상생활에 심각한 장해를 보이며, 지금까지의 치료경과에 비추어 사회생활, 직장생활, 일상생활을 수행함에 있어 심각한 어려움을 보이고 있어, 장애인복지법에서 정한 장애인에 준하는 상태에 해당한다고 진단하였다. 또한 원고는 중학교 입학 후에도 정규 수업을 제대로 받지 못하고 양호실에서 주로 생활하였고, 고등학교 진학 후에는 특수반에 들어가 오전 1, 2교시 후 조퇴를 하였으며, 틱 증상으로 인해 선생님에게 욕을 하는 자신의 모습을 부끄러워 하면서 등교를 꺼리거나 거부하였다. 이후 원고는 심리적 발달장애와 소아청소년기장애 5급 판정을 받아 군 면제(제2국민역 편입)가 되었다.

대한 주의력은 평균이나 양호한 수준이다. 원고의 사고 활동량은 상대적으로 위축되어 있지만, 보통 사람과 비슷한 정도로 주변 상황에 대해 정보를 탐색할 수 있다.

2) 원고의 민원신청과 반려

원고는 2014. 10.경 자신이 거주하는 관할 면장에게 장애인등록을 신청하려고 하였다. 그런데 장애인복지법 제2조 제2항8)의 위임을 받아 행정기관이 제정한 장애인복지법 시행령 제2조 제1항 [별표 1]에서 장애인의 종류와 기준을 설정함에 있어 틱 장애 내지 뚜렛증후군에 관해서는 아무런 규정을 두고 있지 않아 장애진단서를 발급받을 수 없다는 사실을 알게 되었다. 이에 따라 원고는 관할 면장에게 장애인등록에 관한 민원을 제기하였으나, 관할 면장은 2014. 10. 14. 장애진단서가 첨부되지 않았다는 이유로 원고의 민원신청서를 반려하는 조치를 하였다.

3) 피고의 원고 장애정도에 관한 심사 의뢰

피고는 2015. 6. 3. 구 장애인복지법 시행규칙(2015. 8. 3. 보건복지부령 제343호로 개정되기 전의 것, 이하 구법의 표기 없이 그냥 '장애인복지법 시행규칙'이라 한다) 제3조 제2항에 따라 ○○정신건강의학과 의원에 원고의 장애정도에 관한 심사를 의뢰하였다.9) 그 결과 피고는 위 ○○정신건

---

8) 장애인복지법 제2조(장애인의 정의 등)
  ① "장애인"이란 신체적·정신적 장애로 오랫동안 일상생활이나 사회생활에서 상당한 제약을 받는 자를 말한다.
  ② 이 법을 적용받는 장애인은 제1항에 따른 장애인 중 다음 각 호의 어느 하나에 해당하는 장애가 있는 자로서 대통령령으로 정하는 장애의 종류 및 기준에 해당하는 자를 말한다.
    1. "신체적 장애"란 주요 외부 신체 기능의 장애, 내부기관의 장애 등을 말한다.
    2. "정신적 장애"란 발달장애 또는 정신 질환으로 발생하는 장애를 말한다.
9) 장애인복지법 시행규칙 제3조 제2항은 "제1항에 따른 등록신청을 받은 시장·군수·구청장은 등록대상자와의 상담을 통하여 그 장애 상태가 영 제2조에 따른 장

강의학과 소속 의사로부터 원고의 장애는 '정신장애'의 일종인 틱 장애 (뚜렛증후군)에 해당하지만, 원고가 가진 틱 장애는 장애인복지법 시행령 제2조에서 정한 장애인등록의 대상이나 유형에 해당하지 않아 장애인 등록 대상자에 해당하는지 여부를 심사하는데 필요한 '장애진단서'를 발급할 수 없다는 회신을 받았다.

4) 원고의 장애인등록신청과 피고의 신청서 반려

원고는 2015. 7. 22. 피고에게 "의료기관으로부터 장애인등록을 위한 '장애진단서'를 발급받을 수 없기 때문에 부득이 장애진단서를 첨부하지는 못하였지만, 실제로 원고는 틱 장애로 말미암아 오랫동안 일상생활이나 사회생활에서 상당한 제약을 받고 있으므로, 장애인복지법 제32조에 의한 장애인등록 대상자에 해당된다."는 사유로 장애인등록을 신청하였다. 이에 피고는 장애인복지법 시행규칙 제3조 제4항에 따라 국민연금공단에 원고의 장애정도에 관한 심사를 의뢰하였고, 국민연금공단으로부터 '장애부위: 뚜렛증후군', '장애유형: 정신', '장애등급: 등급외'의 심사결과를 받았다. 결국 피고는 2015. 7. 28. 원고에 대하여, 원고가 장애인등록을 신청하면서 틱 장애(뚜렛증후군)에 관한 장애진단서를 제출하지 않았다는 이유를 들어 원고의 위 2015. 7. 22.자 장애인등록신청서를 반려하였다(이하 위 신청서 반려행위를 장애인등록신청 거부처분으로 보아[10] '이 사건 처분'이라 한다).

애인의 기준에 명백하게 해당되지 아니하는 경우 외에는 지체 없이 별지 제2호 서식의 의뢰서에 따라 의료법 제3조에 따른 의료기관 …에 장애진단을 의뢰하여야 한다."라고 규정하고 있으나, 이와 같은 피고의 원고 장애 상태에 관한 심사 의뢰의 동기나 계기가 관할 면장과의 업무연락이나 보고 등인지, 아니면 원고가 (이 사건 취소소송의 대상이 된 거부처분에 상응하는 장애인등록 신청서를 제출하기 전 단계에서) 피고에게 별도로 앞서서 장애인등록 신청을 하였거나, 또는 별도로 장애인등록 관련 민원제기를 하였기 때문인지 여부 등의 구체적인 사실관계는 제1, 2심 판결문의 사실인정만으로는 명확하지 않다.

10) 제2심판결은, 이와 같이 피고가 원고에 대하여 한 장애인등록신청서 반려행위가 단

나. 소송경과[11]

1) 당사자들의 주장

가) 원고 주장의 요지

원고는 중대한 운동 틱과 음성 틱 증상으로 인해 실제로 일상생활과 사회생활에 심각한 제약을 받고 있다. 그럼에도 행정기관이 위임입법에 의하여 장애인등록대상자를 행정입법에 규정함에 있어 장애인을 한정적으로 열거하고 있을 뿐, 원고와 같은 틱 장애를 가진 사람의 경우를 일상생활과 사회생활의 제약 정도를 불문하고 장애인등록대상자로 전혀 규정하지 않았다. 이러한 행정입법의 부작위로 인해 원고는 장애인복지법에 의한 장애인으로 등록을 받을 수 없게 되었다. 이와 같이 틱 장애에 대하여 그 정도를 묻지 않고 장애인등록대상자에 해당하는지에 관하여 명문의 규정을 두지 않은 장애인복지법 시행령 제2조 제1항 [별표 1]의 내용은 헌법에서 보장하는 평등원칙에 위반되어 위헌·무효이다. 따라서 이에 기초한 피고의 이 사건 처분 역시 위법하다.

나) 피고 주장의 요지

장애인복지법의 적용대상인 장애인에 관한 규정은 국가의 재정부담 능력과 전체적인 사회보장 수준 등에 따라 정해지는 것으로서 입법자의 광범위한 입법형성의 자유가 인정되는 것이고 기본적으로 국가의 정책에 달려있는 문제이다. 따라서 장애인복지법 시행령 제2조 제1항에서 틱 장애에 관하여 규정을 두지 않았다고 하더라도 헌법에 위반된다

지 서류의 불수리라고 하는 부작위나 사실상의 조치에 그치는 것이 아니라, 원고의 장애인등록신청에 대한 허부의 결정을 거부하는 의사표시로서 원고의 장애인으로 등록받을 수 있는 법률상 지위가 부정되는 법률상의 효과를 동반하는 것으로서 항고소송의 대상이 되는 (거부)처분이라는 내용의 직권판단을 했다. 필자도 이와 같은 견해에 수긍하는 바이고, 또한 평석대상 판결에서는 이 사건 처분의 항고소송 대상성(처분성)에 대하여 쟁점이 되지 않으므로, 여기서는 더 이상 논하지 않는다.
11) 이하의 소송경과는 제1, 2심판결에 나타난 내용을 참고하여 정리하였다.

고 볼 수는 없다.

2) 제1심판결의 판단

제1심판결은 아래와 같은 이유에서 원고의 청구를 기각하였다.

가) 장애인복지법 제2조 제2항은 제1항에 해당하는 장애인 중에서도 일정한 요건에 해당하는 자만을 장애인복지법의 적용 대상으로 삼고 있다. 따라서 신체적·정신적 장애로 오랫동안 일상생활에서 상당한 제약을 받는 자 중 일부만이 장애인복지법의 적용을 받게 되는 결과는 장애인복지법 제2조 제2항의 요청에 따른 것이고, 장애인복지법 시행령은 구체적인 범위를 정하고 있을 뿐이다. 헌법 제34조 제5항[12]이 정한 신체장애자에 대한 국가보호의무의 헌법적 의미를 고려할 때, 장애의 종류와 정도를 불문하고 모든 장애인에 대하여 일시에 동일한 수준의 복지를 제공하여야 할 국가의 구체적 의무가 헌법으로부터 파생되는 것은 아니고, 장애인의 복지를 위하여 노력해야 할 국가의 과제를 이행할 구체적인 방법과 시기에 관하여는 입법자에게 다른 과제들과의 우선순위, 재정적 여건 등 다양한 요인을 감안하여 결정할 수 있는 광범위한 재량이 있다.

나) 국가나 지방자치단체가 국민이나 주민을 수혜 대상자로 하여 재정적 지원을 하는 정책을 실행하는 경우 그 정책은 재정 상태에 따라 영향을 받을 수밖에 없고, 합리적인 기준에 따라 능력이 허용하는 범위 내에서 제도의 단계적 개선을 추진할 수 있다. 한정된 재원을 가진 국가가 장애인의 생활안정 필요성과 그 재정의 허용 한도를 감안하여 일정한 종류와 기준에 해당하는 장애인을 장애인복지법의 적용대상으로 삼아 우선적으로 보호하도록 한 것이 평등원칙에 위반된다고 보기 어렵

---

12) 대한민국헌법 제34조
⑤ 신체장애자 및 질병·노령 기타의 사유로 생활능력이 없는 국민은 법률이 정하는 바에 의하여 국가의 보호를 받는다.

고, 장애인복지법 시행령 제2조 제1항 [별표 1]의 내용 자체가 합리성과 타당성을 결여한 것으로 볼만한 사정도 없다.

3) 제2심판결의 판단

위 제1심판결에 대하여 원고가 불복하여 항소를 제기했다. 제2심판결은 다음과 같은 이유에서 제1심판결을 취소하고, 이 사건 처분을 취소하는 판결을 하여, 원고의 청구를 인용하였다.

가) 헌법 제34조 제5항의 요청에 부응하여 제정된 법률이나 위임명령에서 신체장애자의 대상과 범위, 그 등록요건과 절차, 보호의 내용 등 법적인 취급에 관하여 아무런 합리적인 이유 없이 법률이나 위임명령에서 어떠한 사항을 규정하지 아니하는 입법부작위(이른바 '상대적 입법부작위' 내지 '부진정 입법부작위'를 포함함)로 인하여 이미 규정된 법령의 반사적 효과로서 헌법상 간과할 수 없는 실질적인 합리적 관련성이 없는 차별이 생기는 때에도 헌법 제11조의 평등원칙 위반의 문제가 발생한다. 이때 법원이 사회보장 급부를 둘러싼 평등원칙 위반여부를 심사함에 있어서는 사회적 약자인 장애인이나 소수자에 대한 복지급부의 수급권을 인간의 존엄과 직접 관련되는 인간다운 생활을 할 권리 그 자체로 볼 수 있으므로 입법목적의 합리적 근거 유무 및 그 입법목적과 이를 달성하기 위한 수단(구체적인 취급에서의 차이) 사이에는 실질적인 합리적 관련성이 있어야 한다는 엄격한 합리성을 심사할 필요가 있다.

나) 장애인복지법 시행령에서 장애인등록의 대상으로 정해진 장애인 중에는 원고와 비교하여 볼 때 일상생활에서의 제약이 상대적으로 중하지 아니한 것으로 보이는 5급 뇌병변장애인[13]이나 4급 간질(뇌전증)장애인[14]이 존재한다. 반면에 원고는 틱 장애 증상으로 인해 앉아서

---

13) 제2심판결에 의하면, 보행이 경미하게 제한되었거나 섬세한 일상생활동작이 상당히 제한된 사람의 경우에도 5급 뇌병변장애인으로 등록될 수 있다.

14) 제2심판결에 의하면, 간질에 의한 뇌신경세포의 장애로 인하여 일상생활이나 사회

일을 할 수 없거나 다른 사람과 정상적인 대화가 불가능할 뿐만 아니
라, 폐쇄된 공간에서는 틱 증상이 더욱 심해져 자가용을 타고 장시간
이동조차 할 수 없는 등 일상생활이나 사회생활에 있어서 그 제약의 정
도가 더욱 중하다.

　　다) 장애인복지법 제2조는 장애인의 구체적인 범위와 대상을 행정
기관이 재량으로 정할 수 있도록 위임하면서도 그 행정입법을 적용한
결과가 헌법규범을 위반하는 상태를 초래하는 것을 허용하고 있지 않다
고 해석된다. 장애인복지법 제2조로부터 위임받은 행정입법인 장애인복
지법 시행령 제2조 제1항 [별표 1]에서 장애인등록의 대상이나 범위에
속하는 15종의 장애인을 열거적으로 규정하면서도 원고와 같은 틱 장애
에 관하여 아무런 규정을 두지 아니한 행정입법의 부작위(부진정 입법
부작위)가 인정된다. 이로 인하여 장애인복지법 제2조를 해석하여 적용
한 결과, 장애인복지법령에 따른 장애인으로 등록받을 수 없게 된 원고
는 합리적 이유 없이 장애인으로서 불합리한 차별을 받고 있다고 인정
되므로, 이 사건 처분은 헌법의 평등규정에 위반되어 위법하다.

4) 평석대상 판결의 판단

　　위 제2심판결에 대하여 피고가 불복하여 상고를 제기했다. 피고는
대체로 제1심판결에서 제시한 논리를 들면서 상고이유의 요지[15]로, 장
애인복지법 시행령 제2조 제1항 [별표 1]은 헌법 또는 모법인 장애인복
지법에 위반되지 않으므로 제2심판결의 판단에는 뚜렛증후군에 관한

　　생활에 상당한 제약을 받아 다른 사람의 도움이 필요한 간질장애인 중에서도 지속
　　적인 치료에도 불구하고 월 1회 이상의 중증발작 또는 월 2회 이상의 경증발작을
　　포함하여 연 6회 이상 발작이 있고 이로 인하여 협조적인 대인관계가 현저히 곤란
　　한 사람의 경우에도 4급 간질장애인으로 등록될 수 있다.
15) 구체적인 상고이유의 요지에 관하여는 김현영, "뚜렛증후군 장애를 가진 사람의 장
　　애인등록신청과 이에 대한 행정조치", 『대법원판례해설』 제122호(2019년 하반기),
　　제41-42면 참조.

사실오인 또는 평등권, 인간다운 생활을 할 권리, 장애인복지법에 관한 법리 오해가 있다고 주장했다. 그러나 평석대상 판결에서 대법원은 아래의 판결요지와 같은 이유를 들어 피고의 상고를 기각하고, 이 사건 처분을 취소하는 취지의 제2심판결의 결론을 유지함으로써 원고 청구를 인용하는 것으로 최종적인 결론을 냈다.

다. 판결요지

[1] 헌법 제34조 제1항, 제5항, 장애인복지법 제1조, 제2조 제1항, 제2항, 장애인복지법 시행령 제2조 제1항 [별표 1]의 체계, 장애인복지법의 취지와 장애인등록으로 받게 되는 이익, 위임규정과 시행령 규정의 형식과 내용 등을 종합하면, 장애인복지법 제2조 제1항은 장애인의 정의를 규정하고, 제2조 제2항은 장애인복지법의 적용을 받는 신체적 장애와 정신적 장애의 종류 및 기준을 정함으로써 그에 따라 제정될 시행령의 내용에 관한 예측가능성을 부여하는 한편 행정입법에 관한 재량의 한계를 부여한 규정이라고 보아야 한다. 입법기술상 모법이 정한 장애의 종류 및 기준에 부합하는 모든 장애를 빠짐없이 시행령에 규정할 수는 없다. 그러므로 장애인복지법 시행령 제2조 제1항 [별표 1]은 위임조항의 취지에 따라 모법의 장애인에 관한 정의규정에 최대한 부합하도록 가능한 범위 내에서 15가지 종류의 장애인을 규정한 것으로 볼 수 있을 뿐이다. 따라서 장애인복지법 시행령 제2조 제1항 [별표 1]을 오로지 그 조항에 규정된 장애에 한하여 법적 보호를 부여하겠다는 취지로 보아 그 보호의 대상인 장애인을 한정적으로 열거한 것으로 새길 수는 없다.

[2] 어느 특정한 장애가 장애인복지법 시행령 제2조 제1항 [별표 1]에 명시적으로 규정되어 있지 않다고 하더라도, 그 장애를 가진 사람이 장애인복지법 제2조에서 정한 장애인에 해당함이 분명할 뿐 아니라,

모법과 위 시행령 조항의 내용과 체계에 비추어 볼 때 위 시행령 조항이 그 장애를 장애인복지법 적용대상에서 배제하려는 전제에 서 있다고 새길 수 없고 단순한 행정입법의 미비가 있을 뿐이라고 보이는 경우에는, 행정청은 그 장애가 시행령에 규정되어 있지 않다는 이유만으로 장애인등록신청을 거부할 수 없다. 이 경우 행정청으로서는 위 시행령 조항 중 해당 장애와 가장 유사한 장애의 유형에 관한 규정을 찾아 유추 적용함으로써 위 시행령 조항을 최대한 모법의 취지와 평등원칙에 부합하도록 운용하여야 한다.

　　[3] 초등학교 때 운동 틱과 음성 틱 증상이 모두 나타나는 '뚜렛증후군(Tourette's Disorder)' 진단을 받고 10년 넘게 치료를 받아왔으나 증상이 나아지지 않아 오랫동안 일상 및 사회생활에서 상당한 제약을 받던 갑이 장애인복지법 제32조에 따른 장애인등록신청을 하였으나, 갑이 가진 장애가 장애인복지법 시행령 제2조 제1항 [별표 1]에 규정되지 않았다는 이유로 관할 군수가 갑의 장애인등록신청을 거부하는 처분을 한 사안에서, 갑이 뚜렛증후군이라는 내부기관의 장애 또는 정신 질환으로 발생하는 장애로 오랫동안 일상생활이나 사회생활에서 상당한 제약을 받는 사람에 해당함이 분명하므로 장애인복지법 제2조 제2항에 따라 장애인복지법을 적용받는 장애인에 해당하는 점, 위 시행령 조항이 갑이 가진 장애를 장애인복지법의 적용대상에서 배제하려는 취지라고 볼 수도 없는 점을 종합하면, 행정청은 갑의 장애가 위 시행령 조항에 규정되어 있지 않다는 이유만을 들어 갑의 장애인등록신청을 거부할 수는 없으므로 관할 군수의 위 처분은 위법하고, 관할 군수로서는 위 시행령 조항 중 갑이 가진 장애와 가장 유사한 종류의 장애 유형에 관한 규정을 유추 적용하여 갑의 장애등급을 판정함으로써 갑에게 장애등급을 부여하는 등의 조치를 취하여야 한다고 한 사례.

2. 평석

가. 문제의 제기

행정쟁송 실무에서는 장애인등록과 관련하여 장애의 종류와 기준에 해당하는 장애인지 여부에 관한 분쟁이 흔히 발생하고 있다. 그러나 이러한 분쟁은 어디까지나 장애인복지법 시행령 제2조 제1항 [별표 1]에서 정의되고 열거된 장애의 종류·유형을 전제로 해서 이에 해당하는지 여부나 구체적으로 장애의 정도를 다투는 경우가 대부분이다. 그러나 평석대상 판결의 사안처럼 애초에 위 [별표 1]에서 명시적으로 열거되지 않은 '새로운' 명칭과 유형의 장애를 장애인등록의 대상으로 인정받을 수 있는지는 이와는 다른 국면이며, 경우에 따라서는 입법과 제도의 변경이 수반되어야 할 수도 있다는 점에서 더 복잡하고 어려운 문제일 수 있다.

평석대상 판결은, 원고가 장애인복지법 제2조에서 정한 장애인에 해당한다는 점을 확인하면서, 장애인복지법 제2조 제2항의 위임에 따라 제정된 장애인복지법 시행령 제2조 제1항 [별표 1]에서 원고가 겪고 있는 뚜렛증후군이 규정되어 있지 않다는 이유만으로 피고 행정청이 장애인등록신청을 거부할 수 없고, 그러한 거부처분은 위법하다는 점을 선언하였다. 나아가 이때 행정청이 취해야 할 조치로서 위 [별표 1] 중 해당 장애와 가장 유사한 장애의 유형에 관한 규정을 찾아 유추 적용하여 장애등급을 판정하고 장애인등록을 해 주어야 한다고 판시하면서, 원고의 뚜렛증후군에 관해서는 '뇌전증(간질)장애'와 '정신장애(정신분열, 반복성 우울장애)'와의 유사성을 제시하였다.

이와 같은 평석대상 판결의 태도는 제1, 2심판결의 판단 논리, 판시 방식과 비교하여 볼 때 매우 적극적이고 파격적이라고도 평가할 수 있다. 이 사건에서 문제가 되는 장애인복지법 시행령 제2조 제1항 [별

표 1]의 입법 미비와 이를 이유로 한 이 사건 처분의 위법성을 선언하는 것에 그치지 않고, 더 나아가 행정청이 어떠한 방식으로 문제상황을 해결해야 하는지를 유추 적용이라는 구체적인 방식으로 지시하고 있다. 이와 같은 구체적인 지시는 향후 행정입법자의 입법 미비 개선방향은 물론 입법 미비 상태에서의 행정실무 운영방향에도 적지 않은 영향을 미칠 수 있다는 점도 평석대상 판결의 평가에 있어서 충분히 고려되어야 할 것이다.

심각한 뚜렛증후군을 겪고 있는 원고에 대하여 적극적으로 권리구제의 길을 열어 준 평석대상 판결의 결론에 대해서는 긍정적인 평가를 할 수 있을 것이다. 그러나 그 결론에 이르게 된 이유와 논리전개에 관해서는 다음과 같은 몇 가지 문제를 제기하고자 한다. 이하에서 별도의 목차로 차례대로 살펴본다.

① 장애인복지법 제2조의 규정과 입법기술상의 한계만을 근거로 장애인복지법 시행령 제2조 제1항 [별표 1]을 한정적 열거가 아니라고 본 것(즉, 예시적 열거로 본 것)이 타당한가. 예시적 열거의 경우, 입법기술 상 '기타 이에 준하는 … 사유'라는 방식으로 명시적인 조항을 두는 것이 일반적이라는 점, 헌법 제34조의 생존권적 기본권에 기초한 복지급부의 수급권을 구체화하는 입법의 성격상 국가의 재정적 상황이나 사회복지의 우선순위 등을 고려하여 단계적으로 실현되는 점 등에 비추어 검토될 필요가 있다. 또한 위 [별표 1]의 규정이 장애의 종류와 기준을 한정적으로 열거한 것인지, 아니면 예시적으로 열거한 것인지의 여부가 평석대상 판결의 판시 방향을 크게 좌우할 정도로 결정적인 기준이거나, 반드시 전제가 되어야 할 논리적 근거라고 할 수 있는지도 살펴보아야 할 것이다.

② 평석대상 판결의 판시와 같이 장애인복지법 시행령 제2조 제1항 [별표 1]에서 특정 장애 유형을 장애인등록 대상으로 열거하여 규정하지 않고 있는 것이 장애인복지법 적용대상에서 의식적·선택적으로 적용배

제를 한 결과는 아닐 것이다. 하지만 그렇다고 해서 그 '규범 부재'의 상태가 곧바로 특정 장애에 대한 국가적 책무를 저버린 무관심이나 방치로서 위헌적이거나 위법인 (부진정)입법부작위에 해당한다고 단정할 수 있을 것인가. 이 역시 장애인의 보호 내용을 구체화하는 입법에 관한 입법자의 고려요소와 입법재량에 대한 평가와 맞물리는 문제이다.

③ 평석대상 판결을 통해 행정입법의 미비가 있는 경우에, 행정청이 복지적 급부를 하는 처분의 근거가 되는 행정입법 규정이 존재하지 않는다는 이유로 거부처분을 할 수 없다는 일반론이 성립될 수 있는가. 이를 일반화할 경우 예상할 수 있는 부작용(급부행정에서 공무원의 자의적 법해석과 복지급부 집행의 우려, 입법공백 상태인 급부행정에 대한 수급권의 무리한 주장과 신청의 남발 등)이 있지는 않을지를 검토할 필요가 있다.

④ 복지급부의 근거가 될 수 있는 행정입법의 미비상태에 대하여 법원의 판단은 어디까지 가능할 것인가. 단순히 해당 행정입법의 위헌·무효 선언(당해 사건 적용배제)을 함에 그치는 것이 현행 법체계에 더 부합하는 것이 아닐까. 평석대상 판결처럼 유추 적용을 통한 행정청의 조치나 개선행정입법의 방향을 구체적으로 제시하거나 명하는 방식이 사법심사의 범위와 한계에 관한 현행법 체계와 부합하는지, 그리고 거부처분 취소소송의 성질(의무이행소송이 도입되지 않은 상황에서 특정처분 이행판결과 유사한 판시의 허용성 문제)이나 재량처분의 사법심사 방식(법원의 독자적 결론을 도출함이 없이 재량권 일탈·남용만 판단하는 방식)에 비추어 보더라도 타당한 판시인지가 비판적으로 검토되어야 한다. 그리고 이와 같이 유추 적용을 지시하는 듯한 평석대상 판결의 적극적인 판시가 반드시 필요한 것이었는지 여부도 취소확정판결의 기속력으로 동일한 효과 달성이 가능하지 않았을지라는 측면에서 살펴볼 필요가 있다.

나. 장애인 복지급부의 특성과 시행령 [별표 1]의 열거규정의 성격

1) 평석대상 판결의 주요 논리

평석대상 판결은 장애인복지법 시행령 제2조 제1항 [별표 1]의 규정이 보호의 대상인 장애인을 한정적으로 열거한 것으로 볼 수 없다는 점, 즉 예시적 열거로 보아야 한다는 점을 주요 논리로 제시하고 있다.16) 예시적 열거로 보는 근거로서 평석대상 판결은 ① 헌법과 근거법령의 체계, ② 장애인복지법의 취지와 장애인등록을 통한 수혜, ③ 위임규정과 시행령 규정의 형식과 내용 등을 들고 있다. 위 ①, ②는 장애인에 대해서는 원칙적으로 법적 보호를 부여해야 한다는 입법취지와 그 당위성에서, ③은 모법이 정한 장애의 종류와 기준에 부합하는 모든 장애를 빠짐없이 시행령에 규정할 수는 없다는 입법기술상의 한계에서 다시 그 근거를 찾고 있는 것으로 이해된다.

평석대상 판결의 예시적 열거 논리는, 열거되지 않은 원고의 장애유형도 '법원의 법해석'을 통해 보호 범위에 포함될 가능성이 열리게 된다는 점에서 착안한 것으로 평가할 수 있다. 위 시행령 [별표 1]을 예시적 열거로 보게 되면, 원고는 비록 아직 위 시행령 [별표 1]의 명문으로 장애인복지법 적용대상으로 규정되지는 않았지만, 장애인복지법 제2조 제1항의 '신체적·정신적 장애로 오랫동안 일상생활이나 사회생활에서 상당한 제약을 받는 자'라는 장애인의 정의 규정을 충족하고 있다는 점에서, 장애의 종류와 기준을 정한 기존의 명문 열거규정과 비교·대조하는 방식의 법해석을 통해 장애인복지법의 적용대상으로 해석될 수도 있

---

16) 대법원 판결인 평석대상 판결의 작성과 내용설시의 기초가 되는 보고서를 작성한 재판연구관이 쓴 대법원판례해설을 통해 이와 같은 논리 구조와 흐름을 포착할 수 있다. 김현영, "뚜렛증후군 장애를 가진 사람의 장애인등록신청과 이에 대한 행정조치", 『대법원판례해설』 제122호(2019년 하권), 제42면 이하 참조.

기 때문이다. 이러한 논리에 따르게 되면 ㉮ 법원은 (현재 구체적인 규정이 없지만 장애인복지법이 적용되는 장애인에 해당된다는 점이 밝혀져야 하는 관계로) 어떠한 법해석을 거쳐 뚜렛증후군이 어떤 장애의 종류와 기준에 해당될 수 있는지를 구체적으로 보여주어야 하고, ㉯ 그러한 법해석을 벗어났기 때문에 원고의 장애인등록신청을 거부한 이 사건 처분은 위법하다고 선언할 수 있게 된다.

2) 예시적 열거로 본 근거의 문제점

먼저 장애인복지법 시행령 제2조 제1항 [별표 1]의 규정을 한정적 열거로 보는 제1, 2심판결과 같은 입장에서도 위 ①, ②의 근거, 즉 장애인에 대해서 원칙적으로 법적 보호를 부여해야 한다는 입법취지와 그 당위성을 부정하지는 않을 것으로 보인다. 다만, 그러한 장애인복지법의 입법취지와 당위성만으로는, 특정한 장애유형을 가진 장애인의 복지수급권의 내용과 그 대상을 구체화하는 법률이 제정되기 전임에도 헌법이나 추상적인 원칙을 선언한 장애인복지법 제1조, 제2조 제1항 등의 규정을 근거로 하여 곧바로 장애인 복지 수급권이 도출된다고 볼 수는 없을 것이다. 이러한 점에서 제1, 2심판결은 공통적으로, 행정입법의 미비로 인해 장애인등록 거부처분이 이루어진 경우 그 해결방안은 '행정입법의 개선'에 있는 것이지, 현행의 법령 상태로는 곧바로 원고에게 장애인등록과 장애등급 부여를 하는 것은 어렵다고 본 것이다.

또한 위 ③의 위임규정과 시행령 규정의 형식과 내용은 역으로 시행령 [별표 1]을 예시적 열거가 아닌 한정적 열거로 보아야 하는 근거로 평가할 수도 있다. 형식의 측면에서는, 예시적 열거를 하는 경우에는 입법기술상 열거할 내용을 나열하여 규정한 후 맨 마지막 항목에 '기타 이에 준하는 … 사유'라는 방식으로 명시적인 조항을 두는 것이 보통이다. 그러나 장애인복지법 시행령 제2조 제1항 [별표 1]은 15종의 장애의 종류와 기준을 순번 1.부터 15.까지 차례로 두고 있을 뿐, 16번 항목에서 이와 같은 '기타 이에 준하는 … 장애인'과 같은 규정을 두고 있지 않다. 또한 장애인복지법 제2조 제1항의 장애인 정의 규정에 따른 장애인에 해당하더라도 제2항에서는 장애인복지법의 적용대상인 장애인을 별도로 한정하고 대통령령에 그 종류와 기준을 위임하고 있다는 점에서도 그 규정형식은 한정적 열거에 가깝다. 내용의 측면에서도 장애인의 복지 수급권의 내용과 대상은 재정상황이나 사회복지 정책의 우선순위 등으로 인해 선별적·단계적으로 진행될 수밖에 없는 점, 구체적으로 정해진 장애인의 복지급부의 근거법령 없이는 실무 행정청이 함부로 장애인등록을 해 주기는 어려운 현실 등을 고려하면 위 시행령 [별표 1]의 규정을 예시적 열거로 보기에는 무리가 있다.

입법연혁 상으로도 장애인복지법 시행령은 단계적·점진적으로 장애인복지법의 적용을 받는 장애인의 범위를 확대해 왔다는 점[17]에서도 확대 입법이 있기 전까지는 특정 장애유형은 한정적 열거로 인하여 보호 범위에 포함되지 않았던 것으로 해석하는 것이 더 자연스러운 이해일 것이다.

3) 한정적 열거로 볼 경우의 문제점에 대한 반론

평석대상 판결은 장애인복지법 시행령 제2조 제1항 [별표 1]을 보호의 대상인 장애인을 한정적으로 열거한 것으로 해석할 경우, ① 하위법령을 최대한 모법에 합치되도록 해석할 것을 요청하는 해석원칙에 부합하지 않고, ② 모법 규정의 내용과 취지상 법적 보호가 필요함이 분

---

17) 김현영, "뚜렛증후군 장애를 가진 사람의 장애인등록신청과 이에 대한 행정조치", 『대법원판례해설』 제122호(2019년 하권), 제43면에 의하면, 장애인복지법 시행령은 장애의 종류를 지체장애, 시각장애, 청각장애, 언어장애, 지적장애의 5종으로 규정하다가, 2000년 개정이 되면서 뇌병변장애, 자폐성장애, 정신장애, 신장장애, 심장장애를 포함시켜 10개 유형으로 확대·개정하였고, 2003년 개정에서 안면장애, 장루·요루장애, 간장애, 뇌전증장애, 호흡기장애가 추가되어 현재의 15종으로 규정되었다고 한다.

명하게 인정되는 장애인임에도 단순히 위 시행령 [별표 1] 조항에 규정
되지 않았다는 이유만으로 장애인복지법의 적용대상에서 제외하는 규
정이 되어 곧바로 모법의 위임범위를 벗어나게 되며, ③ 시행령에 구체
적으로 규정되지 않은 새로운 장애의 유형이 생길 때마다 구체적 규정
을 두지 않은 시행령 규정을 계속하여 무효로 선언하여야 하는 것이 되
므로 부당하다는 점을 제시한다.

　　그러나 위 ①, ②의 근거와 관련하여, 특정한 장애 유형에 대하여
아직 장애인복지법의 적용을 받는 장애인으로 규정하지 않고 있다고 해
서 반드시 장애인복지법의 해석원칙이나 위임범위를 벗어난 것으로 단
정하기는 어렵다. 평석대상 판결의 판시에도 나오는 문구와 같이, 입법
현실과 입법 기술상 모법이 정한 장애의 종류 및 기준에 부합하는 모든
장애를 빠짐없이 시행령에 일시에 규정할 수는 없기 때문이다. 그와 같
은 특정 장애 유형에 대하여 장애인복지법의 적용이 이루어지지 않고
있는 입법상태가 헌법상 간과할 수 없는 차별의 결과를 초래한다는 점
이 충분히 논증된 뒤에야 비로소 평등원칙 위반을 이유로 하여 모법의
해석원칙에 부합하지 않고 위임범위를 벗어나 위헌적이라고 평가할 수
있는 것이다. 그리고 장애인복지법 제2조 제1항의 장애인 정의 규정에
따른 장애인에 해당하더라도 곧바로 장애인복지법의 보호대상이 되는
것이 아니라, 제2항에 의하여 시행령 [별표 1]에 의한 장애의 종류·기
준에 부합하는 장애인에 해당되어야만 비로소 장애인복지법의 적용대
상이 되도록 규범화한 입법자의 의사도 (그와 같은 규범체계의 정당성[18])과

18) 장애인복지법 제2조 제2항에서 장애인복지법의 적용대상이 되는 장애의 종류와 기
준에 관하여 대통령령에 위임을 함에 있어 그 대통령령인 장애인복지법 시행령에
규정될 내용의 대강을 예측할 수 있을 정도로 기본적인 사항들에 관하여 장애인복
지법 제2조 제2항에서 구체적으로 규정을 하고 있다고 보기 어려워 포괄위임금지
원칙을 위반한 것은 아닌지 여부도 생각해볼 수 있다. 규정의 형식상으로는 장애인
복지법 제2조 제1항의 장애인의 의미나 제2항 제1, 2호에서 규정하는 장애의 종류
등의 규율내용이 존재하여 기본적인 사항들이 규정되어 있다고 볼 수 있으므로 위
장애인복지법 제2조 제2항이 포괄위임금지원칙에 위반된다고 단정할 수는 없을 것

는 별개로) 간과해서는 안 될 것이다.

또한 위 ③의 근거에 대해서는, 먼저 현재의 사회발전상과 기술 수준 등에 비추어 보더라도 예상하기 어려운 장애 유형이 앞으로도 얼마든지 생겨날 수 있다는 점이 고려되어야 할 것이다. 또한 새로운 유형의 장애를 가진 장애인 본인이나 가족들로서는 장애인복지법의 보호·적용대상인 장애인으로 인정받기 위한 험난한 절차가 예고되기는 하지만, 국가와 사회 전체의 복지 수준과 급부 영역 및 이익 부여의 정도 등은 국민의 세금을 기초로 하고 있다는 점에서 국민의 여론과 충분한 사회적 논의를 거쳐 동의에 이른 상태에서 현실적으로 결정되어야 할 것이므로, 장애인복지법이 적용되는 장애인의 정당한 범위는 그 장래의 시점에서 다시 판단될 수밖에는 없을 것이다. 따라서 이와 같은 새로운 장애의 유형이 발생한 경우에는 과연 장애인복지법 시행령 제2조 제1항 [별표 1]의 장애의 종류와 기준을 정한 입법내용이나 입법의 공백 상태가 여전히 타당한 것일지와 위헌문제를 야기하는 것은 아닐지를 장래의 그 시점에서 판단하는 것은 불가피하다고 생각된다.

4) 소결론

결국 평석대상 판결에서 논란의 소지가 큰 부분이 바로 장애인복지법 시행령 제2조 제1항 [별표 1]을 예시적 열거로 본 점이다. 현행의 법령 상태로도 원고를 장애인으로 인정해 주어야 한다는 당위성에 집중하다 보니, 위 시행령 [별표 1]을 예시적 열거로 보아 구체적 보호범위에 포함시키게 되었고, 그 논리적 귀결로서 위 2. 나. 1) ㉮와 같이 장애인 복지급부의 근거법령이 부재함에도 원고를 장애인으로 등록할 수

이다. 그러나 실제로 장애인복지법 시행령에서 어떠한 장애의 유형이 어떤 기준으로 규정될 것인지에 대해서는 법률의 내용만으로는 예측하기가 실질적으로 용이하지 않다는 점에서는 위 장애인복지법 제2조 제2항의 규범체계의 정당성에는 의문이 제기될 수도 있을 것이다.

있도록 하는 법원의 해석에 의한 해결방안(뚜렛증후군이 장애 유형 중 어느 위상에 해당되는지에 따른 행정청의 구체적인 조치방안)을 제시해야만 하는 상황에 스스로 처하게 된 것이다. 이에 따라 평석대상 판결이 제시하는 '유추 적용' 방식은 아래에서 살펴보는 바와 같이 복지 수급권 행정입법에서 존중되어야 할 재량의 지나친 제약, 법원이 행정입법을 대신해서 행한다는 권력분립 위반의 비판, 취소확정판결의 기속력을 넘어서는 판결이유 중의 대안 제시 등의 문제를 야기하게 되었고, 그 핵심 원인이 바로 시행령 [별표 1]을 예시적 열거로 본 점에 있다고 생각한다.

다. 복지급부에 관한 입법재량권과 입법부작위의 위헌·위법성 문제

1) 뚜렛증후군에 관한 입법 미비가 입법부작위에 해당하는지 여부

원고가 장애인등록을 신청했으나 거부당한 가장 결정적인 이유는 원고가 앓고 있는 뚜렛증후군에 관하여 장애인복지법 시행령 제2조 제1항 [별표 1]에서 명시적인 규정을 두고 있지 않기 때문이다. 원고와 같은 뚜렛증후군 환자를 장애인복지법이 적용되는 장애인으로 규정하지 않은 입법상태에 주목한다면 이는 '입법부작위'로 평가할 수 있을 것이다. 하지만 뚜렛증후군 외에 장애인복지법이 적용되는 정신장애 등의 종류와 기준에 관해서는 위 시행령 [별표 1]이 규정을 두고 있다는 점에서는 '진정입법부작위'(헌법상 입법의무가 있음에도 전혀 입법이 이루어지지 않은 경우)[19]라고 평가할 수는 없을 것이다. 오히려 이러한 입법 상태는 뚜렛증후군에 관하여 불완전·불충분하게 입법이 된 것으로 평가함이 타당할 것이므로 이는 '부진정입법부작위'(헌법적 입법의무의 존부와 관

---

19) 한수웅, 『헌법학(제8판)』, 법문사(2018), 제1454면 참조.

계없이 입법자가 입법은 하였으나 그 입법의 불완전성·불충분함이 다투어지는 경우)20)에 해당하는 것으로 볼 수 있다.21)

　이와 같은 부진정입법부작위가 문제되는 대표적인 유형 중 하나가 바로 수익적 입법이 평등권에 위반되는 경우이다. 즉, 원고가 수혜적 입법에 대하여 "자신을 수혜대상에 포함시키지 않은 것은 평등원칙에 위반된다."라고 주장하는 경우이다. 이때 원고는 입법자가 이익을 부여하는 입법에 있어서 그 적용대상인 인적범위를 평등원칙에 위반되도록 잘못 설정한 것을 문제삼는 것이 핵심이므로,22) 부진정입법부작위 자체가 아니라 그러한 차별적인 입법자의 작위(미비한 입법 자체)23) 내지는 그로

---

20) 한수웅, 『헌법학(제8판)』, 법문사(2018), 제1455면 참조.
21) 헌법재판소 2000. 4. 11.자 2000헌마206 결정에서는 "선천성 심장질환에 의한 합병증의 위험 때문에 정상적인 사회생활을 할 수 없는 자를 심장장애자로 인정하는 입법을 하지 않았다고 하더라도 장애인복지법 시행규칙 제2조 제1항 별표1 제10호는 심장장애의 경우를 1등급에서 3등급까지 나누어 규정하고 있고, 이는 심장장애인을 보호하기 위한 기본규정으로서 심장 장애에 관한 규정이 전혀 없는 경우가 아닌, 부진정입법부작위에 해당하므로 입법을 하지 아니하는 부작위로 인한 헌법소원심판 대상이 되지 않는다."고 판시한 점도 참고할 수 있을 것이다.
22) 한수웅, 『헌법학(제8판)』, 법문사(2018), 제1456면 참조.
23) 행정입법은 그 '규율의 구체성-추상성의 상대적 성격'과 '규율대상의 구체성'에 의거하여 행정소송법 제2조 제1항 제1호의 '처분성'을 충족한다는 견해[박정훈, "취소소송의 성질과 처분개념", 『행정소송의 구조와 기능(행정법연구 2)』, 박영사(2006), 제175면 참조]에 의한다면, 뚜렛증후군을 장애인복지법의 보호·적용대상에 포함하지 않은 장애인복지법 시행령 제2조 제1항 [별표 1] 자체를 처분으로 보아 그에 대한 취소소송 등의 권리구제도 생각해 볼 수 있을 것이다. 뚜렛증후군을 대상에 포함시키지 않은 것은 규율대상의 구체성이라는 처분성의 징표를 충족한다고 볼 수 있기 때문이다. 그러나 일반적인 행정입법의 처분성을 인정하지 않는 대법원 판례에 비추어 이러한 방식의 권리구제가 실현되기는 쉽지 않을 것으로 보인다. 반대로 부진정 행정입법부작위에 대해서는 수익적 처분의 신청에 따른 거부처분에 대한 항고소송에서 부수적 규범통제로 해결하는 것이 바람직하다고 보는 견해로는 서보국, "행정입법부작위에 대한 행정소송", 『법학연구』 제25권 제2호(2014. 9.), 제108-110면 참조. 한편 행정입법부작위에 대한 사법적 통제수단으로 독일의 '규범제정요구소송'에서 착안하여 '당사자소송'을 활용하는 것이 필요하다고 보는 견해로는 정남철, "행정입법부작위에 대한 사법적 통제-당사자소송에 의한 규범제정요구소송의 실현가능성을 중심으로", 『저스티스』 통권 제110호(2009. 4.), 제214면

인한 차별적 결과의 발생에서 위법성의 근거를 찾아야 할 것이다.

2) 복지급부에 대한 광범위한 입법재량권과 입법 미비의 위법 문제

제1심판결의 판시와 같이, 장애인의 복지를 위하여 노력해야 할 국가의 과제를 언제 어떠한 방법으로 이행할 것인지에 관한 구체적인 방법과 그 시기에 있어서는 입법자가 법령의 제정·개정 과정에서 다른 여러 과제들의 우선순위, 재정적 여건 등 다양한 요인들(전체적인 사회보장의 수준, 사회복지 정책의 순위,[24] 의료지원·복지지원이 필요한 장애인에 대한 평가기준과 합리적인 분류 척도의 마련 등[25])을 감안하여 결정할 사안으로서 입법자는 그에 관하여 광범위한 재량을 가진다고 봄이 타당하다.[26]

이러한 장애인 복지급부에 대한 광범위한 입법재량권이 인정된다는 점에 비추어 볼 때, 설령 특정 장애를 가진 대상자에 대한 복지급부의 근거규정이 아직 제대로 마련되지 않은 상태라고 하여 쉽사리 해당 행정입법이 위헌·위법이라고 단정하기는 어렵다. 더군다나 앞서 본 바와 같이 수혜적 입법에 있어서 부진정입법부작위가 문제되는 경우에는,

---

참조.

24) 장경찬, "2016년 분야별 중요판례분석 — 22. 사회복지법", 법률신문 2017. 8. 4.자 참조.

25) 김현영, "뚜렛증후군 장애를 가진 사람의 장애인등록신청과 이에 대한 행정조치", 『대법원판례해설』 제122호(2019년 하권), 제57면 참조.

26) 헌법재판소 1997. 5. 29.자 94헌마33 전원재판부 결정(1994년 생계보호기준 위헌확인), 헌법재판소 2002. 12. 18.자 2002헌마52 전원재판부 결정(저상버스 도입의무 불이행 위헌확인) 등 참조. 입법부에 주어진 법률 제·개정에서의 입법재량과는 달리 위임을 받은 행정부의 행정입법 재량은 상대적으로 축소·제한될 수 있는 것이지만, 위 94헌마33 결정에서 "(보건복지부장관의 고시에 의하여) 생계보호의 구체적 수준을 결정하는 것은 입법부 또는 입법에 의하여 다시 위임을 받은 행정부 등 해당기관의 광범위한 재량에 맡겨져 있다고 보아야 한다."라고 판시하고 있듯이, 장애인 등에 대한 복지급부 기준 등에 관하여는 행정입법의 경우에도 광범위한 재량이 인정된다고 볼 수 있을 것이다.

이를 주장하는 사람이 수혜자에서 배제되는 것은 평등원칙을 위반하는 결과가 발생하게 된다는 점이 명확히 인정되어야만 해당 행정입법이 위헌·위법하여 효력이 없다고 볼 수 있을 것이다.

3) 소결론

앞서 살핀 내용에 비추어 볼 때, 제1심판결은 장애인 복지급부에 대한 입법자의 재량을 넓게 인정하고 평등원칙 위반 여부에 관해 지나치게 소극적인 판단을 함으로써, 결과적으로 뚜렛증후군을 심하게 앓고 있는 원고의 구체적인 상황을 외면하였다는 비판으로부터 자유로울 수 없다는 점에서 타당한 결론이라고 보기 어렵다. 반면 뚜렛증후군을 장애인복지법의 적용대상 장애로 보지 않은 불완전·불충분한 입법 상태를 부진정입법부작위로 파악한 후, 법적 논증을 거쳐 원고의 권익을 구제하는 방향으로 결론을 낸 제2심판결이 상대적으로 더 타당하다고 생각한다.[27]

다만, 평석대상 판결과 같이 장애인복지법 시행령 제2조 제1항 [별표 1]의 규정을 예시적 열거로 보는 경우에는 (다소 불분명한 입법상태일지언정) 뚜렛증후군도 위 시행령 [별표 1]의 규정에 포함되는 것으로 보므로, 부진정입법부작위의 문제조차 발생하지 않는다고 보는 것이 논리적일 것이다.[28] 하지만 평석대상 판결에서 사용한 표현인 '단순한 행정

---

27) 다만, 이명웅, "판례해설 – '틱'장애를 배제한 장애인복지법 시행령 별표 1의 위헌성", 법률신문 2016. 8. 29.자에서는 제2심판결에서 위 시행령 [별표 1]의 평등원칙 위반에 따른 위헌 선언이 다소 애매하게 이루어졌다는 것을 문제로 지적하고 있다.
28) 실제로 평석대상 판결의 기초가 되는 것으로 보이는 김현영, "뚜렛증후군 장애를 가진 사람의 장애등록록신청과 이에 대한 행정조치", 『대법원판례해설』 제122호 (2019년 하권), 제52–58면에서는 장애인복지법 시행령 제2조 제1항 [별표 1]의 규정을 예시적 열거로 볼 것인지, 한정적 열거로 볼 것인지 여부에 따라 각각 '예시적 열거설에 따른 해결방안'과 '한정적 열거설에 따른 해결방안'을 나누어 제시하면서, 예시적 열거설에 따른 해결방안에서는 위 시행령 [별표 1]의 규정이 부진정입법부작위인지 여부에 관해서는 검토를 하고 있지 않다.

입법의 미비'와 위에서 본 '부진정입법부작위'가 공히 뚜렛증후군이 명시적으로 장애의 종류로 규정되지 않은 입법상태를 지칭한 것이라는 점에서, 과연 질적으로 서로 다른 의미를 가지는 것인지에 관해서는 의문이 든다.[29)

라. 복지급부의 근거법령 미비를 이유로 한 거부처분의 위법성의 본질

1) 근거법령이 존재하지 않는 경우의 행정 현실

원고와 같이 장애인복지법 시행령 제2조 제1항 [별표 1]에 규정되지 않은 유형의 장애에 대해 장애인등록 신청이 있을 경우, 담당 공무원으로서는 딜레마에 빠지게 될 것이다. 원고처럼 장애의 정도가 심각하여 한 눈에도 중증 장애가 있다는 것을 알 수 있는 신청인 본인이 자신의 눈 앞에서 장애인복지법의 적용을 받는 장애인으로 인정해달라고 호소를 하고 있음에도, 제도의 현실상 섣불리 위 시행령 [별표 1]에 해당한다고 보고 장애인등록을 해 주기는 매우 어려울 것이다. 법령상 근거가 없는 상태에서 임의로 재정부담을 수반하는 행정처분을 해 준 것으로 인한 추후의 징계책임이 걱정될 뿐만 아니라, 적극적인 자세로 긍정적인 검토를 하려고 해도 과연 새로운 유형의 장애가 이미 열거적으로 규정된 여러 장애의 종류 중 어느 정도에 위치하는 것인지, 또 의학 비전문가의 입장에서 그 기준을 어디로 잡을 것인지(겉으로 보이는 증상에 중점을 둘 것인지, 그 발병원인에 더 중점을 두어야 할 것인지 여부 등), 의료기관이나 국민건강보험공단에 장애정도 심사 의뢰를 하여 '등급외'의 심사결과가 나왔을 때에도 이를 무릅쓰고 장애인등록 절차를 진행하여 상

---

29) 특히 평석대상 판결에서 단지 입법의 '공백'이나 '부존재'라는 용어가 아니라, 응당 갖추어졌어야 할 입법상태를 결여하고 있다는 평가적 의미를 내포하는 입법 '미비'(未備)라는 표현을 사용하고 있다는 점에서도 더욱 그러하다.

급자로부터 최종 결재를 받는 것이 현실적으로 가능할 것인지 등 담당
공무원으로서의 현실적 난관은 작지 않을 것이다.[30] 더군다나 장애인복
지법 시행령의 제정권자와 일선에서 장애인등록업무를 담당하는 행정
청이 일치하지 않는 관계로, 이 사건의 피고 행정청으로서는 더욱 원고
의 권익을 구제해 주는 데에는 큰 한계를 느낄 수밖에 없는 상황이었을
것으로 보인다.

2) 평석대상 판결의 판시가 일반화될 경우의 문제점

판결은 개별적인 법적 분쟁사건에 대한 유권해석을 통해 내려지는
결론이다. 따라서 해당 사건의 개별 결론에 해당되지만, 판결에서 나타
나는 현행법에 대한 법원의 인식과 판단은 객관화되고 일반화된 명제로
서 다른 사건뿐만 아니라 법질서의 형성에도 영향을 미치고 기여하게
된다.[31]

평석대상 판결은 다소 과감하게 "단순한 행정입법의 미비, 즉 해당
장애가 시행령에 규정되어 있지 않다는 이유만으로 행정청은 장애인등
록신청을 거부할 수 없다."는 판시를 하고 있다. 이러한 판시가 법명제
로서 일반화되기에는 무리가 있다고 생각된다. 행정입법이 부존재하는
모습과 경우는 매우 다양할 수 있을 뿐만 아니라, 장애인등록 행정에

---

30) 평석대상 판결의 제1, 2심판결에서 나타난 사실관계 상 불분명하기는 하나, 사실인
    정이 된 여러 사정 중 몇몇 단서들에서 피고 행정청이 이 사건 거부처분에 대응하
    는 원고의 장애인등록신청에 앞서 정신과 자문의에게 원고의 장애 정도 심사를 의
    뢰하는 등 다소간의 노력을 했던 흔적이 엿보이기도 한다. 이와 유사한 사정이 더
    있을 경우, 과연 원고와 같이 새로운 유형의 장애에 대한 장애인등록이 좌절된 경
    우에 공무원의 직무집행상 위법행위로 인한 구제를 목적으로 하는 국가배상청구라
    는 또 다른 구제절차조차 점점 더 받아들여지기 어려워지는 것은 아닌가 하는 생각
    도 든다.
31) 이와 같은 시각에서 판례연구의 중요성과 법학방법론의 적용을 강조하는 견해로는
    이원우, "판례연구방법론", 『행정판례와 공익』(청담 최송화 교수 희수 기념논문집),
    박영사(2018), 제387-393면 참조.

국한해서 보더라도 위와 같은 결론적 판시는 자칫 행정실무에서도 평석대상 판결이 의도치 않은 잘못된 파급효과나 부작용을 낳을 수 있다고 생각한다. 예를 들어 장애인에 대한 복지급부 행정을 담당하는 공무원이 장애의 종류와 기준에 대한 장애인복지법 시행령 제2조 제1항 [별표 1]의 규정을 평석대상 판결의 판시에 따라 예시적 열거규정으로 보고, 새로운 장애 유형에 대해 나름의 기준임을 내세워 자의적으로 재정부담을 수반하는 장애인등록을 받아주는 현상이 발생할 수도 있다.[32] 반대로 장애인등록을 신청하려는 입장에서는 위 시행령 [별표 1]이 예시적 열거규정임을 들어 재정부담이나 사회복지 수준, 장애인 정책의 단계적 시행 등과 부합되지 않는 무리한 수급권 인정을 주장하거나, 각종 신청이 남발되는 부작용이 발생할 수도 있다.

3) 원고의 장애인등록을 거부한 이 사건 처분의 위법성의 본질

피고 행정청이 원고의 장애인등록을 거부한 결정적인 이유는 바로 장애인복지법 시행령 제2조 제1항 [별표 1]에 원고의 뚜렛증후군이 장애의 종류로 규정되어 있지 않았다는 점에 있다. 피고 행정청이 원고에 대한 장애인등록 절차로 나아가지 못한 근본적인 원인이 바로 여기에 있다.

이에 비추어 보면, 이 사건 처분의 위법성의 본질은 장애인 복지급부의 근거법령 부재만을 이유로 신청서 구비요건 단계에서 피고가 곧바로 신청서를 반려해버려 소위 '형식적 판단'에 그친 행위가 위법했다는 점에 있다고 보기는 어렵다. 앞서 본 바와 같이 피고 소속의 담당 공무원으로서는 근거법령이 없는 한 더 적극적인 조치를 하기에는 현실적인 한계가 있다. 평석대상 판결의 판시내용처럼 피고 소속 담당공무원이

---

32) 같은 취지의 문제 지적으로는 김중권, "2019년도 주요 행정법(행정)판결의 분석과 비판에 관한 소고", 『안암법학』 제60권(2020. 5.), 제116면; 김중권, "판결에 의한 장애종류의 확장의 문제", 『사법』 제55호(2021. 3.), 제972-973면 참조.

'유추 적용'을 통해서라도 원고의 뚜렛증후군에 대해 장애인등록으로 나아갔어야 한다는 적극적인 행위의무를 일반적으로 상정하기도 어렵다는 점[33]에서 이 사건 처분의 위법성이 피고 행정청 소속 담당 공무원의 '주관적 행위의무 위반'에 초점이 맞춰질 수는 없다고 생각된다. 그보다는 이 사건 처분이 위법한 근본적인 원인과 본질은 처분 근거법령의 미비, 즉 부진정입법부작위라는 '객관적 위법상태'에 있다는 점에 주목할 필요가 있다.[34]

마. 복지급부의 근거법령 미비에 대한 사법심사의 방식과 한계

1) 이 사건의 법리적 해결방안

이 사건 처분의 위법성의 본질을 처분 근거법령의 미비라는 객관적 위법상태(부진정 입법부작위), 다시 말해서 장애인복지법 시행령 제2조 제1항 [별표 1]의 부실입법 자체에서 찾는다면, 그에 대한 사법심사는 위 시행령 [별표 1]에 대한 '명령·규칙 심사권'(헌법 제107조 제2항)으로 귀결됨이 타당할 것이다.[35] 다만, 법원의 명령·규칙의 심사의 결론

---

33) 행정기본법 제4조(행정의 적극적 추진) 제1, 2항에서 "행정은 공공의 이익을 위하여 적극적으로 추진되어야 하고, 국가와 지방자치단체는 소속 공무원이 공공의 이익을 위하여 적극적으로 직무를 수행할 수 있도록 제반 여건을 조성하고, 이와 관련된 시책 및 조치를 추진하여야 한다."고 규정하고 있으나, 과연 본 사안에서 뚜렛증후군을 앓고 있는 원고에게 유추 적용을 통한 장애인등록을 해 주는 것이 공공의 이익에 부합하는 것인지, 아니면 재정부담, 복지정책의 형평 등을 감안하여 원고에게 행정입법개선 전까지는 장애인등록을 거부하는 것이 공공의 이익에 부합하는 것인지에 관해서는 일의적으로 결론을 내기는 쉽지 않다.

34) 이러한 주장이 반드시 이와 같은 '부진정입법부작위' 자체에 대하여 취소소송 등의 항고소송이 허용되어야 한다는 의미는 아니다. 주지하는 바와 같이 "추상적인 법령에 관하여 제정의 여부 등은 그 자체로서 국민의 구체적인 권리의무에 직접적 변동을 초래하는 것이 아니어서 부작위위법확인소송의 대상이 될 수 없다."는 대법원 판례(대법원 1992. 5. 8. 선고 91누11261 판결)의 태도에 비추어 보더라도 그러하다.

은 해당 명령·규칙 자체의 폐지가 아니라 당해 사건에서의 적용 배제
이므로, 주문에서 별도로 선고함이 없이 판결 이유에서 위 시행령 [별
표 1] 중 뚜렛증후군에 대하여 장애인복지법 적용대상으로 규정하지 않
은 부분이 평등원칙에 위반되어 무효라는 점을 선언하면 충분할 것이
다. 이러한 판단만으로도 원고의 뚜렛증후군을 포함하는 내용의 장애인
복지법 시행령 제2조 제1항 [별표 1]의 개선입법이 진행될 수 있는 충
분한 계기나 동기부여가 될 수 있을 것으로 생각된다.[36]

2) 평석대상 판결의 판시가 허용되는 방식인지 여부

그런데 평석대상 판결과 같이 '유추 적용'이라는 행정청의 조치를
요구하거나, 나아가 뚜렛증후군을 뇌전증(간질)장애나 정신장애(정신분
열, 반복성 우울장애)와 유사하게 취급하도록 판단한 것은 향후 개선 행정
입법의 방향에도 영향을 미칠 수 있다는 점에서 문제가 있다고 생각한
다. 이러한 사법적 판단이 과연 현행법 체계에서 일반적으로 허용되는
것인지는 다소 의문이다.[37] 특히 의무이행소송이 도입되어 있지 않은

---

35) 같은 취지로는 김중권, "판결에 의한 장애종류의 확장의 문제", 『사법』 제55호
   (2021. 3.), 제974-976면; 이명웅, "판례해설 – '틱'장애를 배제한 장애인복지법 시
   행령 별표 1의 위헌성", 법률신문 2016. 8. 29.자 참조.
36) 같은 취지로는 이명웅, "판례해설 – '틱'장애를 배제한 장애인복지법 시행령 별표 1
   의 위헌성", 법률신문 2016. 8. 29.자 참조. 이에 반하여 법원의 명령·규칙심사에 의
   해 해당 행정입법이 당해 사건에서 적용 배제되는 것만으로는 원고가 구하는 장애
   인등록이라는 목적이 달성되지 않을 뿐만 아니라, 장애인등록의 근거가 되는 행정
   입법의 제·개정이라는 효과를 직접 도출함이 없이 그저 행정입법이 개선되기를 기
   다릴 수밖에 없으므로 권리구제에는 뚜렷한 한계가 있다는 반대견해도 가능하다.
37) 이에 대하여는 평석대상 판결과 같은 사안은 뚜렛증후군 장애에 대한 '법률의 흠
   결'(Gesetzslücke)이 있는 경우로서 법형성으로서의 '유추'(Analogie)에 의한 '흠결
   보충'(Lückenausfüllung)이 허용될 수 있다는 반대견해가 제기될 수 있다. '유추'는
   일정한 사안을 규율하는 법규가 없는 경우에 그 사안과 본질적으로 동일한 사안유
   형을 규율하는 법규에 의하여 그와 같은 내용으로 규율을 하는 것을 의미하기 때문
   이다[박정훈, "행정법과 법해석 – 법률유보 내지 의회유보와 법형성의 한계", 행정
   법연구 제43호(2015. 11.), 제26, 29-30면 참조]. 이러한 견해는 평석대상 판결과

현재의 법상황에서 뚜렛증후군에 대해 장애인등록을 인정해야 한다는 결론을 당연한 전제로 하여 '유추 적용'이라는 구체적인 이행방식까지 특정하고 있는 것은 의무이행소송에서 '행정행위 발급을 명하는 판결 (Vornahmeurteil, 특정행위 명령판결)'[38]을 선고하는 것과(비록 판결 주문이 아닌 이유 중 설시라고 하더라도) 결과적으로 다를 바가 없기 때문이다.[39]

또한 판시 방식 면에서도 평석대상 판결은 장애인등록제도에 관한 입법재량을 인정하는 전제에 있으면서도 구체적인 내용과 방향을 담은 '유추 적용'이라는 법원의 독자적인 결론을 도출하여 이를 적극적으로 제시하고 있다. 그런데 이는 재량행정에 대한 사법심사의 일반적 방식으로 축적해 온 종래의 대법원 판례의 태도와도 배치되는 것이다. 비록 행정행위에 대한 판례이긴 하지만, 대법원 판례는 계속적으로 "기속행위와 재량행위에 대한 사법심사는 … (기속행위의 경우) … 법원이 사실인정과 관련 법규의 해석·적용을 통하여 일정한 결론을 도출한 후 그 결론에 비추어 행정청이 한 판단의 적법 여부를 독자의 입장에서 판정하는 방식에 의하게 되나, … (재량행위의 경우) … 행정청의 재량에 기한 공익판단의 여지를 감안하여 법원은 독자의 결론을 도출함이 없이 당해 행위에 재량권의 일탈·남용이 있는지 여부만을 심사하게 된다."[40]라는 점을 선언해 오고 있고, 이는 입법재량에서도 본질적으로 크게 다르다고 볼 수는 없기 때문이다.

같은 방식의 유추를 통한 해결이 원고의 권리구제에 가장 직접적이라는 점과 대법원은 헌법재판소와는 달리 당해 사건에서 구체적인 법적 구제를 실행해야만 한다는 점 등에 근거한 것으로 볼 수 있을 것이다.

38) 의무이행소송에서 선고될 수 있는 판결의 종류에 관한 설명으로는 박정훈, "취소소송의 4유형", 『행정소송의 구조와 기능(행정법연구 2)』, 박영사(2006), 제85-86면 참조.

39) 같은 취지의 지적으로는 김중권, "2019년도 주요 행정법(행정)판결의 분석과 비판에 관한 소고", 『안암법학』 제60권(2020. 5.), 제117면 참조.

40) 대법원 2005. 7. 14. 선고 2004두6181 판결 등 참조.

3) '유추 적용'을 행정청의 조치로 제시한 것의 문제점

평석대상 판결의 유추 적용의 요구[41]는 장애인에 대한 복지급부 행정에서 인정되는 광범위한 입법재량권을 지나치게 제약하는 것이어서 타당하지 아니하다. 뚜렛증후군 환자의 수와 현황, 전체적인 장애인 복지체계에 비추어 본 보호의 필요성의 정도, 재정상황을 감안한 구체적인 적용·시행시기의 선택 등에 관해서 행정입법에 재량이 인정되어야 할 것임에도, 평석대상 판결은 그러한 사정을 고려하지 아니한 채 원고의 뚜렛증후군에 대해 뇌전증장애나 정신장애에 준한 유추 적용을 판시하고 있다. 더군다나 이러한 판시는 의학적·전문적 판단에 기초한 것이 아니라 외부에 표현되는 증상의 유사성에 기초한 사회적 평가에 불과한 것이어서, 추후 개선 입법의 방향에 비추어 보더라도 타당성이 있는 대안인지는 의문이다. 특히 원고는 인지능력 등 지적 능력의 측면에서는 틱 평균적인 수준에 가깝다는 점에서 과연 평석대상 판결이 제시하는 정신장애를 유추하는 것이 원고 개인의 특성뿐만 아니라, 뚜렛증후군의 일반적인 모습과도 부합하는지는 마찬가지로 의문이 든다.[42] 실제로 평석대상 판결 선고 후 2021. 6. 1. 대통령령 제31718호로 일부 개정된 장애인복지법 시행령 제2조 제1항 [별표 1]에서는 뚜렛증후군을

---

41) 또한 이러한 '유추 적용'의 요구에 대하여, '유추 적용'은 어디까지나 유사한 사안임에도 그에 적용할 직접적인 적용법규가 전혀 없는 경우(소위 '진정한 흠결')을 전제로 하는 것인데, 앞서 본 바와 같이 뚜렛증후군이 장애인복지법 시행령 제2조 제1항 [별표 1]에 규정되지 않은 입법상태는 부진정입법부작위(불완전·불충분한 입법상태)로 볼 것이어서 소위 '부진정한 법규 흠결'에 해당할 뿐이므로, 유추 적용을 대안으로서 논하는 것은 적절하지 않다는 취지의 견해로는 김중권, "2019년도 주요 행정법(행정)판결의 분석과 비판에 관한 소고", 『안암법학』 제60권(2020. 5.), 제117면 참조.

42) 나아가 뚜렛증후군에 대한 이러한 뇌전증(간질)장애나 정신장애의 유추 적용이, 추후 뚜렛증후군에 대한 보호 정도와 수준 등을 결정함에 있어서 최소한도의 보장척도 내지 재정부담의 야기로 이어지는 등 평석대상 판결의 의도와 달리 작용하여 뚜렛증후군을 포함시키는 개선입법의 마련에 걸림돌이 될 수도 있지 않을까라는 우려가 있다.

'정신장애'의 한 유형으로 규정할 뿐, 평석대상 판결의 판시와 같이 뇌
전증장애의 유형으로 보고 있지는 않다.

4) 취소확정판결의 기속력을 통한 해결 가능성

평석대상 판결이 이와 같이 '유추 적용'이라는 방안까지 동원하여
행정청의 조치를 구체적으로 판시한 배경에는, 적어도 해당 판결을 통
해 원고의 권익구제가 신속히 이루어지고, 관련된 개선입법도 이루어지
기를 기대해서였을 것으로 추측된다. 그러나 평석대상 판결이 의도한
것으로 보이는 개선 행정입법의 의무는 취소확정판결의 기속력을 통해
서도 어느 정도 달성될 수 있다. 이 사건 처분의 위법성의 근본적인 원
인이 장애인복지법 시행령 제2조 제1항 [별표 1]의 입법 미비에 있다는
점과 행정입법자에게 입법개선의무가 있다는 점이 판결이유 중에 정확
하게 제시만 된다면 이와 같은 목적은 충분히 달성될 수 있을 것이다.
여기서 기속력의 주관적 범위가 미치는 관계행정청에는 위 시행령 [별
표 1]의 제·개정권자가 포함되는 것으로 넓게 해석하는 것에는 큰 무리
가 없을 것이다. 평석대상 판결과 같이 '유추 적용'을 할 것을 적극적으
로 요구하는 것은 오히려 취소확정판결의 전형적인 기속력의 내용적 범
위에 포함된다고 보기도 어렵고,[43] 이와 같은 판시가 가능한 근거를 찾
기 어렵다는 점은 앞서 본 바와 같다.

5) 소결론

결국 평석대상 판결은 원고의 뚜렛증후군을 포함시키지 않은 장애
인복지법 시행령 제2조 제1항 [별표 1]의 불완전·불충분한 입법상태가
위법하다는 점을 확인하는 사법심사 방식을 취하는 것이 더 타당하지

---

43) 최근에 판례를 통한 취소판결의 기속력이 지나치게 확장되는 것을 경계하는 견해
도 제기되고 있다. 김유환, "취소소송 판결의 기속력에 관한 판례이론 검토",『행정
법연구』제64호(2021. 3.), 제1−22면 참조.

않았을까 생각해본다.[44] 평석대상 판결이 '유추 적용'이라는 구체적인 행정청의 조치에 대한 지침을 제공함으로 인해, 존중되어야 할 행정입법이 아닌 판결로써 장애인등록대상을 확장하고 행정입법 권한을 대체해버린 것과 같다는 비판[45]을 피할 수 없게 되었다고 평가할 수 있다.

3. 결어

이상의 논의에서 살펴본 바와 같이 평석대상 판결의 판시 내용은 행정법 이론의 측면에서 여러 가지 문제점이 지적될 수는 있다. 그러나 다음과 같이 평석대상 판결의 가치가 재조명되어야 할 필요가 있다는 점을 언급하는 것으로 결론에 갈음하고자 한다.

평석대상 판결 후 본 사건의 원고에 대해서만 뚜렛증후군으로 장애인등록이 인정되었고 상당기간 동안 개선입법이 이루어지지 않고 있다가,[46] 평석대상 판결 선고 후 1년 7개월여가 지나서야 장애인복지법 시행령 제2조 제1항 [별표 1]의 일부 개정으로 뚜렛증후군이 정신장애의 유형으로 규정되었다는 점에서, 대법원의 이러한 의도는 뒤늦게나마 결실을 맺은 것으로 평가할 수 있다. 특히 평석대상 판결에서 뚜렛증후군의 신속한 권익구제를 실현하고 관련된 적극적인 행정입법을 유도하려는 대법원의 고민이 적지 않았고, 고심 끝에 평석대상 판결이 선고되

---

44) 같은 취지로는 김중권, "2019년도 주요 행정법(행정)판결의 분석과 비판에 관한 소고", 『안암법학』 제60권(2020. 5.), 제117면 참조.

45) 그러한 비판으로 김중권, "2019년도 주요 행정법(행정)판결의 분석과 비판에 관한 소고", 『안암법학』 제60권(2020. 5.), 제117면에서는 "법원이 (행정보다 우위에서) 미래를 결정하는 권력에 해당한다는 점이 확인되었다."고 서술하고 있다.

46) "뚜렛증후군 장애 등록 인정...국내 첫 사례", 중앙일보 2020. 5. 19.자 인터넷 기사(https://news.joins.com/article/23780287), "뚜렛증후군 1만명 시대, 장애인등록 1명뿐", 에이블뉴스 2020. 10. 19.자 인터넷 기사(http://www.ablenews.co.kr/News/NewsContent.aspx?CategoryCode=0022&NewsCode=0022202010190901180206686) 등 참조.

었다는 점은 충분한 가치평가를 받아야 할 것이다. 치료가 어렵게 된 장애인이 되었다는 점을 스스로 인정하기까지도 너무나도 힘들었을 것인 장애인 본인과 가족이, 그 다음 단계로서 지난한 장애인등록 과정을 통해 결국에는 국가의 보호를 받지 못한다는 쓰라린 좌절감을 안겨주게 되는 상황을 엄중히 생각하고 이를 적극적으로 개선하려는 과감한 시도를 하였다는 점 자체에 대해서는 법리적 당부를 떠나 평석대상 판결에 박수를 보내고 싶다.

참고문헌

김유환, "취소소송 판결의 기속력에 관한 판례이론 검토", 『행정법연구』
　　제64호(2021. 3.), 제1 - 22면

김중권, "2019년도 주요 행정법(행정)판결의 분석과 비판에 관한 소고",
　　『안암법학』 제60권(2020. 5.), 제112 - 117면

김중권, "판결에 의한 장애종류의 확장의 문제", 『사법』 제55호(2021. 3.),
　　제955 - 982면

김현영, "뚜렛증후군 장애를 가진 사람의 장애인등록신청과 이에 대한 행
　　정조치", 『대법원판례해설』 제122호(2019년 하권), 제38 - 63면

박정훈, "취소소송의 4유형", 『행정소송의 구조와 기능(행정법연구 2)』,
　　박영사(2006), 제63 - 99면

박정훈, "취소소송의 성질과 처분개념", 『행정소송의 구조와 기능(행정법
　　연구 2)』, 박영사(2006), 제145 - 181면

박정훈, "취소소송의 소송물 - 처분사유의 추가변경, 소변경 및 취소판
　　결의 효력과 관련하여", 『행정소송의 구조와 기능(행정법연구 2)』,
　　박영사(2006), 제363 - 473면

박정훈, "행정법과 법해석 - 법률유보 내지 의회유보와 법형성의 한계",
　　행정법연구 제43호(2015. 11.), 제13 - 46면

서보국, "행정입법부작위에 대한 행정소송", 『법학연구』 제25권 제2호
　　(2014. 9.), 제87 - 115면

이명웅, "판례해설 - '틱'장애를 배제한 장애인복지법 시행령 별표 1의
　　위헌성", 법률신문 2016. 8. 29.자

이원우, "판례연구방법론", 『행정판례와 공익』(청담 최송화 교수 희수 기
　　념논문집), 박영사(2018), 제387 - 420면

장경찬, "2016년 분야별 중요판례분석 - 22. 사회복지법", 법률신문
　　2017. 8. 4.자

장경찬, "2019년 분야별 중요판례분석 ― 22. 사회복지법", 법률신문 2020. 7. 2.자

정남철, "행정입법부작위에 대한 사법적 통제―당사자소송에 의한 규범제 정요구소송의 실현가능성을 중심으로", 『저스티스』 통권 제110호 (2009. 4.), 제194―217면

한수웅, 『헌법학(제8판)』, 법문사(2018)

국문초록

장애인복지법 시행령 제2조 제1항 [별표 1]에서 규정하는 장애의 종류 및 기준에 명시되어 있지 않은 새로운 유형의 장애에 대해서는 "신체적·정신적 장애로 오랫동안 일상생활이나 사회생활에서 상당한 제약을 받는 자"(장애인 복지법 제2조 제1항)라는 장애인의 정의규정에 해당될 수 있음에도 장애인등록이 이루어지지 않아 왔다. 평석대상 판결은 위 시행령 [별표 1]이 보호의 대상인 장애인을 예시적으로 열거한 것으로 전제하면서 등록신청인의 장애가 위 [별표 1]에 규정되어 있지 않다는 이유만으로 장애인등록신청을 거부할 수 없고, 행정청은 등록신청인의 장애와 가장 유사한 장애의 유형에 관한 규정을 찾아 유추 적용을 하여 장애인등록을 해주어야 한다는 취지로 판시하였다. 평석대상 판결에 대하여는 ① 사회적 기본권과 관련된 복지급부에 관한 광범위한 행정입법재량을 고려할 때 그 입법의 미비가 평등원칙을 위반한 위법한 부진정입법부작위로 쉽사리 평가될 수 있을 것인가, ② 평석대상 판결의 판시가 행정입법 규범이 부재하는 상황에서도 행정청이 복지급부 신청에 관한 거부처분을 할 수 없다는 일반론으로 오인될 우려는 없는가, ③ 복지급부의 근거가 될 수 있는 행정입법의 미비상태에 대하여 법원의 타당한 사법심사는 무엇인가, ④ 평석대상 판결의 판시와 같이 유추 적용을 통한 행정청의 조치나 행정입법의 개선방향을 구체적으로 한정하여 명하는 방식이 허용되는 사법심사의 방식인가 등의 법리적 문제가 제기될 수 있다. 그럼에도 불구하고 평석대상 판결은 선고 후 1년 7개월만에 위 시행령 [별표 1]의 개정으로 뚜렛증후군이 정신장애의 한 유형으로 규정되는 결실을 보게 되었고, 장애인등록이 이루어지까지 신청자의 고통과 어려움을 엄중히 생각하고 적극적인 개선을 시도하였다는 점에서 그 가치가 재조명될 필요가 있다.

주제어: 장애인복지법, 장애인등록, 부진정입법부작위, 유추, 행정입법재량, 복지급부

Abstract

A Study on the Illegality of the Disposition of Refusal to Register the Disabled: on the Ground of Insufficient Legislation and the Method of Judicial Review

Eun－Sang RHEE*

For new types of disabilities that are not stipulated in attached Table 1 of Article 2 (1) of the Enforcement Decree of the Act on Welfare of Persons with Disabilities[hereinafter referred to as the "[Attached Table 1]"), although they may fall under the definition of the disabled as stipulated in Article 2 (1) of the Act on Welfare of Persons with Disabilities[[hereinafter referred to as the "Act"), registration of the disabled has not been made. Assuming that the [Attached Table 2] lists the persons with disabilities subject to the Act as examples, the judgment, which is the subject of this review, held as follows: the administrative agency cannot refuse the application for disability registration just because the disability of applicant is not stipulated in the [Attached Table 1], and the administrative agency should find the regulation on the type of disability most similar to the disability of the applicant and apply it by analogy to register the disabled.

A number of legal issues can be raised with respect to the judgment subject to review. For example: ① Considering the wide range of administrative legislative discretion regarding welfare benefits related to basic social rights, can the inadequacy of the legislation be easily

---

* Assistant Professor, Ajou University Law School

evaluated as the omission of legislation, which violates the principle of equality? ② Is there any fear of being mistaken for a general theory that the administrative agency cannot refuse an application for welfare benefits even in the absence of the norms of administrative legislation? ③ What is the proper judicial review in the absence of the norms of administrative legislation that can be the basis for welfare benefits? ④ Is the method of judicial review permitted to specifically limit the direction of improvement of administrative legislation or the action of the administrative agency through the application of analogy, such as the judgment subject to review?

Nevertheless, the significance of the judgement subject to review needs to be re-evaluated in the following points. The judgement subject to review contributed to making Tourette's disorder a type of mental disorder through the revision of the [Attached Table 1] after one year and seven months since the judgment. In addition, the judgement subject to review seriously considered the difficulties of the applicant until the registration of the disabled was made and actively tried to improve it.

Keywords: Act on Welfare of Persons With Disabilities, Registration of the Disabled, Omission of Legislation, Administrative Legislative Discretion, Welfare Benefits

투고일 2021. 6. 4.
심사일 2021. 6. 30.
게재확정일 2021. 6. 30

地方自治法

공유수면 매립지 분쟁의 관할권 및 심사범위에 관한 법적 쟁점

鄭南哲*

대상판례: 헌재 2020. 7. 16. 2015헌라3

[사실관계 및 소송경과]

평택지방해양항만청은 2003. 12. 12.부터 2009. 10. 1.까지 평택시 포승읍 신영리 일원 앞 공유수면에 평택·당진항 외항 및 내항 매립지 축조사업을 시행하여, 총면적 902,350.5㎡의 매립지가 조성되었다. 위 매립 준공 후 청구인 당진시는 신규 매립지 일부를 자신의 관할 구역으로 지적등록하였다.

---

* 숙명여자대학교 법과대학 교수

(1) 2009. 4. 1. 법률 제9577호로 개정된 지방자치법(이하 '개정 지방자치법'이라 한다)에 의하면, 공유수면매립법(2010. 4. 15. 법률 제10272호로 '공유수면 관리 및 매립에 관한 법률'로 명칭이 변경되었다)에 따른 매립지나 지적법(2011. 7. 14. 법률 제10827호로 '측량·수로조사 및 지적에 관한 법률'로, 2014. 6. 3. 법률 제12738호로 '공간정보의 구축 및 관리 등에 관한 법률'로 명칭이 변경되었다) 제2조 제1호의 지적공부에 등록이 누락되어 있는 토지의 관할이 문제된 경우, 행정안전부장관이 면허관청이나 관련 지방자치단체의 장 등의 신청에 의하여 지방자치단체중앙분쟁조정위원회의 심의·의결에 따라 관할 지방자치단체를 결정하도록 하였다(제4조 제3항, 제4항, 제6항). 이에 평택시장은 2010. 8. 24. 행정안전부장관에게 '청구인 당진시가 등록한 평택·당진항 매립지의 일부와 미등록 매립지가 속할 지방자치단체를 평택시로 결정해 달라'는 취지의 신청을 하였다.

(2) 지방자치단체중앙분쟁조정위원회는 2015. 4. 13. 지리적 연접관계, 주민 편의성, 국토의 효율적 이용, 행정 효율성 및 경계구분의 명확성과 용이성 등을 종합적으로 고려할 때 평택·당진항 매립지의 서부두의 제방선 위쪽은 당진시로, 아래쪽은 평택시로 나누어 귀속시키는 것이 타당하다고 판단하였다. 이에 (1) 2009. 4. 1. 지방자치법 개정 이후에 청구인 당진시가 자신의 관할로 등록한 당진시 신평면 매산리 976-11 잡종지 52,140㎡와 976-12 제방 2,289.2㎡, 976-13 도로 68,454.4㎡, 976-14 제방 31,949.7㎡, 976-16 잡종지 161,459㎡, 976-18 잡종지 316,711㎡(이하 '이 사건 등록 매립지'라 한다) 및 (2) 미등록토지로서 해상경계선에 따를 경우 관할 지방자치단체가 청구인 아산시인 도로 및 제방 14,783.9㎡(이하 '이 사건 미등록 매립지'라 하고, 이 사건 등록 매립지와 합하여 '이 사건 매립지'라 한다)에 대하여 피청구인 평택시의 관할 구역으로 의결하였고, 피청구인 행정안전부장관은 2015. 5. 4. 위 의결과 같은 내용의 '매립지 등이 속할 지방자치단체 결정'을 경기도지사와 충청남도지사, 당

진시장, 평택시장, 아산시장, 평택지방해양수산청장에게 통보하였다.

(3) 피청구인 국토교통부장관은 위 결정에 따라 2015. 5. 8. 이 사건 매립지에 대하여 '평택시 포승읍 신영리'의 지번을 부여하여 토지대장 변경등록을 하였다. 이에 청구인들은 2015. 6. 30. 이 사건 등록 매립지에 대한 관할권한이 청구인 충청남도 및 청구인 당진시에, 이 사건 미등록 매립지에 대한 관할권한이 청구인 충청남도 및 청구인 아산시에 있다는 확인을 구하고, 피청구인 행정안전부장관의 2015. 5. 4.자 '매립지 등이 속할 지방자치단체 결정'의 취소와, 피청구인 국토교통부장관의 2015. 5. 8.자 토지대장 변경등록의 취소를 구하는 이 사건 권한쟁의심판을 청구하였다.

[결정 요지]

(1) 2009년 개정 지방자치법에서는 제4조 제3항을 신설하여 공유수면 매립지가 속할 지방자치단체를 행정안전부장관이 결정하도록 하고, 이러한 결정을 위한 신청을 의무로 규정하며, 개정 지방자치법 시행 전에 이미 준공검사를 받은 매립지라 하더라도 법 시행 후에 지적공부에 등록하려면 그 전에 행정안전부장관에의 신청 및 결정 절차를 반드시 거치도록 하였다.

(2)한편, 공유수면의 매립은 막대한 사업비와 장기간의 시간 등이 투입될 뿐 아니라 해당 해안지역의 갯벌 등 가치 있는 자연자원의 상실 내지 환경의 파괴를 동반하는 등 국가 전체적으로 중대한 영향을 미치는 사업이고, 일반적으로 공유수면은 인근 어민의 어업활동에 이용되는 반면, 매립지는 주체와 목적이 명확하게 정해져 있어 매립지의 이용은 그 구체적인 내용에 있어서도 상당히 다르다. 따라서 공유수면의 경계를

그대로 매립지의 '종전' 경계로 인정하기는 어렵다.

(3) 이와 같이 개정 지방자치법의 취지와 공유수면과 매립지의 성질상 차이 등을 종합하여 볼 때, 신생 매립지는 개정 지방자치법 제4조 제3항에 따라 같은 조 제1항이 처음부터 배제되어 종전의 관할구역과의 연관성이 단절되고, 행정안전부장관의 결정이 확정됨으로써 비로소 관할 지방자치단체가 정해지며, 그 전까지 해당 매립지는 어느 지방자치단체에도 속하지 않는다 할 것이다. 그렇다면 이 사건 매립지의 매립 전 공유수면에 대한 관할권을 가졌을 뿐인 청구인들이, 그 후 새로이 형성된 이 사건 매립지에 대해서까지 어떠한 권한을 보유하고 있다고 볼 수 없으므로, 이 사건에서 청구인들의 자치권한이 침해되거나 침해될 현저한 위험이 있다고 보기는 어렵다.

재판관 이종석의 별개의견

(1) 공유수면 매립지의 관할과 관련하여 권한쟁의심판이 청구된 경우, 매립지가 어느 편의 관할구역에 속하는지 여부는 본안판단에서 확정될 문제이므로, 적법요건 단계에서는 그 매립지에 대한 자치권한이 어느 일방에 부여될 가능성이 존재하기만 하면 자치권한이 침해되거나 침해될 현저한 위험이 있다고 볼 수 있다. 이 사건 청구인들은 매립 이전 공유수면을 관할하던 지방자치단체로서, 새로운 관할 획정으로 인하여 기존의 공유수면에 대한 자치권한을 상실하면서도 새 매립지에 대한 자치권한을 얻지 못하게 될 가능성이 있으므로, 행정안전부장관의 결정 등으로 청구인들의 자치권한이 침해되거나 침해될 현저한 위험이 있다.

(2) 한편, 지방자치법 제4조 제8항이 행정안전부장관의 결정에 대하여 대법원에 소송을 제기할 수 있도록 규정하여 매립지 경계 획정에 관한 헌법재판소의 권한쟁의심판 관할권을 배제한다 하더라도, 이는 권한쟁의심판에 대한 헌법재판소의 원칙적 관할권을 부정하는 것이 아니어서

헌법에 위반된다고 볼 수 없다. 그렇다면 이 사건 매립지가 청구인들에게 속하는지 여부, 피청구인 행정안전부장관의 결정, 피청구인 평택시의 장래처분에 대한 심판청구는, 헌법재판소가 관장하는 권한쟁의심판에 속하지 않으므로 부적법하다.

재판관 이선애, 재판관 이영진의 반대의견

(1) 공유수면이나 공유수면 매립지에는 지방자치단체의 관할구역 경계가 존재하며, 그 경계가 불분명하여 분쟁이 발생한 때에는 지방자치법 제4조 제1항의 실체법적 기준에 의한 확인이 요청된다. 지방자치법 제4조 제3항은 관할권 확인처분의 형식을 정한 것일 뿐, 지방자치법 제4조 제1항이 규정하는 '종전'에 따른 경계가 존재하는 공유수면과 바로 그 매립지를 완전히 단절시켜 관할권 진공상태에서 행정안전부장관이 관할권을 창설하도록 한 것이 아니다.

(2) 지방자치법 제4조 제3항 소정의 행정안전부장관의 결정은 공유수면 관할 경계상 매립지에 대하여 관할구역 경계의 존재 및 그 구체적인 형태에 대한 확인을 통해 매립지의 전부 또는 일부가 연접하여 위치한 지방자치단체들 중 어느 지방자치단체에는 속하고, 어느 지방자치단체에는 속하지 않는지를 확인하는 처분에 불과하다. 공유수면에 대하여 자치권을 행사해 온 지방자치단체는 행정안전부장관의 결정과 관련하여 공유수면 매립지의 전부 또는 일부에 대하여 자치권을 보유한 지방자치단체로 확인받기를 기대하는 중대한 이해를 가진 당사자에 해당한다.

(3) 이 사건에서 공유수면 매립지의 전부 또는 일부가 청구인들 또는 피청구인 평택시 중 어느 편의 관할구역에 속하는지는 본안판단 단계에서 확정되어야 할 것이고, 이 사건 심판청구의 적법요건 충족 여부를 판단하는 단계에서는 이 사건 매립지에 대한 자치권한이 어느 일방에 부여될 수 있는 가능성이 존재하면 족하다. 청구인들이 기존의 공유수

면에 연접한 지방자치단체들로서 매립 전 공유수면에 관하여 자치권한을 가지고 있었던 이상 청구인들이 이 사건 매립지의 전부 또는 일부에 대한 헌법상 및 법률상 자치권한을 가질 수 있는 가능성은 충분히 인정된다고 할 것이므로 매립 전 공유수면에 관하여 관할권을 가진 청구인들의 이 사건 매립지에 대한 관할권한 확인 청구, 이 사건 미등록 매립지에 대한 관할권한 확인 청구 및 피청구인 행정안전부장관의 이 사건 결정을 다투는 심판청구는 모두 권한침해의 가능성이 인정되는 경우로서 적법하다.

(4) 피청구인 평택시의 장래처분에 관한 청구는 장래처분이 확실하게 예정된 경우로서 적법하고, 피청구인 국토교통부장관에 대한 청구는 등록권한이 국가의 권한인 것에 대하여 다투는 것이 아니라, 이 사건 매립지에 대한 등록권한 행사의 선결문제로서 청구인들에게 자치권한이 있음을 주장하면서, 토지대장 변경등록이 자치권한을 침해한다고 주장하는 것이어서 적법하다.

(5) 나아가 지방자치법 제4조 제8항의 소송과 이 사건 권한쟁의심판은 소송물이 다를 뿐 아니라 결정의 기속력에 있어서도 차이가 있으므로 지방자치법 제4조 제8항에 의하여 헌법재판소의 권한쟁의심판 관할권이 배제된다고 볼 수 없다. 따라서 헌법재판소는 본안판단으로 나아가 이 사건 매립지에 대한 청구인들의 자치권한의 유무 및 범위에 관하여 판단하여야 한다.

재판관 이은애, 재판관 김기영의 법정의견에 대한 보충의견

(1) 2009. 4. 1. 개정된 지방자치법은 구 지방자치법 제4조 제1항과 같은 취지의 조항을 그대로 둔 채, 제4조 제3항을 개정하여 공유수면 매립지가 속할 지방자치단체를 위 '제1항에도 불구하고' 행정안전부장관이 결정하도록 하였다. 관련규정을 종합하여 보면, 제4조 제3항은 제1

항 전부를 배제하고 향후 공유수면 매립지가 속할 지방자치단체는 행정안전부장관의 결정에 의해서만 비로소 정해진다는 의미로 해석된다. 따라서 행정안전부장관의 결정이 확정되기 전까지 공유수면의 신생 매립지는 어느 지방자치단체에도 속하지 않게 된다.

(2) 한편, 법정의견에서 설시한 것처럼, 공유수면과 공유수면 매립지는 성질상 차이가 있어서 공유수면의 해상경계선을 그대로 신생 매립지의 관할경계선으로 삼아 그 매립지가 속할 지방자치단체를 결정하기는 어렵다. 헌법재판소가 2019. 4. 11. 2015헌라2 결정에서 구 지방자치법 제4조 제1항에 따라 공유수면 관할경계선을 매립지의 관할경계선으로 인정하던 기존법리를 변경한 것도 양자 사이의 성질상 차이 등을 고려한 것이다.

(3) 헌법재판소가 종래 공유수면 매립지를 둘러싼 권한쟁의사건에서 '지방자치단체의 관할구역에 경계가 없는 부분이 있다는 것을 상정할 수 없다', '매립지에 대한 자치권한이 어느 일방에 부여될 수 있는 가능성이 존재하기만 하면 적법요건은 충족된다'고 한 법리는 행정안전부장관의 결정이 효력을 갖기 전에는 어느 지방자치단체도 신생 매립지의 관할권을 가질 수 없도록 지방자치법이 개정됨으로써 더 이상 적용될 수 없게 되었다.

(4) 결국 이 사건의 경우, 매립 전 공유수면에 대한 관할권을 가졌던 청구인들이 새로 형성된 매립지에 대해서까지 어떠한 권한을 보유하고 있다고 볼 수 없으므로, 청구인들의 자치권한이 침해되거나 침해될 현저한 위험이 있다고 보기는 어렵다.

I. 문제의 소재

지방자치단체 구역의 획정과 관련하여 특수한 문제 중의 하나는 매립지의 관할구역 결정이다. 대상판결은 매립지의 관할구역 분쟁에 관한 것이다. 이 사건의 매립지는 2003. 12. 12.부터 2009. 10. 1.까지 평택시 포승읍 신영리 일원 앞 공유수면에 평택 당진항 외항 및 내항 매립지 축조사업을 시행하여 조성된 것이다. 헌법재판소는 충청남도 등과 행정자치부 장관 등 간의 권한쟁의 사건에서 청구인들(충청남도 등)의 자치권한이 침해되거나 침해될 현저한 위험이 없다고 결정하였다. 신생 매립지는 지방자치법 제4조 제3항에 따라 행정안전부장관의 결정이 확정됨으로써 비로소 관할 지방자치단체가 정해지므로 그 이전까지 해당 매립지는 어느 지방자치단체에도 속하지 아니한다고 본 것이다.

이 사건에서 청구인들은 매립 전 공유수면에 대한 관할권을 가졌던 청구인들이 새로이 형성된 공유수면 매립지에 대한 관할구역 변경결정으로 자치권이 침해되었다고 주장하고 있다. 헌법재판소는 권한의 침해 또는 현저한 침해위험이 없음을 이유로 각하결정을 내렸지만, 이 사건에는 그 밖에도 다양한 법적 쟁점이 다투어지고 있다. 즉 공유수면에 대한 관할권이 매립지에 대해서도 유지될 수 있는지, 매립지에 관한 행정안전부의 결정이 어떠한 성질과 효력을 가지는지, 그리고 이러한 매립지에 관한 권한분쟁이 헌법재판소의 권한쟁의심판 대상이 되는지 등이 쟁점이 되고 있다.

헌법재판소는 종전에 당진군과 평택시 간의 권한쟁의사건에 공유수면에 매립된 토지에 대한 관할권이 해당 공유수면을 관할하는 지방자치단체에 귀속된다고 보았다.[1] 그러나 대상판례에서는 공유수면에 대한 관할권과 매립지에 관한 관할권은 서로 구별된다고 보고 있다.[2] 이

---

1) 헌재 2004. 9. 23. 2000헌라2, 판례집 16-2상, 404.
2) 종전에는 공유수면의 매립지에 대한 경계가 공유수면의 경계와 일치되어야 하는지

러한 점은 이미 경상남도 사천시와 경상남도 고성군 간의 권한쟁의 사
건에서도 인정된 바 있다. 헌법재판소는 청구인이 매립 전 공유수면을
관할하였다고 하더라도 매립지에 대한 관할권을 당연히 인정하여야 한
다고 볼 수는 없고, 종전 공유수면의 해상경계선을 매립지의 관할경계
선으로 인정해 온 선례(헌재 2011. 9. 29. 2009헌라3 결정 등)는 이 결정의
견해와 저촉되는 범위 내에서 변경된다고 결정하였다.3)

공유수면의 매립지 귀속, 지적공부 등록누락 등을 둘러싼 국가기관
과 지방자치단체, 지방자치단체 간의 권한 분쟁이 늘고 있으며, 헌법재
판소와 대법원 간의 관할 경합이나 판결의 중복이 발생할 우려가 있다.
지방자치법 제4조 제8항에는 매립지의 관할 분쟁에 관한 행정안전부장
관의 결정에 대해 이의가 있는 경우에 대법원에 제소할 수 있도록 규정
하고 있다. 즉 지방자치법 제4조 제3항은 '공유수면 관리 및 매립에 관
한 법률'에 따른 매립지, '공간정보의 구축 및 관리 등에 관한 법률' 제2
조 제19호의 지적공부에 등록이 누락되어 있는 토지가 속할 지방자치단
체를 지방자치법 제4조 제4항부터 제7항까지의 규정에 따라 행정안전
부장관이 결정한다고 규정하고 있다(동조 제3항). 지방자치단체의 경계

에 대하여 학설상 견해 대립이 있었다(이에 대한 상세한 논의는 최우용, 지방자치
법의 주요 쟁점, 382면 이하 참조).
3) "대규모 공유수면의 매립은 막대한 사업비와 장기간의 시간 등이 투입될 뿐 아니라
해당 해안지역의 갯벌 등 가치 있는 자연자원의 상실 내지 환경의 파괴를 동반하
는 등 국가 전체적으로 중대한 영향을 미치는 사업이다. 그러한 사업으로 새로이
확보된 매립지는 본래 사업목적에 적합하도록 최선의 활용계획을 세워 잘 이용될
수 있도록 하여야 할 것이어서, 매립지의 귀속 주체 내지 행정관할 등을 획정함에
있어서도 사업목적의 효과적 달성이 우선적으로 고려되어야 한다. 매립 전 공유수
면을 청구인이 관할하였다 하여 매립지에 대한 관할권한을 인정하여야 한다고 볼
수는 없고, 공유수면의 매립 목적, 그 사업목적의 효과적 달성, 매립지와 인근 지방
자치단체의 교통관계나 외부로부터의 접근성 등 지리상의 조건, 행정권한의 행사
내용, 사무 처리의 실상, 매립 전 공유수면에 대한 행정권한의 행사 연혁이나 주민
들의 사회적·경제적 편익 등을 모두 종합하여 형평의 원칙에 따라 합리적이고 공평
하게 그 경계를 획정할 수밖에 없다."(헌재 2019. 4. 11. 2015헌라2)

구역에 관한 분쟁이 증가하자, 2009. 4. 1. 법률 제9577호로 지방자치법
을 개정하여 행정안전부장관이 그 관할구역을 결정하도록 한 것이다.
이러한 행정안전부장관의 결정이 형성적 성질인지, 아니면 확인적 성질
인지에 대해서도 견해가 대립하고 있다.

　　지방자치법이 개정되기 전에는 공유수면이나 매립지 등 지방자치
단체의 경계구역에 관한 많은 논쟁이 있었다.[4] 법제처의 개정 이유에서
도 이러한 개정이 "매립지나 지적공부 미등록지가 지적 등록과정에서
자치단체 간 분쟁이 자주 발생함에 따라 이를 예방할 수 있는 제도적
장치를 마련한 것"이라고 밝히고 있다. 지방자치법 제4조 제8항은 이러
한 행정안전부장관의 결정에 이의가 있으면 관계 지방자치단체의 장이
그 결과를 통보받은 날부터 15일 이내에 대법원에 소송을 제기할 수 있
다고 규정하고 있다. 이러한 규정은 분쟁해결의 구체적 절차를 마련하
였다는 점에서 긍정적으로 평가될 수 있다. 그러나 이러한 규정으로 공
유수면이나 매립지 등의 분쟁에 대하여 헌법재판소의 권한쟁의심판 권
한을 배제하고, 대법원의 배타적 관할권만을 인정한 것인지가 논란이
되고 있다.

　　한편, 헌법재판소의 결정이 내려진 후에 2021. 1. 12. 지방자치법
이 개정되었고, 2022. 1. 13.부터 그 시행을 앞두고 있다. 매립지 관할구
역 결정과 관련하여 공유수면 관리 및 매립에 관한 법률 제28조에 따른
면허관청 또는 관련 지방자치단체의 장은 준공검사 전에 행정안전부장
관에게 해당 지역이 속할 지방자치단체의 결정을 신청하여야 하고, 매

---

4) 강재규, "지방자치단체의 구역: 바다 및 공유수면매립지의 귀속을 중심으로", 공법
연구 제31집 제1호(2002. 11), 529-554면; 남복현, "공유수면 매립지의 경계획정을
둘러싼 법적 분쟁에 있어 실체법적 사항: 당진군과 평택시 간의 권한쟁의를 중심
으로", 공법연구 제38집 제1호 제2권(2009. 10), 207-236면; 조정찬, "지방자치단체
의 구역과 경계분쟁: 바다 및 공유수면매립지에 관한 분쟁을 중심으로", 법제 제
522호(2001), 16-34면; 김동복, "공유수면매립지에 대한 지방자치단체간의 관할구
역확정: 율촌제1지방산업단지 관할권 다툼을 중심으로", 토지공법연구 제22집
(2004), 87-108면.

립지의 매립면허를 받은 자는 면허관청에 해당 매립지가 속할 지방자치단체의 결정 신청을 요구할 수 있다(동조 제4항). 2021년에 개정된 지방자치법 제5조 제5항은 이러한 신청을 위해 각각 해당 지역의 위치, 귀속 희망 지방자치단체(복수인 경우를 포함함) 등을 명시하여 행정안전부장관에 신청하도록 규정하고 있다. 매립지 귀속관할 결정을 위한 절차적 규정을 보완하고 있지만, 이러한 규정만으로는 관할 결정에 관한 근본적인 문제가 모두 해결되었다고 보기 어렵다.

행정안전부장관은 이러한 신청을 받은 후 지체 없이 그 사실을 20일 이상 관보나 인터넷 등의 방법으로 널리 알려야 한다. 이 경우 알리는 방법, 의견의 제출 등에 관하여는 행정절차법의 관련 규정을 준용한다(동조 제5항). 행정안전부장관은 이러한 공고기간이 끝난 후 지방자치단체중앙분쟁조정위원회의 심의·의결에 따라 매립지가 속할 지방자치단체를 결정하고, 그 결과를 면허관청과 관계 지방자치단체의 장 등에게 통보하고 공고하여야 한다(동조 제6항). 그러나 2021년에 개정된 지방자치법 제5조 제7항은 위 공고 기간 내에 신청 내용에 이의가 제기된 경우에는 종전처럼 지방자치단체중앙분쟁조정위원회의 심의·의결을 거쳐 해당 지역이 속할 지방자치단체를 결정하지만, 이의가 제기되지 아니하면 지방자치단체중앙분쟁조정위원회의 심의·의결을 거치지 아니하고 신청내용에 따라 해당 지역이 속할 지방자치단체를 결정하도록 규정하였다. 이러한 내용은 절차의 간소화·신속화를 위한 것이지만, 지방자치법 제4조의 소송이 주관소송의 성격을 가진다는 것을 보여주고 있다.

이러한 지방자치법의 개정과 헌법재판소의 결정으로 공유수면 매립지 분쟁해결의 관할권이 대법원으로 일원화되었다고 보아야 하는지는 핵심적 쟁점이다. 공유수면 매립지의 관할 분쟁은 지방자치단체의 자치권(특히 지역고권)을 침해하는 사안일 뿐만 아니라 지방자치단체의 권한 유무나 범위를 다투고 있다는 점에서 헌법재판소의 권한쟁의심판에 해당한다(헌법 제111조 제4호, 헌법재판소법 제62조 및 제66조 참조). 이러한 문제를 해결하기 위해서는 헌법재판소의 권한쟁의심판과 지방자치법 제4조의 소송과의 관계를 자세히 검토할 필요가 있다. 대상판결은 향후 매립지 분쟁의 관할권 소재 및 범위 등과 관련하여 중요한 의미가 있다. 이하에서는 매립지 분쟁해결에 관한 법적 쟁점을 검토하기로 한다.

Ⅱ. 매립지 분쟁의 법적 쟁점

1. 권한의 침해 또는 현저한 침해위험의 존재 여부

대상판결에서는 매립 전 공유수면에 대한 관할권을 가졌던 청구인들이 행정안전부장관의 결정으로 새로이 형성된 공유수면 매립지에 관한 관할권을 상실한 것이 청구인들의 자치권한을 침해한 것인지가 중요한 쟁점의 하나였다. 헌법재판소법 제61조 제2항은 피청구인의 처분 또는 부작위가 "청구인의 권한을 침해하였거나 침해할 현저한 위험이 있는 경우에만" 권한쟁의심판을 제기할 수 있다고 규정하고 있다.

법정의견은 행정안전부장관의 결정이 확정됨으로써 신생 매립지에 대한 관할 지방자치단체가 정해지므로 청구인은 새로이 형성된 이 사건 매립지에 대하여 어떠한 권한을 보유하고 있다고 볼 수 없다고 보고 있다. 이를 근거로 청구인들의 자치권한이 침해되거나 침해될 현저한 위험이 있다고 보기 어렵다고 판단하고 있다. 그러나 반대의견(재판관 이선애, 재판관 이영진)은 청구인들이 이 사건 매립지의 전부 또는 일부에 대한 헌법상 및 법률상 자치권한을 가질 가능성은 충분히 인정된다고 보고 있다. 또한 별개의견(재판관 이종석)은 적법요건 단계에서는 그 매립지에 대한 자치권한이 어느 일방에 부여될 가능성이 존재하기만 하면 자치권한이 침해되거나 침해될 현저한 위험이 있다고 보고 있다. 또한 이 사건 청구인들은 매립 이전에 공유수면을 관할하던 지방자치단체로

서 새로운 관할 획정으로 기존의 공유수면에 대한 자치권한을 상실하면
서 새 매립지에 대한 자치권한도 상실할 가능성이 있으므로 자치권한이
침해되거나 침해될 현저한 위험이 있다고 보고 있다.

한편, 독일에서는 기관쟁의(Organstreit)의 적법요건으로 '권리보호
필요'가 있어야 한다.[5] 독일 연방헌법재판소법 제64조 제1항은 기관쟁
의의 청구인이나 그 소속 기관이 피청구인의 처분(조치)이나 부작위에
의해 기본법이 보장하는 자신의 권리나 의무를 침해하거나 '직접적'인
위험을 주어야 한다고 규정하고 있다. 여기에서 직접적인 위험
(unmittelbare Gefährdung)은 "피청구인의 다른 행위의 필요 없이 장래에
권리침해가 예견되는 경우"를 의미한다.[6] 기관쟁의의 당사자는 헌법기
관(연방대통령·연방의회·연방참사원 및 연방정부 등)이 대부분이며, 지방자
치단체의 권한쟁의는 제외된다.[7] 지방자치단체 내부의 기관소송은 대
체로 행정소송으로 해결하고 있다.[8] 국가와 지방자치단체의 분쟁에서
법률로 지방자치단체의 자치권이 침해된 경우 지방자치단체는 이에 대
해 지방자치단체헌법소원(Kommunalverfassungsbeschwerde)을 제기할 수
있지만, 국가기관의 감독처분에 대해서는 항고소송을 제기하는 것이 보
통이다.[9] 권한쟁의심판과 독일의 기관쟁의가 완전히 동일하다고 보기
는 어렵다. 그러나 독일 연방헌법재판소 제64조 제1항의 해석은 적어도
권한쟁의심판의 적법요건에 해당하는 '침해위험'의 해석에 참고가 될 수
있다.

매립지의 관할구역 결정은 본안판단의 단계에서 확정될 수 있지만,
별개의견이 적절히 지적하고 있는 바와 같이 매립지에 대한 관할권이

---

5) 허영, 한국헌법론, 전정14판, 899면 참조.
6) Schlaich/Korioth, Das Bundesverfassungsgericht, 9. Aufl., S. 68 f.
7) Lechner/Zuck, BVerfGG, 7. Aufl., § 63 Rn. 5 ff.
8) Hufen, Verwaltungsprozessrecht, 7. Aufl., § 21 Rn. 3; Würtenberger, Verwaltungsprozessrecht, 3. Aufl., §38 Rn. 662 ff.
9) Burgi, Kommunalrecht, 6. Aufl., §9 Rn. 2 ff.

다른 지방자치단체에 귀속될 가능성 그 자체만으로도 청구인들의 자치권을 침해할 가능성이 있다. 특히 청구인들은 매립 이전에 공유수면을 관할하고 있었기 때문에 행정안전부장관의 위법한 결정으로 기존의 공유수면에 대한 관할권이 박탈될 수 있다. 실무에서 '침해' 요건은 청구인의 권한이 구체적으로 관련되어 침해할 가능성이 있으면 충분하다고 보고 있다.[10] 헌법재판소법 제61조 제2항의 "침해할 현저한 위험이 있는 경우"란 침해발생의 개연성이 높은 경우를 말한다. 이러한 "침해의 현저한 위험성"을 "경험칙에 비추어 장래에 권한침해가 발생할 가능성이 높은 것"으로 보면서, 시간적 요소를 고려하는 견해도 있다.[11] 그리고 경험칙에 비추어 권한 침해의 개연성이 높고 임박한 경우로 이해하는 견해도 있다.[12] 그러나 침해가 현실적으로 발생하는 시점에 임박하지 않더라도 이러한 침해의 위험성이 객관적으로 명백하여 침해발생이 충분히 예견될 수 있는 경우도 포함될 수 있다. 매립지는 공유수면과 차이가 있지만, 행정안전부장관의 결정으로 청구인들은 종전에 관할하던 공유수면에 대한 지배권을 상실할 가능성이 있고, 지방자치단체의 자치권한(지역고권)의 침해 위험이 큰 경우에는 현저한 침해위험이 있다고 판단된다.

2. 지방자치법 제4조 제8항에 따른 행정소송의 특징

지방자치법 제4조에 따른 소송을 기관소송으로 이해하는 견해도 있을 수 있다. 그러나 동일한 행정주체(국가 또는 공공단체)의 기관 상호간에 있어서 권한의 존부 또는 그 행사에 관한 다툼만을 기관소송으로 보는 견해가 다수설이다.[13] 이러한 입장에 의하면, 외형상 지방자치단

---

10) 헌법재판소, 헌법재판실무제요, 제2개정판, 429면.
11) 김하열, 헌법소송법, 제3판, 644-645면.
12) 허영, 헌법소송법론, 제2판, 316-317면.
13) 김남진·김연태, 행정법 II, 제24판, 210면.

체의 장이 국가기관(행정안전부장관)의 결정(처분)을 대상으로 소송을 제기한다는 점에서 지방자치법 제4조의 소송은 '기관소송'에 해당한다고 볼 수 없다. 지방자치법 제4조의 소송은 지방자치단체의 장이 국가기관의 결정에 불복하는 소송이므로 본질적으로 '항고소송'의 성질을 가진다.14) 지방자치법 제4조의 소송은 매립지의 관할에 대한 국가기관(행정안전부장관)의 결정이 위법한지 여부를 다투는 것이 핵심적 요소이며, 이러한 결정은 광범위한 재량이 부여되어 있다고 보고 있다. 대법원의 심사대상은 지방자치단체의 기관 간의 권한의 존부 또는 그 행사에 관한 다툼에 관한 것이 아니라, 행정안전부장관 결정의 위법 여부이다. 대법원은 매립지 관할구역에 관한 행정안전부장관의 결정이 재량권 일탈·남용에 해당하는지를 심사할 뿐이다.15) 물론 이러한 행정안전부장관의 결정은 지방자치단체의 구역 관할에 관한 것이고 매립지의 귀속 확정에 큰 영향을 미치고 있다.

지방자치법 제4조에는 이러한 재량권 행사의 요건에 관하여 아무런 규정을 두고 있지 않다. 다만, 매립지나 등록이 누락되어 있는 토지에 대하여 "행정안전부장관이 결정한다"라고 규정하고 있을 뿐이다. 대법원은 이러한 행정안전부장관의 결정이 위법한지를 심사한다. 후술하는 바와 같이 대법원은 행정안전부장관 및 지방자치단체중앙분쟁조정위원회가 광범위한 재량을 가진다는 점을 인정하고 있으며, 행정안전부장관 결정의 재량권의 일탈·남용만을 심사하고 있다. 이처럼 지방자치법 제4조의 소송은 지방자치단체의 장이 행정안전부장관의 결정이 위법한지를 다투는 소송이라는 점에서 특수한 행정소송에 해당한다.

지방자치법 제4조의 개정 이유에서 알 수 있는 바와 같이, 매립지나 지적공부의 등록 누락 등에 관한 분쟁이 증가하자 입법자는 이에 관

---

14) 국내학설 중에도 이러한 소송을 특수한 소송으로서 항고소송의 일종으로 보는 견해가 유력하다(홍정선, 신지방자치법, 제3판, 박영사, 2015, 121면).
15) 대법원 2013. 11. 14. 선고 2010추73 판결 참조.

한 제1차적 판단권을 주무관청인 행정안전부장관에 부여한 것이다. 지방자치법 제4조 제3항은 행정안전부장관이 지방자치단체중앙분쟁조정위원회의 심의·의결에 따라 매립지 등이 귀속할 지방자치단체를 결정한다고 규정하고 있다. 매립지가 귀속되는 관할 지방자치단체에 관한 최종결정권은 행정안전부장관에 속하지만, 행정안전부장관은 지방자치단체중앙분쟁조정위원회의 심의·의결에 따라 그대로 결정하도록 규정되어 있다. 행정안전부장관이 지방자치단체중앙분쟁조정위원회의 심의·의결과 다른 자의적인 결정을 내리면, 재량권의 일탈·남용에 해당할 수 있다. 행정안전부장관의 결정이 매립지 분쟁이 있는 지방자치단체의 관할구역에 미치는 영향은 크지만, 그 결정에 광범위한 재량이 인정된다고 보기는 어렵다.

관계 지방자치단체의 장은 매립지 귀속 관할에 관한 행정안전부장관의 제1차적 판단권의 위법 여부에 대해서는 대법원에 제소할 수 있고, 대법원의 인용결정이 있으면 행정안전부장관이 그 기속력에 따라 재결정을 내려야 한다(지방자치법 제4조 제9항). 그러나 이러한 행정안전부의 재결정에 대해 다시 불복하는 것은 현실적으로 쉽지 않다. 행정안전부장관 결정이 재량권의 일탈·남용에 제한되지 아니하고 지방자치단체의 자치권 침해를 포괄적으로 다투기 위해서는 헌법재판소에 의한 권한쟁의심판이 봉쇄되어서는 아니 된다.

3. 행정안전부장관 결정의 법적 성질

이 사건에서 지방자치법 제4조에 따른 행정안전부장관의 결정이 창설적 효력을 가지는지는 또 다른 쟁점사항이다. 법정의견의 보충의견(재판관 이은애, 재판관 김기영)은 "향후 공유수면 매립지가 속할 지방자치단체 행정안전부장관의 결정에 의해서만 비로소 정해진다는 의미로 해석"하고 있다. 매립지 귀속에 관한 행정안전부장관의 결정에 창설적 효력을 부여하고 있다. 그러나 이 결정의 반대의견(재판관 이선애, 재판관 이영진)은 지방자치법 제4조 제3항의 규정이 관할권 확인처분의 형식을 정한 것일 뿐, 관할권 진공상태에서 행정안전부장관이 관할권을 창설하도록 한 것은 아니라고 보고 있다. 반대의견은 행정안전부장관의 결정이 매립지의 전부 또는 일부가 연접하여 위치한 지방자치단체들 중 어느 지방자치단체에 속하는지를 확인하는 처분에 불과하다고 보고 있다.

학설 중에도 행정안전부장관의 결정을 '형성적 결정'으로 이해하는 견해가 있다.[16] 그러나 지방자치법 제4조에 의한 행정안전부장관의 결정은 창설적이고 형성적인 것이 아니라 공유수면 매립지의 경계 내지 관할권 소재를 '확인'하는 처분으로 보는 것이 타당하다.[17] 행정안전부장관의 결정은 사실상 지방자치단체중앙분쟁조정위원회의 심의·의결에 따라야 할 뿐, 광범위한 재량이 인정된다고 보기는 어렵다. 설사 지방자치단체중앙행정분쟁조정위원회와 행정안전부장관에 광범위한 재량이 인정된다고 하더라도 이에 의하여 비로소 매립지의 관할 지방자치단체가 형성된다고 볼 수는 없다. 그러므로 행정안전부장관이 지방자치단체의 지역고권을 창설한다고 해석할 수는 없다. 지방자치법 제4조 제3항에서 행정안전부장관이 매립지의 관할 구역을 '결정'한다고 규정한 것을 지나치게 확대하여 해석해서는 아니 된다. 법제처의 입법이유에서 알 수 있는 바와 같이 매립지 분쟁의 합리적 해결을 위해 행정안전부장관이 지방자치단체중앙분쟁조정위원회의 심의·의결에 따라 매립지 등이 귀속할 지방자치단체를 확인하고 이를 결정하는 것일 뿐이다. 행정안전부장관은 지방자치단체의 지역고권을 시원적으로 창설할 권한을 가지고 있지 않다. 또한 행정안전부장관의 결정은 '재량행위'에 불과하며, 후

16) 박진영, "공유수면 매립지의 행정구역 귀속과 관련한 권한쟁의심판청구의 적법성 고찰", 헌법학연구 제24권 제4호(2018. 12), 200면.
17) 정남철, "자치쟁송의 구조변화와 지방자치단체 권리구제체계의 재구축", 법조 제69권 제2호(통권 제740호), 2020. 4, 91면.

술하는 바와 같이 대법원 판례에서 사용하는 "광범위한 형성의 재량", "계획재량" 등의 표현은 부적절하다. 행정안전부장관은 매립지 귀속에 관한 지방자치단체중앙분쟁조정위원회의 심의·의결을 바탕으로 적절히 재량을 행사하여 이를 최종적으로 결정할 뿐이다. 이러한 결정도 대부분 지방자치단체중앙분쟁조정위원회가 심의·의결한 내용을 그대로 따라 경계확인을 하는 것이 보통이다. 그러한 점에서 행정안전부장관의 결정에 지나친 권한을 부여하는 해석은 신중할 필요가 있다.

　　지방자치법 제4조 제6항은 매립지의 귀속에 관한 결정 주체만 규정하고 있을 뿐, 그 결정의 기준이나 고려 사항 등을 전혀 규정하고 있지 않다. 이러한 상황에서 대법원의 소송만으로 지방자치단체의 자치권 침해나 매립지 관할 귀속의 문제를 종국적으로 해결할 수 있는지는 의문이다. 지방자치법 제4조 제8항에 따른 행정소송에서 매립지를 둘러싼 행정안전부장관과 지방자치단체 또는 그 장 사이의 분쟁은 경계설정의 확인행위가 위법한지를 다툴 뿐이다. 행정안전부장관의 확인행위(결정)로 인해 지방자치단체의 지역고권(자치권)이 침해당하는지를 포함하여 관할 구역에 대한 권한의 유무나 범위 등을 포괄적으로 심사할 수 있어야 한다.

4. 지방자치법 제4조 제8항의 소송과 권한쟁의심판의 관계

　　지방자치법 제4조 제8항의 행정소송과 헌법재판소에 의한 권한쟁의심판의 관계가 규명될 필요가 있다. 매립지 분쟁해결과 관련하여 양자는 유사점을 가진다. 우선 지방자치법 제4조 제8항의 소송을 기관소송으로 이해하면 권한(지역고권)의 존부에 관한 분쟁을 대상으로 하고 있다고 볼 수 있다. 헌법재판소의 권한쟁의심판도 "국가기관과 지방자치단체간 및 지방자치단체 상호간의 권한쟁의"를 대상으로 하고 있다

(헌법 제111조 제1항 제4호 및 헌법재판소법 제62조 제1항). 그러나 지방자치법 제4조에 따른 소송을 항고소송으로 보는 입장은 이러한 소송이 국가기관(행정안전부장관)의 결정에 의한 지방자치단체의 자치권 침해를 다툴 수 있다고 해석할 수 있다. 다만, 이러한 소송은 법률에 의해 단심제로 규정하고 있어 일반적인 3심제의 행정소송과 달리 대법원에만 제소할 수 있다. 항고소송에 의할 때 이러한 소송은 자치권 침해를 다툰다는 점에서 권한쟁의심판과 유사하다. 행정안전부장관의 매립지 귀속결정에 불복하는 지방자치단체가 권한쟁의심판을 제기할 경우 행정안전부장관을 피청구인으로 하여 권한쟁의심판을 제기할 수 있다. 즉 피청구인인 행정안전부장관의 처분(결정)에 의하여 청구인인 지방자치단체의 권한(자치권)을 침해하였거나 침해할 현저할 위험이 있으면 권한쟁의심판을 제기할 수 있다(헌법재판소법 제61조 제2항). 앞에서 언급한 새만금방조제 사건에서 대법원은 처분의 위법 여부만을 심사하고 있을 뿐 이러한 지방자치단체의 자치권 침해를 전면적으로 다루고 있지는 않다. 나아가 헌법재판소나 대법원은 모두 행정안전부장관의 처분(결정)이 위법한지를 판단할 수 있다. 헌법재판소의 권한쟁의심판에서는 처분의 취소를 확인할 수 있고(헌법재판소법 제66조 제2항), 지방자치법 제4조의 소송에서도 행정안전부장관의 결정에 대해 취소판결을 내릴 수 있다.

이러한 유사성에도 불구하고 헌법재판소의 권한쟁의심판과 지방자치법 제4조의 소송 사이에는 중요한 차이점이 있다. 첫째, 헌법재판소의 권한쟁의심판에서는 국가기관이나 지방자치단체의 권한 유무나 범위를 포괄적으로 심사할 수 있지만, 지방자치법 제4조의 소송에서는 원칙적으로 행정안전부장관 결정의 위법 여부만을 심사할 수 있을 뿐이다. 대법원은 매립지가 귀속할 지방자치단체에 대한 행정안전부의 결정이 재량권을 일탈·남용하였는지를 심사한다. 이에 반해 헌법재판소의 권한쟁의심판에서는 권한의 유무나 범위 등을 적극적으로 결정할 수 있다. 예컨대 권한쟁의심판의 주문에서는 "…… 조성된 공유수면 매립지

○○㎡ 중 ㅁㅁ에 대한 권한은 청구인에 있고, △△에 대한 피청구인에 있음을 확인한다"는 식으로 관할 권한의 귀속 여부를 적극적으로 판단할 수 있다.[18]

둘째 권한쟁의심판과 지방자치법 제4조의 소송 사이에는 소송당사자에도 차이가 있다. 권한쟁의심판에서는 해당 국가기관 또는 지방자치단체가 모두 청구인이 될 수 있다. 그러나 지방자치법 제4조의 소송에서는 지방자치단체의 장이 원고가 된다.[19] 또한 권한쟁의심판에서는 국가기관이나 지방자치단체가 모두 피청구인이 되지만, 지방자치법 제4조의 소송에서는 행정안전부장관만이 피고가 될 수 있다.

셋째, 헌법재판소의 권한쟁의심판은 처분 또는 부작위를 심판대상으로 하고 있지만, 지방자치법 제4조의 소송은 국가기관(행정안전부장관)의 적극적인 결정만을 대상으로 하고 있다. 지방자치법 제4조의 소송에서 행정안전부장관의 결정에 기간 제한은 없다. 행정안전부장관의 부작위에 대해 지방자치단체 또는 그 장이 부작위위법확인소송을 제기할 수 있는지는 견해대립이 있을 수 있다. 이러한 소송을 제기할 경우 지방자치법 제4조의 규정은 무용지물(無用之物)이 될 수도 있으므로 법률 문언의 해석상 소극적으로 해석하는 것이 바람직하다. 그러나 이론적으로는 지방자치단체나 이를 대표하는 지방자치단체의 장이 이러한 부작위에 대해 일반적인 항고소송으로서 부작위위법확인소송을 배제할 이유는

---

18) 헌재 2004. 9. 23. 2000헌라2, 판례집 16-2(상), 404, 413.

19) 한편, 김제시와 부안군은 구 안전행정부장관(현 행정안전부장관)을 상대로 새만금 방조제의 매립지가 속할 지방자치단체를 군산시로 정한 결정을 취소하는 소송을 제기하였다. 이에 대법원은 안전행정부장관(현 행정안전부장관)이 매립지가 속할 지방자치단체를 정하는 결정에 대하여 대법원에 소송을 제기할 수 있는 주체는 지방자치단체가 아니라 지방자치단체의 장이며(지방자치법 제4조 제8항), 매립지가 속할 지방자치단체를 결정할 때 관계 지방의회의 의견청취 절차를 반드시 거칠 필요는 없다고 판시하였다(대법원 2013. 11. 14. 선고 2010추73 판결). 이 사건에서 김제시, 부안군과 같은 지방자치단체의 소는 각하하고, 김제시장이나 부안군수의 청구를 기각하였다.

없다. 다만, 이 소송의 제1심 관할 법원은 행정법원이다.

넷째, 양자는 청구기간이나 제소기간의 제한에 차이가 있다. 권한쟁의심판의 청구기간은 그 사유가 있음을 안 날부터 60일 이내에, 그 사유가 있은 날부터 180일 이내에 청구하여야 한다(헌법재판소법 제63조 제1항). 그러나 지방자치법 제4조의 소송은 행정안전부장관으로부터 그 결과를 통보받은 날부터 15일 이내에 대법원에 소송을 제기할 수 있다. 지방자치법 제4조에 따른 소송의 제소기간은 헌법재판소의 권한쟁의심판에 비해 현저히 짧다.

다섯째, 권한쟁의심판에서는 종국결정의 선고 시까지 피청구인의 처분의 효력을 정지하는 결정을 할 수 있다(헌법재판소법 제65조). 그러나 지방자치법 제4조의 소송에서는 집행정지에 관한 명문의 규정이 없어 집행정지를 신청하기가 어렵다고 판단된다.

마지막으로 헌법재판소의 권한쟁의심판에서는 관할권의 귀속 자체가 소송물이 되며 그 판단은 모든 국가기관을 구속하는 기속력을 가진다(헌법재판소법 제67조 제1항).[20] 그러나 행정소송의 기속력은 당사자인 행정청(처분청)과 관계 행정청에 대해서만 미친다(행정소송법 제30조 제1항).

5. 권한쟁의심판의 보충성 여부

매립지 분쟁의 해결을 전적으로 대법원의 권한으로 보고 이에 대한 권한쟁의심판이 배제되는지가 다투어지고 있다. 이는 소위 "권한쟁의심판의 보충성" 문제로 논의되고 있다. 학설 중에는 2009. 4. 1. 지방

---

20) 헌법재판소, 헌법실무제요, 제2개정판, 415면. 한편, 2009. 4. 1. 지방자치법의 개정으로 공유수면 매립지의 관할구역획정과 관련하여 권한쟁의심판결정의 기속력이 어느 범위까지 미치는지가 다투어진 바 있다(이에 대해서는 박진영, "공유수면매립지 행정구역 귀속에 관한 권한쟁의심판 결정의 기속력: 헌재 2004. 9. 23. 200헌라2 결정과 개정된 지방자치법 제4조 제3항 내지 제9항을 중심으로", 헌법재판연구 제3권 제1호(2016. 6), 3면 이하 참조).

자치법의 개정으로 헌법재판소의 권한쟁의심판권이 배제되었다고 보는 견해도 있다.[21] 그러나 권한쟁의심판의 '보충성'이라는 용어 자체는 논란의 여지가 있으며 부적절하다. 지방자치법의 개정으로 헌법상 보장된 권한쟁의심판이 배제되었다고 볼 수는 없다. 헌법재판소법에는 헌법소원과 달리 권한쟁의심판의 보충성에 관한 명문의 규정이 없다(헌법재판소법 제68조 제1항 단서 참조). 지방자치법의 관련 규정이 정비되기 이전에 지방자치단체의 경계에 관한 사법적(司法的) 분쟁해결은 헌법재판소의 권한쟁의심판에 의하는 것이 일반적이었다.[22] 개정된 지방자치법에는 절차적 규정만 있고 경계구분에 관한 실체적 기준이 없어 매립지 귀속에 관한 문제는 여전히 헌법재판소의 관할로 보아야 한다는 견해도 있다.[23]

권한쟁의심판을 배제하자는 견해는 매립지 귀속을 결정하는 사무를 국가사무로 이해하고 있다.[24] 지방자치법 제9조 제2항 제1호는 지방자치단체의 구역에 관한 사무를 자치사무로 규정하고 있다. 또한 매립지 귀속에 관한 행정안전부장관의 결정 그 자체를 국가사무로 보는 경우에도 매립지의 귀속과 같은 지방자치단체의 경계구역 결정은 '자치권'과 밀접한 관련이 있다. 지방자치법상의 행정소송은 지방자치단체의 자치권 침해를 요건으로 하지 아니하며, 이러한 문제는 권한쟁의심판에서 다투어질 수 있다.

지방자치법 제4조의 소송대상은 행정안전부장관의 결정 그 자체가 위법한지에 제한된다. 따라서 대법원은 절차적 하자와 재량권의 일

---

21) 박진영, 앞의 논문, 189면 이하. 한편,
22) 김도창, 일반행정법론(하), 제4전정판, 147면; 이상규, 신행정법론(하), 신판, 143-144면.
23) 조재현, "법률의 개정과 권한쟁의심판 결정의 기속력: 공유수면의 경계와 매립지의 관할결정에 관한 헌법재판소 결정을 중심으로", 헌법재판연구 제3권 제1호(2016. 6), 27면 이하
24) 박진영, 앞의 논문, 197면.

탈·남용과 같은 실체적 하자를 심사해야 한다. 실제 대법원도 새만금 방조제의 매립지 사건에서 보는 바와 같이 행정안전부장관의 결정이 위법한지 여부만을 판단하였다.[25] 대법원은 이 판결에서 안전행정부장관(행정안전부장관)의 결정이 '계획재량적' 성격을 가진다고 보고 있지만, 이러한 결정은 계획의 형성과 관련된 것이 아니라 매립지의 관할 판단에 관한 것이다. 이를 "형성의 자유"라고 부르는 것도 적절하지 않다. 그 위법을 판단함에 있어 형량하자의 법리를 재량하자와 혼동하여 판단하고 있는 점도 법리적으로 타당하지 않다. 이러한 점은 학계의 비판을 받았으며, 근래의 판례 주류는 형량하자와 재량하자를 대체로 구분하고 있다.[26] 그러나 일부 판례에서는 형량하자와 재량하자를 명확히 구분하지 못한 경우도 있다.[27] 지방자치법 제4조의 소송을 항고소송으로 이해할 경우 해당 소송의 소송물은 처분의 위법성 일반에 한정된다.

　　이와 같이 지방자치법 제4조의 소송과 권한쟁의심판 사이에는 유

---

25) "지방자치법 제4조 제3항, 제5항, 제6항, 제7항, 제8항, 제9항 등 관계 법령의 내용, 형식, 취지 및 개정 경과 등에 비추어 보면, 2009. 4. 1. 법률 제9577호로 지방자치법이 개정되기 전까지 종래 매립지 등 관할 결정의 준칙으로 적용되어 온 지형도상 해상경계선 기준이 가지던 관습법적 효력은 위 지방자치법의 개정에 의하여 변경 내지 제한되었다고 보는 것이 타당하고, 안전행정부장관은 매립지가 속할 지방자치단체를 정할 때에 상당한 형성의 자유를 가지게 되었다. 다만 그 관할 결정은 계획재량적 성격을 지니는 점에 비추어 위와 같은 형성의 자유는 무제한의 재량이 허용되는 것이 아니라 여러 가지 공익과 사익 및 관련 지방자치단체의 이익을 종합적으로 고려하여 비교·교량해야 하는 제한이 있다. 따라서 안전행정부장관이 위와 같은 이익형량을 전혀 행하지 않거나 이익형량의 고려 대상에 마땅히 포함시켜야 할 사항을 누락한 경우 또는 이익형량을 하였으나 정당성·객관성이 결여된 경우에는 그 매립지가 속할 지방자치단체 결정은 재량권을 일탈·남용한 것으로서 위법하다고 보아야 한다." (대법원 2013. 11. 14. 선고 2010추73 판결)
26) 대법원 2006. 9. 8. 선고 2003두5426 판결; 대법원 2007. 4. 12. 선고 2005두1893 판결; 대법원 2011. 2. 24. 선고 2010두21464 판결 등.
27) 대법원 2012. 1. 12. 선고 2010두5806 판결; 대법원 2015. 12. 10. 선고 2011두32515 판결 등.

사한 점도 있지만, 그 심사의 대상이나 범위, 당사자, 제소기간, 집행정지, 주문의 내용 등에서 차이가 있다. 지방자치법 제4조의 소송은 매립지나 지적공부의 등록 누락 등의 분쟁에 대처하기 위한 입법적 조치이기는 하지만, 이 소송에서 대법원의 심사범위는 국가기관인 행정안전부장관의 결정에 위법이 있는지에 제한된다고 보아야 한다. 이에 반해 권한쟁의심판은 국가기관에 대해 지방자치단체의 권한(자치권) 유무나 범위 등을 적극적 또는 소극적으로 다툰다는 점에서 헌법재판소는 비교적 포괄적인 심사권을 가진다. 국가기관에 의해 매립지 관할권 내지 자치권이 침해되었다고 주장하는 지방자치단체는 지방자치법의 규정에 관계없이 헌법과 헌법재판소법에 따라 권한쟁의심판을 제기할 수 있다. 따라서 분쟁해결절차에 헌법재판소가 개입할 수 없다고 보는 견해는 타당하지 않다. 국가기관(행정안전부장관)이 매립지에 관한 결정을 통해 지방자치단체의 자치권을 본질적으로 침해할 경우 그러한 국가기관의 처분에 대한 취소나 무효를 확인하거나 지방자치단체의 권한 유무나 범위 등을 다투기 위해서는 헌법재판소에 권한쟁의심판을 제기할 수 있는 길이 열려져 있어야 한다.

Ⅲ. 관련 대법원 판결에 대한 분석

1. 사건의 쟁점

청구인들의 단체장인 충청남도지사, 당진시장, 아산시장은 이 사건 심판청구와는 별개로 2015. 5. 18. 피청구인 행정안전부장관의 2015. 5. 4.자 결정의 취소를 구하는 소송을 제기하였고, 이 사건이 결정될 때까지 소송이 계속 중이었다. 이 사건에 대한 헌법재판소의 결정이 있고 난 뒤에 대법원은 원고(충청남도 지사 외 2인)들의 청구를 모두 기각하였다.[28] 원고들이 주장한, 이 판결의 주요 쟁점은 다음과 같다. 첫째, 원고들은 지방자치법 제4조 제3항부터 제7항이 종전의 해상경계선 기준을 배제하는 취지라면 이는 아무런 기준 없이 피고가 자의적으로 지방자치단체의 관할구역을 결정할 수 있도록 한 것이므로 지방자치제도의 본질을 침해하고, 헌법재판소의 권한쟁의심판 권한을 침해하며, 명확성원칙과 법률유보원칙에 위배된다고 주장한다. 둘째, 평택시장의 관할 귀속 결정신청이 부적법하다고 주장한다. 특히 지방자치법 제4조 제4항에서 매립지 관할 구속 결정의 신청권자로 규정한 "관련 지방자치단체의 장"은 '시·도지사'만을 의미하며, 기초 지방자치단체의 장인 평택시장은 포함되지 아니한다고 주장한다. 셋째, 지방자치단체중앙분쟁조정위원회의 심의·의결에 절차적 하자가 있다고 주장한다. 즉 심의·의결 당시에 관련 지방자치단체인 충청남도 소속 공무원을 퇴장시켜 의견진술의 기회를 박탈하고, 원고들의 사전동의 없이 전자문서로 이 사건 결정을 통보하였으며, 그 불복방법을 고지하지 않았다고 주장한다. 넷째, 피고의 매립지 관할 귀속결정이 재량권을 일탈·남용하여 위법하다고 주장한다.

2. 대법원 판결의 요지

(1) 지방자치법 제4조 제3항부터 제7항에서 행정안전부장관 및 그 소속 지방자치단체중앙분쟁조정위원회의 매립지 관할 귀속에 관한 의결·결정의 실체적 결정기준이나 고려요소를 구체적으로 규정하지 않았다고 하더라도 지방자치제도의 본질을 침해하였다거나 명확성원칙, 법률유보원칙에 반한다고 볼 수 없다.

(2) 지방자치법 제4조 제4항은 매립지 관할 귀속에 관하여 이해관

---

28) 대법원 2021. 2. 4. 선고 2015추528 판결.

계가 있는 매립면허관청이나 관련 지방자치단체의 장이 준공검사 전까지 행정안전부장관에게 관할 귀속 결정을 신청하도록 함으로써 행정안전부장관으로 하여금 가급적 신속하고 적절한 시점에 매립지 관할 귀속 결정을 하도록 촉구하고 있다. 이를 통해 행정안전부장관의 매립지 관할 귀속 결정 전에 토지소유자 또는 매립면허취득자가 임의로 특정 지방자치단체의 장에게 토지 신규등록을 신청하여 당연무효인 지적공부 등록이 이루어지는 상황을 예방하려는 데에 입법 취지가 있다. 따라서 매립면허관청이나 관련 지방자치단체의 장이 준공검사 전까지 관할 귀속 결정을 신청하지 않았다고 하더라도 그것이 행정안전부장관의 관할 귀속 결정을 취소하여야 할 위법사유는 아니라고 보아야 한다.

(3) 2009. 4. 1. 지방자치법 제4조의 개정 전에는 공유수면 매립지의 관할 귀속이 주로 '기초 지방자치단체들 상호간'의 권한쟁의심판 절차를 통해 결정되었고, 이러한 문제점을 해소하기 위하여 지방자치법의 개정에 의해 행정안전부장관의 매립지 관할 귀속 결정 절차가 신설되었다. 지방자치법 제4조 제4항에서 매립지 관할 귀속 결정의 신청권자로 규정한 '관련 지방자치단체의 장'에는 해당 매립지와 인접해 있어 그 매립지를 관할하는 지방자치단체로 결정될 가능성이 있는 '기초 및 광역 지방자치단체의 장'을 모두 포함한다.

(4) 피고가 이 사건 결정을 하면서 관련된 제반 이익의 비교·형량을 전혀 하지 않았거나 이익형량의 고려 대상에 마땅히 포함시켜야 할 사항을 누락한 경우 또는 이익형량을 하였으나 정당성·객관성이 결여된 경우에 해당한다고 보기 어려우므로, 이 사건 결정이 재량권을 일탈·남용한 위법한 처분이라고 할 수 없다.

3. 검토

대법원은 지방자치법 제4조가 지방자치제도의 본질을 침해하거나, 명확성원칙이나 법률유보원칙에 반한다는 원고의 위헌 주장을 받아들이지 아니하였다. 학설 중에도 지방자치법 제4조의 규정이 "체계정당성에 위반될 뿐만 아니라 합리성·비례성 및 형평성에 어긋나는 자의적 입법으로 위헌"이라는 견해도 있다.[29] 그러나 지방자치법 제4조를 위헌으로 보기는 어렵다.[30] 또한 대법원판결의 결론에 있어서는 대체로 동의하지만, 이 판결에서 명확성원칙이나 법률유보원칙의 심사는 미흡한 점이 있다. 원고의 주장이 모호하고 불명확하므로 이 부분에 대한 심사가 충분하지 않은 점도 있다. 그러나 행정소송에는 민사소송과 달리 직권탐지주의가 보완적으로 적용되므로 이러한 위헌 주장에 대해서도 충분히 논증할 필요가 있다(행정소송법 제26조 참조). 지방자치법 제4조 제6항은 지방자치단체중앙분쟁조정위원회의 심의·의결이나 행정안전부장관의 결정에 광범위한 재량을 부여하면서도, 그 구체적인 결정기준이나 고려요소를 규정하고 있지 않다.

한편, 대법원은 판결의 이유 부분에서 "공유수면 매립지의 경우 종전에 헌법재판소의 권한쟁의심판 절차를 통해 해상경계선을 기준으로 관할 지방자치단체가 결정됨에 따라 발생하는 문제들을 해소하기 위하여 특별히 행정안전부장관으로 하여금 일정한 의견청취절차를 거쳐 신중하게 관할 귀속 결정을 할 수 있는 권한을 위임하고 있는 것"이라고

---

29) 남복현, "지방자치법 제4조와 권한쟁의심판", 국가법연구 제13권 제1호(2017), 136 – 137면.
30) 이론적으로 지방자치법 제4조의 규정에 의해 지방자치단체의 자치권이 침해되었다고 보아 권한쟁의심판을 제기할 수 있는지가 논의될 수 있다. 헌법재판소법 제62조 제2호는 국가기관과 지방자치단체간의 권한쟁의를 규정하면서, 국가기관 중 '정부'만을 규정하고 있다. 이와 관련하여 정부에 국회도 포함된다고 보면서, 법률에 의한 구역의 효력을 헌법재판을 통해 다툴 수 있다고 보는 견해도 있다(이기우·하승수, 지방자치법, 77면).

밝히고 있다. 대법원은 해상경계선을 기준으로 한 헌법재판소의 권한쟁의심판이 문제가 있다고 지적하고 있지만, 개정된 지방자치법에서도 이러한 문제는 미해결의 상태로 남아 있다. 헌법재판소는 공유수면에 대한 지방자치단체의 관할구역 경계획정을 정할 때에 이에 관한 명시적인 법령상의 규정이 존재한다면 그에 따르고, 명시적인 법령상의 규정이 존재하지 않는다면 불문법상 해상경계에 따라야 하며, 이에 관한 불문법상 해상경계마저 존재하지 않는다면, 형평의 원칙에 따라 해상경계선을 획정할 수밖에 없다고 보고 있다.31) 이러한 형평의 개념이라는 기준도 포괄적이고 모호하다는 비판이 있는 것이 사실이다.32)

　　이러한 문제는 매립지의 경우에도 마찬가지이다. 2009. 4. 1. 지방자치법의 개정으로 지방자치단체중앙분쟁조정심의위원회의 심의·의결을 거쳐 행정안전부장관(당시 행정자치부장관)이 결정하도록 한 것만으로 이러한 제반 사항을 모두 고려해야 한다고 해석하는 견해도 있다.33) 그러나 지방자치법에는 지방자치단체중앙분쟁조정위원회의 심의·의결이나 행정안전부장관의 결정 등의 절차에 관한 규정을 두고 있을 뿐, 매립지의 관할 귀속결정에 관한 구체적 기준을 정하고 있지 않다. 법률의 규정만으로는 지방자치단체중앙분쟁조정위원회나 행정안전부장관에 어떠한 재량을 구체적으로 부여하고 있는지를 파악하기도 어렵다. 재량하자에 대한 사법적 통제를 위해서도 재량의 적정한 행사에 관한 자세한 기준을 규정하는 것이 바람직하다. 재량의 남용은 재량권을 수권한 입법자의 의도, 즉 법률상의 목적에 위배되는지 여부를 검토하는 것이다.

---

31) 헌재 2019. 4. 11. 2016헌라8 등, 판례집 31-1, 329; 헌재 2021. 2. 25. 2015헌라7, 공보 제293호, 364.
32) 승이도, "지방자치단체 사이의 해상경계 획정에 관한 헌법재판소 권한쟁의심판 연구: 인접·대향한 지방자치단체 사이에 존재하는 섬의 영향과 해상경계 획정의 새로운 대안 모색을 중심으로", 헌법학연구 제26권 제2호(2020. 6), 205면 이하.
33) 이일세, "지방자치단체의 관할구역에 관한 법적 고찰: 판례를 중심으로", 법학연구 제27권 제3호(충남대학교 법학연구소), 2016. 12, 93-94면.

대법원은 전술한 바와 같이 재량하자를 형량하자와 혼동하고 있는데, 이러한 점은 적절히 수정될 필요가 있다. 대법원 판결에서 적절히 제시하고 있는 바와 같이, 매립지의 귀속 결정을 위해서는 교통의 편의성 및 지리적 인접성, 전기·통신·가스·가스 등의 공급 효율성, 소관 행정청의 소재 및 행정의 효율성 등을 고려하여야 한다. 이러한 내용은 입법정책적 문제이지만, 이를 지방자치법 제4조 제6항의 각호에 구체적으로 규정하는 것이 바람직하다. 이와 관련하여 "공유수면 및 그 매립지의 관할권(내지 경계) 결정 기준 내지 원칙의 명확화(법제화)가 필요하다"는 주장도 대체로 동일한 입장이다.[34]

Ⅳ. 맺음말

대상판례는 향후에 매립지 분쟁에 대한 헌법재판소의 권한쟁의심판 권한의 행사와 관련하여 중요한 의미를 던져 주고 있다. 헌법재판소는 청구인들(충청남도 등)의 자치권한이 침해되거나 침해될 현저한 위험이 없다고 보아 각하결정을 내렸다. 이러한 결정으로 매립지 관할권 분쟁에 대한 헌법재판소와 대법원의 관할권 충돌은 피하였지만, 헌법재판소의 권한쟁의심판 권한을 배제할 우려가 있다. 대상판결에서 지방자치단체의 자치권 침해위험이 부인된 것은 아쉬운 점이다. 매립지에 관한 분쟁에 대한 사법통제의 일원화도 중요하지만, 헌법상 보장된 권한쟁의심판 권한을 배제하는 해석은 바람직하지 않다. 대법원 판결에서 보는 바와 같이, 지방자치법 제4조 제8항의 행정소송의 심사범위는 제한적이고 소극적일 수밖에 없다. 즉 행정안전부장관의 확인결정에 절차적 하자가 있는지, 또한 실체적 하자와 관련하여 재량의 일탈·남용이 있는지

---

34) 김희곤, "당진·평택 공유수면 매립지 관련 2015헌라3 결정과 지방자치법적 과제", 지방자치법연구 제20권 제3호(통권 제67호), 2020. 9, 106면.

를 심사한다. 이에 반해 권한쟁의심판은 지방자치단체의 자치권 침해를
비롯한 지방자치단체의 관할권 유무나 범위 등을 포괄적으로 심사할 수
있다. 지방자치법 제4조 제8항은 완결된 규정이 아니다. 행정안전부장
관의 결정을 위한 구체적인 판단기준이나 고려요소 등을 전혀 규정하지
않고 있으며, 그 재량하자의 판단은 전적으로 법원의 해석에 맡겨져 있
을 뿐이다. 지방자치단체의 자치권 침해에 대한 공법상 권리구제수단이
미흡하며, 그 구제수단도 대부분 권한쟁의심판과 기관소송을 통해 실현
되고 있다. 기관소송은 법률의 규정이 있는 경우에 한하여 제한적으로
인정된다(기관소송 법정주의). 다각적인 이해관계와 관련이 있는 매립지
분쟁에서 국가기관이 지방자치단체의 자치권(지역고권)을 침해할 경우
권한쟁의심판을 통해 이를 구제할 수 있는 길을 남겨두어야 한다. 지방
자치법 제4조의 규정만으로 대법원의 관할로 일원화되었다고 속단해서
는 아니 된다. 헌법재판소의 권한쟁의심판 결정과 대법원의 판결이 서
로 모순되는 결정을 피하기 위해서는 상호 권한과 입장을 존중하면서
신중한 결정을 내려야 할 것이다. 따라서 지방자치법 제4조 제8항의 소
송에서는 행정안전부장관의 결정이 위법한지를 심사하고, 지방자치단체
의 자치권 침해를 비롯한 매립지의 관할 귀속 결정이나 지방자치단체의
권한 유무나 범위 등을 다투는 경우에는 헌법재판소의 권한쟁의심판에
의하도록 하는 것이 바람직하다. 그러한 점에서 헌법재판소의 권한쟁의
심판과 지방자치법 제4조의 행정소송은 여전히 병존할 수 있다.

참고문헌

[국내문헌]

1. 교과서 및 단행본

김남진·김연태, 행정법 II, 제24판, 법문사, 2020.

김도창, 일반행정법론(하), 제4전정판, 청운사, 1992.

김하열, 헌법소송법, 박영사, 2018.

이기우·하승수, 지방자치법, 대영출판사, 2007.

이상규, 신행정법론(하), 신판, 법문사, 1996.

최우용, 지방자치법의 주요쟁점, 동방문화사, 2014.

허 영, 한국헌법론, 전정14판, 박영사, 2018.

_____, 헌법소송법론, 제2판, 박영사, 2007.

홍정선, 신지방자치법, 제3판, 박영사, 2015.

헌법재판소, 헌법재판실무제요, 제2개정판, 2015.

2. 논문

강재규, "지방자치단체의 구역: 바다 및 공유수면매립지의 귀속을 중심으로", 공법연구 제31집 제1호(2002. 11), 529－554면.

김동복, "공유수면매립지에 대한 지방자치단체간의 관할구역확정: 율촌제1 지방산업단지 관할권 다툼을 중심으로", 토지공법연구 제22집(2004), 87－108면.

김희곤, "당진·평택 공유수면 매립지 관련 2015헌라3 결정과 지방자치법 적 과제", 지방자치법연구 제20권 제3호(통권 제67호), (2020. 9), 69－116면.

남복현, "공유수면 매립지의 경계획정을 둘러싼 법적 분쟁에 있어 실체법 적 사항: 당진군과 평택시 간의 권한쟁의를 중심으로", 공법연구 제

38집 제1호 제2권(2009. 10), 207-236면.

남복현, "지방자치법 제4조와 권한쟁의심판", 국가법연구 제13권 제1호 (2017), 121-145면.

박진영, "공유수면 매립지의 행정구역 귀속과 관련한 권한쟁의심판청구의 적법성 고찰: 2009. 4. 1. 지방자치법(법률 제9577호) 제4조의 개정 이후에도 헌법재판소가 여전히 그 권한쟁의심판권을 가지는지 여부와 관련하여", 헌법학연구 제24권 제4호(2018. 12), 189-231면.

_____, "공유수면매립지 행정구역 귀속에 관한 권한쟁의심판 결정의 기속력: 헌재 2004. 9. 23. 2000헌라2 결정과 개정된 지방자치법 제4조 제3항 내지 제9항을 중심으로", 헌법재판연구 제3권 제1호(2016. 6), 3-26면.

이일세, "지방자치단체의 관할구역에 관한 법적 고찰: 판례를 중심으로", 법학연구(충남대학교 법학연구소) 제27권 제3호(2016. 12), 75-120면.

정남철, "자치쟁송의 구조변화와 지방자치단체의 권리구제체계의 재구축", 법조 통권 제740호(2020. 4), 78-113면.

조재현, "법률의 개정과 권한쟁의심판 결정의 기속력: 공유수면의 경계와 매립지의 관할결정에 관한 헌법재판소 결정을 중심으로", 헌법재판연구 제3권 제1호(2016. 6), 27-56면.

조정찬, "지방자치단체의 구역과 경계분쟁: 바다 및 공유수면매립지에 관한 분쟁을 중심으로", 법제 제522호(2001), 16-34면.

[독일문헌]

Burgi, Kommunalrecht, 6. Aufl., München 2018.

Hufen, Verwaltungsprozessrecht, 7. Aufl., München 2008.

Lechner/Zuck, BVerfGG, Kommentar, 7. Aufl., München 2015.

Schlaich/Korioth, Das Bundesverfassungsgericht, 9. Aufl., München 2012.

Würtenberger, Verwaltungsprozessrecht, 3. Aufl., 2011.

국문초록

　공유수면이나 매립지 등을 둘러싼 분쟁이 늘고 있으며, 헌법재판소와 대
법원 간의 관할 경합이나 판결의 중복이 발생할 우려도 있다. 대상판결에서
헌법재판소는 행정안전부장관의 결정이 확정됨으로써 비로소 관할 지방자치
단체가 정해지며, 그 이전까지 해당 매립지는 어느 지방자치단체에도 속하지
아니하므로 청구인들의 자치권이 침해되거나 침해될 현저한 위험이 없다고
결정하였다. 그러나 매립지에 대한 관할권이 다른 지방자치단체에 귀속될 가
능성이 있고, 청구인들은 매립 이전에 공유수면을 관할하고 있었기 때문에
행정안전부장관의 위법한 결정으로 공유수면에 대한 기존의 관할권이 침해될
수 있다. 지방자치법의 개정으로 매립지 분쟁에 대한 관할이 대법원으로 일
원화되었다고 단정할 필요는 없다. 대법원은 주로 행정안전부장관의 확인결
정이 재량권의 일탈·남용에 해당하는지를 심사하고 있다. 지방자치법 제4조
에는 행정안전부장관의 결정을 위한 구체적인 판단기준이나 고려요소 등을
명확히 규정하고 있지 않다. 매립지 관할 귀속에 관한 행정안전부장관의 결
정은 지방자치단체중앙분쟁조정위원회의 심의·결정에 기속되며, 행정안전부
장관이 공유수면 매립지를 비롯한 지방자치단체의 관할 구역을 창설적으로
형성한다고 보기 어렵다. 행정안전부장관의 결정은 공유수면 매립지가 어느
지방자치단체에 귀속되는지를 확인하는 성질을 가진다고 보는 것이 타당하
다. 결론적으로 헌법재판소의 권한쟁의심판과 지방자치법 제4조의 소송은 양
립할 수 있다. 지방자치단체의 자치권 침해나 권한의 존부나 범위 등을 다툴
때에는 헌법재판소의 권한쟁의심판에 의할 수 있다. 그러한 점에서 소위 "권
한쟁의심판의 보충성" 논의는 타당하지 않다. 지방자치단체의 자치권 침해를
포괄적으로 심사할 수 있도록 헌법재판소에 의한 권한쟁의심판의 길은 열려
있어야 한다.

주제어: 공유수면 매립지, 행정안전부장관의 결정, 권한쟁의심판의
보충성, 지방자치법 제4조의 행정소송, 침해위험,
지방자치단체의 자치권, 지방자치단체중앙분쟁조정위원회

Abstract

Legal issues regarding the jurisdiction and scope of examination for dispute resolution on public waters reclaimed land

Prof. Dr. Nam−Chul Chung*

Disputes over public waters, reclaimed land etc. are on the rise, and there are concerns that jurisdictional competition or overlapping rulings between Constitutional Court of Korea and Supreme Court of Korea will occur. In the target judgment, the Constitutional Court decides that the competent local government is determined only after the decision of the Minister of the Interior and Safety is finalized, and until that point, the public waters reclaimed land does not belong to any local government. However, since there is a possibility that the jurisdiction over the reclaimed land will belong to other local governments, and the claimants had jurisdiction over public waters before reclamation, the Minister of the Interior and Safety's illegal decision could infringe on existing jurisdiction over public waters. It is not necessary to conclude that the jurisdiction over reclaimed land disputes has been unified with the Supreme Court due to the amendment of the Local Autonomy Act of 2009. The Supreme Court mainly examines whether the confirmation decision made by the Minister of the Interior and Safety constitutes a deviation or abuse of discretion. Article 4 of the Local Autonomy Act does not clearly stipulate specific criteria for judgment or factors to be considered for the decision

---

* Sookmyung Women's University College of Law

of the Minister of the Interior and Safety. The decision of the Minister of the Interior and Safety regarding the relocation of the reclaimed land site is bound to the deliberation and decision of the Central Dispute Mediation Committee of Local Government, and it is difficult to say that the Minister of the Interior and Safety creates the jurisdiction of local governments, including the public waters reclaimed land. It is reasonable to see that the decision of the Minister of the Interior and Safety has the nature of confirming which local government the public waters reclaimed land belongs to. In conclusion, I think that the Adjudication of Competence Dispute of the Constitutional Court and the lawsuit under Article 4 of the Local Autonomy Act are compatible. When a local government infringes on autonomy or disputes the existence or scope of its authority, it may be subject to Adjudication of Competence Dispute by the Constitutional Court. In this respect, the discussion on the so—called "subsidiarity of the Adjudication of Competence Dispute" is not valid. In order to comprehensively examine the infringement of local governments' rights of autonomy, the path for Adjudication of Competence Dispute by the Constitutional Court must be open.

Keywords: public waters reclaimed land, decision of Ministry of the Interior and Safety, subsidiarity of Adjudication of Competence Dispute, administrative litigation under Article 4 of the Korean Local Autonomy Act, risk of infringement, autonomy of local governments, Central Dispute Mediation Committee of local governments

투고일 2021. 6. 4.
심사일 2021. 6. 30.
게재확정일 2021. 6. 30

용인경전철 주민소송 사건에 대한 고찰

김대인*

대상판결: 대법원 2020. 7. 29. 선고 2017두63467 판결

Ⅰ. 사실관계 및 판결의 개요

1. 사실관계

용인경전철 민간투자사업(이하 '이 사건 사업')은 구 사회간접자본시
설에 대한 민간투자법(2005. 1. 27. 법률 제7386호「사회기반시설에 대한 민간
투자법」으로 개정되기 전의 것, 이하 '구 민간투자법'이라고 한다) 제4조 제1호
의 '사회간접자본시설의 준공과 동시에 당해 시설의 소유권이 국가 또
는 지방자치단체에 귀속되며 사업시행자에게 일정기간의 시설관리운영
권을 인정하는 방식'(BTO 방식)으로 기흥역에서 전대·에버랜드역까지 15
개 역에 이르는 약 18km 구간에 경량 도시철도를 건설하여 운영하는

---

* 이화여자대학교 법학전문대학원 교수

사업이고, 피고(용인시장)가 주무관청이다.

기획예산처장관은 1999. 12. 31. 이 사건 사업을 민간투자사업으로 지정·고시하였다. 피고는 2000. 9. 6. 구 교통개발연구원(2005. 8. 17. '한 국교통연구원'으로 명칭이 변경되었다. 이하 명칭 변경 전후를 불문하고 '한국교 통연구원'이라고 한다)에 이 사건 사업의 '건설 타당성 분석 및 실행플랜 수립'에 관한 용역을 의뢰하면서 용역계약(이하 '이 사건 용역계약)을 체 결하였고, 한국교통연구원은 2001. 9. 5. 피고에게 용역보고서를 제출하 였다(이하 '2001년 한국교통연구원 용역보고서').

피고는 2001. 12. 31. 이 사건 사업의 '민간투자시설사업기본계획'을 고시하였고, 2004. 7. 27. 특수목적법인인 '용인경전철 주식회사'(이하 '용인경전철')와 이 사건 사업의 실시협약을 체결하였다. 피고와 용인경전 철은 ① 2001년 한국교통연구원 용역보고서의 이용수요 예측 결과와 ② 용인경전철이 별도로 미래교통연구원에 용역을 의뢰하여 제출받은 교통수요보고서를 기초로 2002. 7.경 작성한 사업계획서의 이용수요 예 측 결과를 기초자료로 삼아 협상을 하여, 1일 평균 추정 이용수요를 확 정하고, 이를 기초로 운영개시 예정일인 2009. 2. 1.부터 30년간의 연도 별 예상운임수입과 세부적인 계약내용을 확정하였는데, 여기에는 최소 운영수입보장 약정의 보장비율을 예상운영수입의 90%로 하는 내용이 포함되었다.

피고는 2005. 11. 15. 이 사건 사업의 실시계획을 승인·고시하였고 (용인시 고시 제2005-378호), 용인경전철은 2005. 12. 16. 건설공사에 착 수하여 건설공사를 완료한 뒤 3회에 걸쳐 용인시에 준공보고서를 제출 하였으나, 피고는 서류 미비 등의 사유로 위 준공보고서를 모두 반려하 였다. 이에 용인경전철은 2011. 1. 11. 이 사건 실시협약을 해지한 뒤, 2011. 2. 18. 국제상업회의소(ICC) 산하 국제중재법원(ICA)에 국제중재 를 신청하였고, 국제중재법원은 2011. 9. 26.(1차)과 2012. 6. 11.(2차)에 '용인시는 용인경전철에게 미지급 공사비 5,158억 9,100만 원과 기회비용 명목 2,627억 7,200만 원을 지급하라'는 내용의 중재판정을 하였다.

피고와 용인경전철은 2차 중재판정 직전인 2012. 4. 19. '이 사건 실시협약 해지를 철회하고, 최소운영수입보장 방식에서 연간사업운영비 보전방식으로 사업구조를 변경하며, 주무관청이 재가동 업무비용 350억 원을 부담한다'는 내용의 양해계약 및 재가동약정을 체결하고, 2013. 7. 25. 이를 구체화하는 내용의 실시협약 변경계약을 체결하였다. 용인경전철은 2013. 4. 26.부터 경전철 운행을 개시하였는데, 운영 첫해인 2013년의 실제 이용수요는 1일 평균 약 9천 명에 불과하였고, 2017년의 실제 이용수요는 1일 평균 2만 7천 명이었다.

원고들을 비롯한 용인시 주민들은 지방자치법 제16조에 따라 2013. 4. 11. 경기도지사에게 이 사건 사업과 관련하여 '추진과정의 문제점', '이 사건 실시협약의 문제점', '이 사건 실시협약 체결 이후의 문제점', '공사완료 이후의 문제점' 등에 관하여 주민감사를 청구하였다. 경기도지사는 2013. 6. 5.부터 2013. 7. 22.까지 48일간 용인시에 대한 감사를 실시한 후, 2013. 7. 30. ① 경전철 운영 활성화 프로젝트팀 설치·운영의 부적정, ② 계약직 임용 부적정, ③ 상업광고 협약체결 당시 경제성 분석 소홀, ④ 출자자 지분변경에 관한 업무처리 소홀을 지적하고, 위 지적사항에 관한 '주의 촉구' 등 4건의 행정조치 및 관련 공무원 9명에 대한 '훈계'처리를 하였다는 내용의 감사 결과를 공고하였다. 이에 원고들은 2013. 10. 10. 피고를 상대로 지방자치법 제17조 제1항 제2호, 제2항 제4호에 의하여 '해당 지방자치단체의 장 및 직원, 지방의회의원, 해당 행위와 관련이 있는 상대방에게 손해배상청구를 할 것을 요구하는 소송'(이하 '제4호 주민소송'이라고 한다)을 제기하였다. 청구의 내용을 표로 정리해보면 다음과 같다.

성명	직위	청구근거	청구금액
소외1	전 용인시장 (2002-2006)	철제차량 선정 및 공사비 과다지출, 분당선 연장지연 손실보상, 하도급업체선정관여, 기타	1조 32억원
소외2	전 용인시장 (2006-2010)	동백지구 조경공사, 재협상결과 미흡	2376억 5,300만원
소외3	전 용인시장 (2010-2014)	준공검사 미실시, 에버랜드 특혜제공	478억 8,000만원
소외 4	전 용인경전철 대표이사	용인경전철 자금횡령	1억 4천4백만원
소외 5	소외 1의 동생	소외 1 시장을 통해 수주, 회사자금 횡령 등	11억 3,324만원
소외 6, 7	용인시 공무원	소외 1과 동일	소외1과 연대하여 1조 32억원
소외 8	용인시 공무원	소외 2와 동일	소외2와 연대하여 2376억 5,300만원
소외 9	용인시 공무원	소외 3과 동일	소외3과 연대하여 478억 8,000만원
소외 17-19	한국교통연구원, 연구원	수요예측의 오류	교통연구원 및 소외 18-19는 소외 1과 연대하여 1조 32억원
소외 26-41	시의원	용인경전철 지원으로 캐나다, 미국 여행	생략
피고보조 참가인	경전철 프로젝트팀 정책보좌관	법무법인 선정으로 인한 손해배상청구, 위법한 공무원 임용으로 인한 부당이득반환청구	20억 5,000만원 + 3,781만원
기타	건설회사	하도급과정에서의 부당이득	309억+268억 + 188억+379억

2. 1심 및 원심

1심[37])에서는 법무법인 선정으로 인한 손해배상청구부분에 대하여 소외 3과 피고보조참가인의 부진정연대채무를 인정한 것(5억 5천만원) 이외에는 원고의 모든 청구를 각하 또는 기각하였다. 2심[38])에도 법무법인 선정으로 인한 손해배상청구부분에 대하여 피고보조참가인의 책임을 인정한 것(10억 2,500만원) 이외에는 원고의 모든 청구를 각하 또는 기각하였다. 각하가 된 부분들은 감사청구 전치주의의 요건을 갖추지 않았거나 재무회계사유에 해당하지 않는다는 점이 주된 이유이며, 기각이 된 부분들은 손해발생이 인정되지 않거나 청구의 내용이 특정되지 않았다는 점 등이 주된 이유이다.

3. 대법원 판결[39])

(1) 상고이유 제1점, 제4점에 관하여

가. 주민소송의 대상 판단 기준

(1) 주민소송 제도는 지방자치단체 주민이 지방자치단체의 위법한 재무회계행위의 방지 또는 시정을 구하거나 그로 인한 손해의 회복 청구를 요구할 수 있도록 함으로써 지방자치단체의 재무행정의 적법성, 지방재정의 건전하고 적정한 운영을 확보하려는 데 그 목적이 있다. 그러므로 주민소송은 원칙적으로 지방자치단체의 재무회계에 관한 사항의 처리를 직접 목적으로 하는 행위에 대하여 제기할 수 있고, 지방자치법 제17조 제1항에서 주민소송의 대상으로 규정한 '재산의 취득·관리·처분에 관한 사항', '해당 지방자치단체를 당사자로 하는 계약의 체결·이행

37) 수원지방법원 2017. 1. 16. 선고 2013구합9299 판결
38) 서울고등법원 2017. 9. 14. 선고 2017누35082 판결
39) 대법원 2020. 7. 29. 선고 2017두63467 판결

에 관한 사항' 등에 해당하는지 여부도 그 기준에 의하여 판단하여야 한다(대법원 2016. 5. 27. 선고 2014두8490 판결 참조).

(2) 이처럼 주민감사청구가 '지방자치단체와 그 장의 권한에 속하는 사무의 처리'를 대상으로 하는 데 반하여, 주민소송은 '그 감사청구한 사항과 관련이 있는 위법한 행위나 업무를 게을리한 사실'에 대하여 제기할 수 있는 것이므로, 주민소송의 대상은 주민감사를 청구한 사항과 관련이 있는 것으로 충분하고, 주민감사를 청구한 사항과 반드시 동일할 필요는 없다. 주민감사를 청구한 사항과 관련성이 있는지 여부는 주민감사청구사항의 기초인 사회적 사실관계와 기본적인 점에서 동일한지 여부에 따라 결정되는 것이며 그로부터 파생되거나 후속하여 발생하는 행위나 사실은 주민감사청구사항과 관련이 있다고 보아야 한다.

(3) 지방자치법 제17조 제2항 제1호부터 제3호까지의 주민소송은 해당 지방자치단체의 장을 상대방으로 하여 위법한 재무회계행위의 방지, 시정 또는 확인 등을 직접적으로 구하는 것인 데 반하여, 제4호 주민소송은 감사청구한 사항과 관련이 있는 위법한 행위나 업무를 게을리한 사실에 대하여 지방자치단체의 장 및 직원, 지방의회의원, 해당 행위와 관련이 있는 상대방(이하 '상대방'이라고 통칭한다)에게 손해배상청구, 부당이득반환청구, 변상명령 등을 할 것을 요구하는 소송이다. 따라서 제4호 주민소송 판결이 확정되면 지방자치단체의 장인 피고는 상대방에 대하여 그 판결에 따라 결정된 손해배상금이나 부당이득반환금의 지불 등을 청구할 의무가 있으므로, 제4호 주민소송을 제기하는 자는 상대방, 재무회계행위의 내용, 감사청구와의 관련성, 상대방에게 요구할 손해배상금 내지 부당이득금 등을 특정하여야 한다.

나. 소외 1 부분에 대한 판단

(가) 이 사건 제4호 주민소송은 원고들이 지방자치단체의 장인 피고에게 소외 1을 상대로 하여 위 주장과 같은 위법행위로 인하여 용인시

가 입은 1조 32억 원의 손해배상청구를 할 것을 요구하는 소송이다.

(나) 이 사건 소송의 심판대상은 원고들이 주장하는 소외 1의 위와 같은 행위가 이 사건 감사청구사항과 관련 있는 행위인지, 그러한 행위가 위법한 재무회계행위로서 민사상 불법행위책임이나 부당이득반환책임 또는 「회계관계직원 등의 책임에 관한 법률」(이하 '회계직원책임법'이라고 한다)에 의한 변상책임 등을 지는 행위인지 여부 및 요구 대상 손해배상액 등을 확정하는 것이다.

먼저, 이 사건 감사청구는 원심이 인용한 제1심판결 이유 기재와 같이 이 사건 실시협약 체결을 비롯하여 이 사건 사업과 관련하여 그 추진과정으로부터 공사완료 이후에 이르기까지 제반 문제점을 대상으로 하고 있고, 여기에 원고들이 주장하는 위와 같은 행위들이 모두 적시되어 있음을 알 수 있다. 따라서 이러한 행위들은 모두 이 사건 감사청구 사항의 기초인 사회적 사실관계와 기본적인 점에서 동일한 것으로서, 이 사건 감사청구한 사항과 관련 있는 행위들로 봄이 타당하다. 이 점에서 원심이 원고들이 주장하는 행위들 가운데 최소운영수입보장으로 인한 손해배상청구 부분에 대하여 본안에서 그 위법 여부를 판단하지 않고 원고들이 감사청구 당시 최소운영수입보장 약정이 구 민간투자법 시행령을 위반하였다는 내용을 직접적·명시적 감사청구대상으로 삼지 않았다는 이유로 제4호 주민소송의 대상에 해당하지 않는다고 보아 부적법하다고 판단한 것은 잘못이고, 이를 지적하는 상고이유는 정당하다.

다음으로, 원고들이 주장하는 위와 같은 행위들은 용인시에 이 사건 사업비를 지출하게 한 이 사건 실시협약 체결행위가 위법한 재무회계행위라고 평가할 수 있는 구체적 사정들임을 알 수 있다. 즉 위와 같은 행위들이 하나씩 분리되어 위법한 재무회계행위를 개별적으로 구성한다는 취지가 아니고, 위와 같은 일련의 행위들이 전체적으로 포괄하여 하나의 위법한 재무회계행위로서 민사상 불법행위책임 등을 지는 행위라는 취지이다. 따라서 법원으로서는 이 사건 실시협약 체결행위와 관련이 있는 모든 적극적·소극적 행위들을 확정하고 거기에 법령 위반 등의 잘못이 있는지 여부를 구체적으로 따져 본 다음 전체적으로 보아 그 위법 여부를 판단하여야 한다. 그런데도 원심은 소외 1의 위와 같은 행위들을 개별적으로 나누어 각각 민사상 불법행위에 해당하는지 여부와 그로 인하여 손해가 발생하였는지 여부 등을 판단하였으니, 이러한 원심의 판단에는 주민소송의 대상에 관한 법리를 오해한 잘못이 있다. 이를 지적하는 상고이유는 정당하다.

다. 한국교통연구원 및 연구원들 부분에 대한 판단

이 사건 용역계약은 한국교통연구원이 용인시에 용인경전철의 수요예측 등을 내용으로 하는 용역보고서를 작성하고 이에 대하여 용인시가 한국교통연구원에 용역대금을 지급하는 내용의 계약으로서, 이를 체결하고 그에 따라 수요예측 등의 내용을 담은 용역결과물을 제출받는 행위는 지방자치법 제17조 제1항에 정한 계약의 체결·이행에 관한 사항으로서 재무회계행위에 해당한다. 그리고 연구원들로부터 오류가 있는 용역보고서를 제출받은 것은 재무회계행위와 관련이 있는 위법한 행위이거나 업무를 게을리한 사실이고, 이러한 용역업무의 수행이 민사상 채무불이행이나 불법행위에 해당할 때에는 용인시는 그 상대방인 한국교통연구원이나 그 연구원들에게 손해배상청구 등을 하여야 한다.

그럼에도 원심은 한국교통연구원 등의 수요예측행위 자체는 지방자치단체의 재무회계행위에 해당하지 않는다는 이유로 이 부분 청구는 부적법하다고 판단하였다. 따라서 원심판결 중 한국교통연구원 및 연구원들에 대한 부분은 지방자치법 제17조 제1항의 주민소송의 대상 등에 관한 법리를 오해한 잘못이 있다. 이를 지적하는 상고이유 주장은 정당하다.

4. 상고이유 제2점에 관하여

지방자치단체의 장은 제4호 주민소송에 따라 손해배상청구나 부당이득반환청구를 명하는 판결 또는 회계직원책임법에 따른 변상명령을 명하는 판결이 확정되면 위법한 재무회계행위와 관련이 있는 상대방에게 손해배상금이나 부당이득반환금을 청구하여야 하거나 변상명령을 할 수 있다(지방자치법 제17조 제2항 제4호, 제18조 제1항, 회계직원책임법 제6조 제1항). 그리고 이에 더 나아가 상대방이 손해배상금 등의 지급을 이행하지 않으면 지방자치단체의 장은 손해배상금 등을 청구하는 소송을 제기하여야 한다(지방자치법 제18조 제2항). 이때 상대방인 지방자치단체의 장이나 공무원은 국가배상법 제2조 제2항, 회계직원책임법 제4조 제1항의 각 규정 내용 및 취지 등에 비추어 볼 때, 그 위법행위에 대하여 고의 또는 중대한 과실이 있는 경우에 제4호 주민소송의 손해배상책임을 부담하는 것으로 보아야 한다.

Ⅱ. 쟁점의 정리

이 사건은 실패한 민간투자사업(이하 민자사업)의 예로 자주 언급되는 용인경전철사업과 관련한 주민감사사건이다. 그동안 민간투자를 비롯한 민관협력에 대해서는 법학분야의 선행연구들이 있었지만,[40] 용인경전철 사업에 관한 법학적인 연구는 찾기가 쉽지 않았다.[41] 이번에 대법원에

---

[40] 박정훈, "행정법의 구조변화로서의 '참여'와 '협력' – 독일에서의 이론적 논의를 중심으로", 행정법의 체계와 방법론, 박영사, 2005; 강문수, 민간투자 SOC사업의 공공성 강화를 위한 법제정비 방안 연구, 한국법제연구원, 2019; 김중권, "민간투자사업자지정의 절차법적 문제점", 행정판례의 분석과 비판, 법문사, 2019 등.

[41] 용인경전철사업에 대한 선행연구로 김형진, 경전철 사업의 문제점과 개선방안, 국회입법조사처, 2012; 박민정, "지방정부의 민간투자사업과 거버넌스 이론적 함의:

서 주민감사와 관련된 판례가 나옴으로써 용인경전철 사례에 대해서 법
학적 연구를 할 수 있는 좋은 계기를 마련해주었다고 할 수 있다.

또한 이번 판결은 제4호 주민소송과 관련한 다양한 쟁점들(주민감사
와 주민소송의 관련성, 공무원 등의 고의 또는 중과실 요부, 손해배상금의 특정요
부 등)에 대해서 판단하고 있다는 점에서 의미가 크다고 할 수 있다. 그
동안 주민소송에 관해서는 다양한 선행연구들이 이루어진 바 있는데,[42]

경전철 건설사례의 문제점을 중심으로", 입법과 정책 제5권 제2호, 2013; 최선미·홍
준형, "민간투자사업 실패요인에 관한 연구 - 용인, 부산-김해, 전주 경전철 사례
를 중심으로 -", 한국거버넌스학회보 제21권 제2호, 2014; 김훈 외, 경전철 민자
사업 문제점 진단 및 해결방안 모색, 한국교통연구원 이슈페이퍼 17-02, 2017 등
이 있다.

42) 김치환, "일본 주민소송제도의 대상에 관한 고찰 - 신4호 청구를 중심으로", 경희법
학 제39권 제2호, 2004; 김용찬·선정원·변성완, 주민소송, 박영사, 2005; 함인선, "주
민소송의 대상에 관한 법적 검토", 공법연구 제34집 제4호 제1권, 2006; 조성규,
"지방자치단체의 책임성 제고수단으로서 주민소송제도의 의의와 한계", 지방자치
법연구 제7권 제4호, 2007; 최승원·양승미, "주민소송의 법적 성격에 대한 소고", 지
방자치법연구 제8권 제2호, 2008; 김지선, "주민소송의 문제점과 개선방안", 공법학
연구 제11권 제4호, 2010; 문상덕, "주민소송의 대상 확장: 위법성승계론의 당부 -
수원지법 2006구합4586 판결 및 서울고법 2008누35943 판결을 소재로 -", 지방자
치법연구 제10권 제3호, 2010; 이창림, 주민소송제도에 관한 연구 - 일본과의 비교
법적 연구를 중심으로, 고려대학교 법학박사학위논문, 2010; 최우용, "주민소송제
도의 한·일 비교 - 일본의 현황, 과제 그리고 한국에의 활용방안", 지방자치법연구
제28호, 2010; 박창석, "일본의 지방감사제도의 개혁동향 - 주민감사청구와 주민소
송의 실태 및 개혁 논의 -", 법과 정책연구 제12집 제4호, 2012; 박효근, "주민소송
제도의 현황 및 향후 과제", 한양법학 제40집, 2012; 최계영, "주민소송의 대상과
도로점용허가", 법조 최신판례분석 제65권 제9호, 2016; 강현호, "주민소송으로서
손해배상청구소송에 대한 법적 고찰 - 탄천변 도로공사 판례를 중심으로 -", 지방
자치법연구 제16권 제2호, 2016; 김태호, "부당이득반환청구를 요구하는 주민소송
- 지방의회의원 의정비 반환 소송에서조례의 사법심사를 중심으로 -", 행정판례
연구 제21권 제1호, 2016; 박형순, "주민소송의 이론과 실무 - 지방자치법 제17조
제2항 제4호 소송을 중심으로 한 고찰 -", 사법논집 제65집, 2017; 선정원, "도로
점용허가와 주민소송", 행정판례연구 제22권 제2호, 2017; 조경애, "주민소송제도의
문제점 및 최근 판례에 관한 검토 - 일본 주민소송제도와의 비교를 바탕으로 -",
일감법학 제39호, 2018; 신봉기·황헌순, "항고소송 대상 확대 대안으로서 주민소
송", 지방자치법연구 제20권 제4호, 2020; 이태정, "주민소송의 대상 - 대법원

특히 일본의 주민소송제도와 비교검토한 선행연구들이 많음을 볼 수 있
다.[43] 이번 판결은 일본에서도 사례를 찾아보기 힘든 민자사업에 관한
주민소송사건이라는 점에서도 연구의 가치가 크다고 할 수 있다.

　이 사건의 쟁점을 정리해보면 다음과 같다. 첫째, 주민감사 전치주
의의 관점에서 주민감사의 대상과 주민소송의 대상간의 관계를 어떻게
볼 것인가 하는 점이다. 둘째, 주민소송의 대상이 되는 재무회계행위의
범위를 어떻게 설정할 것인가 하는 점이다. 셋째, 주민소송에 따른 손해
배상책임의 요건을 어떻게 볼 것인가 하는 점이다. 넷째, 주민소송에 따
른 손해배상책임의 범위를 어떻게 볼 것인가 하는 점이다. 이하에서 차
례로 살펴보도록 한다.

Ⅲ. 주민감사 전치주의와의 관계

　이번 판례에서 주목할 만한 부분은 주민감사 전치주의의 요건을
매우 완화하여 해석하였다는 점이다. 1심과 원심에서는 대부분의 청구
에 대해서 주민감사 전치주의의 요건을 충족하지 못한 것으로 판단하였

2020. 7. 29. 선고 2017두63467 판결 —", 법조 제70권 제1호, 2021.
43) 일본에서는 1948년에 미군정의 영향으로 미국의 납세자소송(taxpayer's suit)을 모델
　　로 하여 지방자치법에 주민소송을 도입하였는데 처음에는 피고를 '해당 직원·상대
　　방'을 직접 피고로 하여 손해배상청구를 하는 대위소송의 구조였으나, 소송상대방
　　인 공무원 개인에게 지나치게 부담을 줄 수 있다는 점이 지적되어서 2002년 지방
　　자치법 개정을 통해 '집행기관 등'으로 피고를 바꾸어 손해배상요구를 하는 의무를
　　부과하는 소송의 구조로 변경되었다. 2002년 지방자치법 개정 이전의 주민소송을
　　'구4호 소송'으로, 개정 이후의 주민소송은 '신4호 소송'으로 칭하는 것이 일반적이
　　다. (宇賀克也, 地方自治法槪說 [第8版], 有斐閣, 2019, 358－361면; 김치환, "일본 주
　　민소송제도의 대상에 관한 고찰 – 신4호 청구를 중심으로", 경희법학 제39권 제2
　　호, 2004, 62－63면) 우리나라의 제4호 주민소송은 일본의 신4호 소송과 유사한 구
　　조를 취하고 있다. 따라서 본 논문에서도 필요한 부분에서 일본법제와 비교하여
　　검토하도록 한다.

으나, 대법원에서는 다음과 같은 일반적인 기준을 제시하면서 이들 청구들이 전치주의 요건을 충족한 것으로 보았다.

"주민감사청구가 '지방자치단체와 그 장의 권한에 속하는 사무의 처리'를 대상으로 하는 데 반하여, 주민소송은 '그 감사청구한 사항과 관련이 있는 위법한 행위나 업무를 게을리한 사실'에 대하여 제기할 수 있는 것이므로, 주민소송의 대상은 주민감사를 청구한 사항과 관련이 있는 것으로 충분하고, 주민감사를 청구한 사항과 반드시 동일할 필요는 없다. 주민감사를 청구한 사항과 관련성이 있는지 여부는 주민감사청구사항의 기초인 사회적 사실관계와 기본적인 점에서 동일한지 여부에 따라 결정되는 것이며 그로부터 파생되거나 후속하여 발생하는 행위나 사실은 주민감사청구사항과 관련이 있다고 보아야 한다."44)

위에서 제시한 기준을 보면 주민감사를 청구한 사항과 주민소송을 제기한 대상간에 '관련성'이 있으면 되고, 이러한 '관련성'은 '기본적 사실관계의 동일성'이 존재하는지 여부를 기준으로 판단하고 있음을 볼수 있다. 또한 '주민감사청구사항으로부터 파생되거나 후속하여 발생하는 행위와 사실들'은 이러한 기본적 사실관계의 동일성이 존재하는 것으로 보고 있음을 알 수 있다.

이러한 판시사항에 대해서는 주민소송이 지방자치행정에 대한 책임성 제고 및 주민의 민주적 참여수단으로 가지는 성격, 주민소송이 공익소송 및 민중소송에 해당하는 점, 이에 반해 그 활용은 미미한 상황에 비추어 주민소송의 대상을 지나치게 엄격하게 해석하지 않음으로써 주민소송의 기능과 성격에 부합하는 법리를 전개하였다는 긍정적인 평가가 있다.45)

---

44) 여기서의 '그로부터'는 '주민감사청구사항'을 지칭하는 것으로 해석된다.
45) 이태정, "주민소송의 대상 - 대법원 2020. 7. 29. 선고 2017두63467 판결 -", 법조

일본에서도 주민소송의 대상인 행위 또는 사실은 감사청구에 관계되는 행위 또는 사실과 동일한 것으로 한정하는 것을 요하지 않고 그 후 파생되거나 감사청구의 대상인 행위 또는 사실을 전제로 하여 후속하는 것이 당연하다고 예상되는 행위 또는 사실도 포함한다고 하여 양자의 동일성을 엄격하게 요하지 않는 태도를 취하고 있다.[46]

우선 대법원이 주민감사청구사항과 주민소송대상간의 관련성을 넓게 본 것은 타당하다. 주민소송을 통한 지자체의 위법한 재무회계행위에 대한 통제를 활성화하기 위해서는 주민감사 전치주의 요건을 엄격하게 해석할 필요는 없다고 보이기 때문이다. 지방자치법에서 주민감사 전치주의를 채택한 것 자체에 대해서 입법론적으로 비판이 많다는 점[47]에서도 해석론을 통해 이 요건을 완화한 것은 바람직하다.

다만 대법원에서 주민감사청구사항과 주민소송대상간의 관련성을 판단하는 기준으로 '기본적 사실관계의 동일성' 기준을 들고 있는 것이 타당한지는 검토의 여지가 있다. 주지하다시피 '기본적 사실관계의 동일성'은 행정소송 또는 행정심판과정에서 처분사유의 추가·변경의 기준 및 취소판결의 기속력의 범위판단의 기준으로 판례에서 활용되고 있는 기준이다. 그런데 처분사유의 추가·변경 및 취소판결의 기속력은 '피고(행정청)'가 주체가 되는 경우이고, 주민감사와 주민소송간의 관련성은 '원고(주민)'가 주체가 되는 경우이어서 논의의 측면이 다르다고 할 수 있다. 같은 '기본적 사실관계의 동일성'이라는 기준을 제시하면서 처분사유의 추가·변경의 범위나 취소판결의 기속력의 범위는 좁게 해석하고, 주민감사와 주민소송의 관계에서는 넓게 해석하는 것이 일관성을 갖는다고 보기는 힘들다.

제70권 제1호, 2021, 338면.

46) 岡山地裁 1977. 12. 27. 行集 28卷 12号 1380頁. 이창림, 주민소송제도에 관한 연구 – 일본과의 비교법적 연구를 중심으로, 고려대학교 법학박사학위논문, 2010, 186면.

47) 박효근, "주민소송제도의 현황 및 향후 과제", 한양법학 제40집, 2012, 128면; 김태호 외, 공익소송 제도의 현황과 개선방안, 사법정책연구원, 2017, 364면.

이러한 점을 고려하면 주민감사청구사항과 주민소송대상간의 관련
성을 판단할 때 '기본적 사실관계의 동일성'에 제한하지 말고, "1) 기본
적 사실관계의 동일성이 인정되는 행위나 사실 또는 2) 이러한 동일성
이 인정되는 행위나 사실로부터 파생되거나 후속하여 발생하는 행위나
사실"로 하여 보다 넓은 범위에서 관련성을 인정한다는 점을 좀 더 명
확히 하는 것이 타당하다. 이것이 '동일성'이 아닌 '관련성'을 요구하는
지방자치법의 문언에도 보다 부합한다고 할 것이다.[48]

Ⅳ. 주민소송의 대상이 되는 재무회계행위

1. 재무회계행위를 판단하는 방법

주민소송의 대상이 되는 재무회계행위를 판단함에서 있어서도 1심
및 원심과 대법원간에 차이가 존재한다. 1심과 원심은 소외인들의 행위
들을 개별적으로 나누어 각각 민사상 불법행위에 해당하는지 여부와 그
로 인하여 손해가 발생하였는지 여부 등을 판단하였으나, 대법원은 "이
사건 실시협약 체결행위와 관련이 있는 모든 적극적·소극적 행위들을
확정하고 거기에 법령 위반 등의 잘못이 있는지 여부를 구체적으로 따
져 본 다음 전체적으로 보아 그 위법 여부를 판단하여야 한다"고 판시
하였다. 이러한 전제하에 예를 들어 소외3을 상대방으로 하는 '사업방식
변경', '재가동 업무대금' 부분의 각 행위들[49]은 공금의 지출 내지 계약

48) 조성규 교수도 양자의 견련관계는 '동일성'을 요구하는 것이 아니라 '관련성'으로 충
분하다고 보고 있다. 조성규, "지방자치단체의 책임성 제고수단으로서 주민소송제
도의 의의와 한계", 지방자치법연구 제7권 제4호, 2007, 13면.
49) 원고들은, 용인시가 이 사건 실시협약을 위반하여 용인경전철에 준공검사를 내주지
않고, 이 사건 사업에 따라 보조금을 지급하는 방식을 최소운영수입 보장방식에서
연간사업운영비 보전방식으로 변경함으로써 126억 원의 손해를, 2012. 4. 19. 용인

의 체결·이행에 관한 사항으로서 전체적으로 포괄하여 하나의 위법한 재무회계행위를 이루는 구체적인 사정들이라고 판단하고 있다.

재무회계행위가 단절적으로 이루어지는 것이 아니라 일련의 연속적인 행위로 이루어진다는 점, 주민소송의 취지가 개별적인 재무회계행위를 문제삼기보다는 전체적인 행위를 문제삼으려는 데에 있다는 점을 고려하면 대법원이 재무회계행위의 위법여부를 전체적으로 판단해야 한다고 판시한 것은 타당하다. 특히 실시협약의 해지 과정에서 시의회의 동의를 얻지 않은 것도 재무회계행위에 포함하여 본 것은 중요한 계약의 진행과정에서 절차를 중시하는 결과를 가져올 수 있다는 점에서 긍정적으로 평가할 수 있다.

이러한 '재무회계행위의 전체적 판단'의 법리가, 간접적으로 비재무적인 행위까지 심사대상을 넓히는 수단이 된 '위법성의 승계' 법리와 어떤 관계에 놓이게 되는지를 검토해볼 필요가 있다. 즉, 대법원은 "선행행위가 현저하게 합리성을 결하여 그 때문에 지방재정의 적정성 확보라는 관점에서 지나칠 수 없는 하자가 존재하는 경우에는 지출원인행위 단계에서 선행행위를 심사하여 이를 시정해야 할 회계관계 법규상 의무가 있다"[50]라고 하여 선행행위의 위법성이 지출원인행위에 승계될 수 있다는 점을 인정하고 있다. 이러한 위법성의 승계법리는 학계에서 대

경전철과 사이에 재가동약정을 체결하면서 재가동 업무대금을 지급하여 350억 원의 손해를 각 입게 하였으므로, 피고에게 그 당시 시장인 소외 3을 상대방으로 하여 위 126억 원 및 350억 원의 손해배상금 청구를 요구할 것을 주장했다. 그리고 그 위법사유로 ① 정당하지 아니한 사유로 준공검사를 내주지 아니하여 이 사건 실시협약을 위반한 점, ② 이 사건 실시협약을 해지하는 과정에서 시의회의 동의를 받지 아니한 점, ③ 조례에 위반하여 용인경전철과 관련한 팀을 만든 점, ④ 무자격자를 공무원으로 채용한 점, ⑤ 국제중재사건에 대한 예측에 실패한 점, ⑥ 이 사건 실시협약의 해지로 용인시의 부담액이 증가한 점, ⑦ 이 사건 사업과 관련된 용인시의 재협상기회를 상실하게 한 점, ⑧ 용인경전철 개통에 있어서 절차를 준수하지 않은 점, ⑨ 용인시 시민들을 기망한 점 등을 들었다.
50) 대법원 2011. 12. 22. 선고 2009두14309 판결

체로 긍정적인 평가를 받고 있다.51)

　　위 두 가지 법리(재무회계행위의 전체적 판단의 법리, 위법성 승계의 법리)는 모두 간접적으로 비재무적 행위에 대해서 주민소송의 대상을 넓히는 논리가 된다는 점에서 공통점을 갖는다고 할 수 있다. 이 사건의 소외 3의 경우 ① 준공검사를 내주지 아니한 행위, ③ 용인경전철과 관련한 팀을 만든 점, ④ 무자격자를 공무원으로 채용한 점 등을 개별적으로 나누어서 보면 재무적 행위라고 보기 힘든 것이 사실이나, 대법원은 다른 사실관계들과 전체적으로 합쳐서 이들을 재무적 행위로 평가한 것을 볼 수 있다. 다음으로 이 두 가지 법리는 다음과 같은 차이점도 존재한다. 재무회계행위의 전체적 판단의 법리는 '재무회계행위' 자체로 인정하는 대상을 넓히는 법리라고 볼 수 있는 반면에, 위법성 승계의 법리는 '재무회계행위가 아닌 행위'에 대해서까지 간접적으로 심사가 이루어지도록 하는 법리이기 때문이다. 이러한 공통점과 차이점이 존재하지만, 이번 판례로 '재무회계행위'로 보는 대상이 넓어지게 되었고 이는 기존의 '위법성 승계'의 법리와 함께 주민소송을 활성화하는 계기가 되었다고 평가해볼 수 있다.

2. 교통수요예측행위가 재무회계행위에 해당하는지 여부

　　다음으로 한국교통연구원의 교통수요예측행위가 지방자치법 제17조 제1항에 정한 계약의 체결·이행에 관한 사항으로서 재무회계행위에 해당한다고 판시한 부분도 주목해서 볼 부분이라고 할 수 있다. 이 부분은 향후 민자사업 교통수요예측실무에 많은 영향을 미칠 수 있다는

---

51) 함인선, "주민소송에 있어서 이른바 '위법성의 승계'에 관한 검토 — 일본의 학설·판례를 중심으로 하여", 공법연구 제40집 제4호, 2014; 조성규, "지방자치단체의 책임성 제고수단으로서 주민소송제도의 의의와 한계", 지방자치법연구 제7권 제4호, 2007 등.

점에서 중요한 판시사항이라고 할 수 있다. 그동안 교통수요예측의 실패에 대해서 법적인 책임이 인정된 사례는 찾아보기가 힘들다. 그런데 이번에 이를 인정할 수 있는 길이 열렸다는 점에서 의미가 크다고 할 수 있다.

　　교통수요예측에 대한 법적 책임에 대해서는 다음과 같은 두 가지 상반되는 견해가 제시될 수 있다. 1) 교통수요예측이라는 것은 '예측'의 본질상 오류의 발생가능성을 내포하기 때문에[52] 결과론적으로 예측이 잘못 되었다고 하여 법적 책임을 묻는 것은 타당하다고 보기 힘들다는 견해가 하나이고, 2) 교통수요예측에서 반드시 반영되어야 하는 요소들이 누락되는 등 하자의 정도가 중대한 경우에는 법적 책임까지 물을 수 있어야 한다는 견해가 다른 하나이다.

　　대법원에서는 교통수요예측의 오류를 용역계약의 채무불이행으로 볼 수 있고 이 경우에는 손해배상책임이 인정될 수 있다는 취지로 판시하고 있는데, 이는 후자의 견해에 가까운 것으로 이해해볼 수 있다. 교통수요예측의 실패에 대해서 결과론적으로 접근하는 것, 다시 말해 예측실패가 있으면 당연히 법적 책임을 져야 한다는 식의 접근은 무리가 있다고 할 것이지만, 예측실패의 원인분석에 따라 하자가 중대한 경우에는 법적 책임이 발생할 수 있다고 보는 것이 타당하다. 이렇게 볼 때 교통수요예측에 있어서 좀 더 주의를 기울이게 될 것으로 기대할 수 있다. 따라서 교통수요예측에 대해서 주민소송의 대상이 될 수 있다고 본 대법원의 태도는 기본적으로 타당하다고 할 수 있다. 그러나 손해배상책임의 요건과 관련해서는 좀 더 검토해볼 여지가 있는데 이는 이어서 살펴보도록 한다.

---

52) 전세계 104개 유료도로 사업에 대한 교통수요예측의 비교결과 예측교통량 대비 실제교통량이 60−80%인 경우가 가장 많았다. 이처럼 교통수요예측은 상당한 오차가 근본적으로 내재하는 구조적 문제를 지니고 있는 작업이라는 점이 지적되고 있다. 정일호·김혜란, SOC 투자사업의 수요예측 신뢰성 제고방향: 수요예측의 낙관적 편의, 국토정책 Brief, 2010, 3−8면.

V. 주민소송에 따른 손해배상책임의 요건

1. 공무원의 책임

제4호 주민소송에서 손해발생 행위자의 주관적 요건으로 '고의 또는 중과실'을 요하는지, 경과실로 충분한 지에 대해서 1심에서는 1) 지방자치단체의 장 이외의 공무원과 2) 지방자치단체의 장을 구분하여 보았다. 1) 지방자치단체의 장 이외의 공무원은 지방재정법 제94조, 「회계관계직원 등의 책임에 관한 법률」(회계직원책임법) 제4조에 따른 변상책임의 요건은 회계관계공무원이 '고의 또는 중대한 과실로 법령이나 그 밖의 관계 규정 및 예산에 정하여진 바를 위반하여 지방자치단체의 재산에 손해를 끼친 경우에만 변상할 책임이 있음을 명언하고 있으므로 제4호 주민소송에서도 고의, 중과실을 요하는 것으로 보는 것이 타당하지만, 2) 지방자치단체의 장은 회계관계공무원[53] 등을 임명하는 지위에 있을 뿐이고 자신이 회계관계공무원에 해당하지 않음은 법문상 명백한 점, 지방자치단체의 장은 일반 공무원과는 달리 지방자치단체를 대표하고, 그 사무를 총괄하면서 소속 공무원을 지휘·감독하며, 해당 자치단체의 사무와 정책에 있어 최종 결정권을 가지는 지위에 있는 이상 일반 공무원에 비해서 보다 무거운 책임을 지우는 것이 타당한 점 등을 고려하면 지방자치단체의 장에 대해서는 위에서 본 구 지방재정법 등의 변상책임에 관한 규정이 준용될 수 없는 것으로 봄이 타당하다는 것이다.

그러나 원심과 대법원은 1) 지방자치단체의 장 이외의 공무원과 2) 지방자치단체의 장을 구분하여 보지 않고 모두 상대방인 지방자치단체의 장이나 공무원은 국가배상법 제2조 제2항, 회계직원책임법 제4조 제1항의 각 규정 내용 및 취지 등에 비추어 볼 때, 그 위법행위에 대하여

고의 또는 중대한 과실이 있는 경우에 제4호 주민소송의 손해배상책임을 부담하는 것으로 보아야 한다고 판시하여 지자체장이나 공무원은 '고의 또는 중과실'이 있는 경우에만 손해배상책임을 진다고 보았다.

일본의 경우 지방자치단체의 장과 일반직원을 나누어서 보고 있다. 1) '지방자치단체의 장'은 조례·예산 등 의회의 의결에 의한 사무를 자신의 판단과 책임하에서 성실하게 관리·집행할 의무가 있고, 예산안 편성 및 제출권, 재의요구권, 예산집행권 등 광범위한 권한을 가지고 있기 때문에 민법의 규정에 따라 '경과실'의 경우에도 책임을 지는 것으로 보는 것이 판례이다.[54] 2) '일반 직원'은 일본 지방자치법상 회계관계직원의 책임규정[55] 및 일본 국가배상법의 구상권 규정을 고려하여 일반직원에 대해서는 '고의 또는 중과실'에 대해서만 책임을 지도록 해야 한다는 견해가 많다.[56]

일본에서는 특히 지방자치단체의 장의 경우 경과실의 경우에도 책임을 지는 구조로 되어 있다 보니 이것이 너무 과하다는 인식하에 지방의회에서 지방자치단체의 장 등을 상대로 하는 손해배상청구권을 포기하는 의결을 하는 사례들이 있었고, 이러한 의결의 적법여부가 문제된 바 있다. 이에 대해 최고재판소는 주민소송의 대상이 된 손해배상청구권이 다양하기 때문에, 주민소송과 관련된 제반사정을 종합적으로 고려하여 그것을 포기하는 것이 지방자치단체의 민주적 행정운영의 확보를 목적으로 하는 지방자치법의 취지에 비추어 불합리하여 의회의 재량권

---

54) 最高裁 1986. 2. 27. 民集 40卷 1号 88頁. 학계에서는 국가배상법과의 관계에서 지방자치단체의 장에게 고의 또는 중과실을 요구해야 한다는 견해가 있으나, 이에 대해서는 국가배상법은 국가가 책임을 지는 것이 원칙이고 공무원에 대한 구상권행사는 부차적인 것에 머물지만, 제4호 주민소송에서는 개인의 책임을 추궁하는 것이기 때문에 경과실에 대해서 책임이 없다고 하는 것이 부당하다는 비판이 있다. 阿部泰隆, 住民訴訟の理論と実務─改革の提案, 信山社, 2015, 19면.
55) 일본 지방자치법 제243조의2 제1항
56) 伴義聖·大塚康男, 実務住民訴訟, ぎょうせい, 1997, 152면; 이창림, 위의 글, 80면에서 재인용.

의 범위를 일탈, 남용한 것에 해당하면 그 의결은 위법하다고 판시했다.[57] 이러한 일본의 경험은 경과실까지 책임을 물을 경우 발생할 수 있는 부작용을 잘 보여준다고 할 수 있다.

우리나라의 1심과 원심 및 대법원의 해석에 차이가 생긴 것은 지방자치단체의 장에 대해서 국가배상법 제2조 제2항의 취지까지 고려할 것인가 하는 점에서 차이가 났기 때문이다. 즉, 1심은 회계직원책임법만을 고려하고 국가배상법 제2조 제2항을 고려해서는 안 된다고 보았지만,[58] 원심 및 대법원은 국가배상법 제2조 제2항의 취지까지 고려해야 한다고 보았다.

이에 관해서 지방자치단체의 장과 일반직원을 구분하지 않고 중과실뿐만 아니라 경과실의 경우에도 책임을 지는 것으로 보아야 한다는 견해가 제시되고 있다. 4호소송에서 손해배상청구소송과 부당이득반환청구소송을 동등하게 규정하고 있는 점, 공공정책과 예산을 다루는 공무원들의 경우 도덕적 해이상태에 빠져 무분별한 판단을 할 가능성이 높다는 점, 지방자치단체 등으로부터 피해액을 배상받은 이후에 구상권이 문제되는 국가배상법 제2조의 법리가 4호소송에 적용된다고 보기는 힘들다는 점 등을 고려할 때 경과실의 경우에도 책임을 지는 것으로 보아야 한다는 것이다.[59]

그러나 원심과 대법원의 해석과 같이 지방자치단체의 장과 일반직

---

57) 最高裁 2012. 4. 23. 民集 66卷 6号 2789頁. 宇賀克也, 위의 책, 362-366면; 조경애, "주민소송제도의 문제점 및 최근 판례에 관한 검토 — 일본 주민소송제도와의 비교를 바탕으로 —", 일감법학 제39호, 2018, 183면.

58) 1심에서는 제4호 주민소송은 지방자치단체의 장, 일반 공무원 등이 해당 지방자치단체에 대해 위법한 재무회계행위로 손해를 입혔을 경우 그에 대한 배상 등을 구하는 소송으로서 원칙적으로 지방자치단체의 내부 관계에서의 책임 추급에 해당하므로, 대외적으로 타인에 손해를 배상한 후 내부적으로 구상권을 행사하는 경우를 전제로 한 국가배상법 제2조 제2항은 적용되거나 준용될 수 없다고 보았다.

59) 선정원, "4호 주민소송과 후속 책임소송에 있어 소송대상과 주관적 책임요건", 특별법연구 제17권, 2020, 35-38면.

원을 구분하지 않고 중과실 이상을 요구한다고 보는 것이 타당하다고 생각한다. 제4호 주민소송이나 국가배상법 제2조 제2항에 따른 구상권 행사 모두 최종적인 책임자를 확정하는 수단이라는 점에서 차이가 없기 때문에 제4호 주민소송에서도 국가배상법 제2조 제2항의 취지를 고려하는 것이 바람직하기 때문이다. 일본에서는 지방자치단체의 장에게 경과실의 경우에도 책임을 지도록 함에 따라 지방의회에서 손해배상청구를 포기하는 의결을 하는 문제가 발생한 것을 볼 수 있는데, 우리나라에서 유사한 시행착오를 거치지 않도록 하기 위해서도 지방자치단체의 장과 일반직원을 구분하지 않고 중과실 이상을 요구한다고 보아야 할 것이다.

2. 공무원 이외의 자의 책임

문제는 교통수요예측에 실패한 한국교통연구원이나 그 소속 연구원의 손해배상책임의 경우 경과실만 있어도 책임을 지는 것으로 볼 것인지, 아니면 공무원과 마찬가지로 '고의 또는 중과실'이 있는 경우에만 책임을 지는 것으로 볼 것인지 하는 점이다. 대법원은 이 부분에 대해서는 명시적으로 밝히고 있지는 않지만, 1심과 원심에서 "일반 공무원이 아니면서 위법한 재무회계행위와 관련된 당사자가 되는 상대방의 경우 민법상 채무불이행 또는 불법행위 규정에 따라 고의 또는 과실이 있는 경우에 손해배상책임을 부담하게 된다"라고 판시하고 있고, 대법원에서도 이 부분에 대해서 문제 삼고 있지 않기 때문에 결국 대법원은 한국교통연구원이나 그 소속 연구원의 경우 '경과실'만 있어도 책임을 진다는 입장에 서 있는 것으로 추정된다. 대법원이 교통수요예측의 오류에 대해서 계약상의 채무불이행의 법리로 접근하고 있는데 이는 경과실의 경우에도 책임을 진다는 전제에 서 있는 것으로 추정할 수 있는 근거가 된다.

그러나 대법원의 이러한 태도는 비판적으로 검토할 필요가 있다. 용인시와 용역계약을 체결하고 수요예측업무를 수행한 한국교통연구원(또는 그 소속 연구원)의 법적 지위를 일반인과 마찬가지로 취급하는 것이 타당한지 의문이기 때문이다. 대법원에서 주민소송을 통해 공무원(지방자치단체의 장 포함)에 대해서 손해배상책임을 물을 때에는 고의 또는 중과실을 요하도록 하고 있는 것은 국가배상법의 해석에 의한 것이라는 점을 고려하면, 국가배상법에서 동일하게 취급되고 있는 공무원 또는 공무수탁사인에 준하는 지위에 해당할 경우에는 제4호 주민소송에서도 고의 또는 중과실의 경우에만 책임을 진다고 해석하는 것이 균형 있는 해석이 된다고 할 수 있다.

이 사건의 경우 용인시와 연구용역계약을 체결하고 교통수요예측을 실시한 한국교통연구원[60]의 경우 '행정보조자'의 지위에 있는 것으로 보는 것이 타당하다. 사업타당성을 판단하는 것은 본래는 지방자치단체의 장의 업무로 보아야 하고, 교통수요예측은 이러한 사업타당성 판단을 지원하는 행위에 해당되며, 전문성확보를 위해서 계약을 통해 한국교통연구원에 교통수요예측업무의 대행을 요청한 것으로 볼 수 있기 때문이다. 그리고 이처럼 한국교통연구원을 행정보조자의 지위에 있는 것으로 보게 될 경우 '공무원 또는 공무수탁사인에 준하는 지위'에 있는 것으로 보아 고의 또는 중과실의 경우에만 책임을 진다고 보아야 할 것이다.

이러한 해석에 대해서는 다음과 같은 비판이 제기될 수 있다. 한국

---

[60] 한국교통연구원은 「정부출연기관 등의 설립·운영 및 육성에 관한 법률」에 따라 1987년 설립되었고, 교통수요예측 등 국가교통 연구개발 업무를 담당하고 있다. 그리고 동 연구원은 1999년부터 「국가통합교통체계효율화법」 제114조 및 같은 법 시행령 제114조 제2항의 규정에 따라 국토교통부로부터 국가교통조사 및 개별교통조사에 관한 자료·정보 등을 체계적으로 수집하여 제공하기 위한 '국가교통 데이터베이스의 구축운영업무'를 수탁하여 수행하고 있다. 감사원, 민간투자 교통사업의 수요예측 및 타당성조사 관리실태, 2013, 8-9면.

토지공사가 지자체장의 대집행권한을 위탁받은 경우 공무원의 지위가 아니라 행정주체의 지위로 보아야 한다고 본 국가배상관련 판례[61]의 법리가 바로 이 사건에 적용되어야 한다는 견해가 제시될 수 있다. 이 견해가 타당하다고 볼 경우 한국교통연구원은 경과실의 경우에도 책임을 져야 한다는 결론에 이르게 된다. 그러나 이 사건에서 한국교통연구원은 교통수요예측업무를 대행하는 위치에 머물기 때문에 행정주체의 지위로까지 인정하기는 곤란해서 이러한 비판은 타당하다고 보기 힘들다.

이러한 점을 고려하면 수요예측업무의 실패로 인한 책임을 한국교통연구원(또는 소속연구원)이 지는 것은 어디까지 고의, 중과실이 있는 경우에 한한다고 보는 것이 타당하다. 이러한 점에서 한국교통연구원(또는 소속연구원)의 교통수요예측오류에 대해서 경과실만 있어도 책임을 진다고 보는 것은 타당하다고 보기 힘들다.

Ⅵ. 주민소송에 따른 손해배상의 범위

1. 손해배상금의 특정요부

대법원은 제4호 주민소송을 제기하는 자는 상대방에게 요구할 손해배상금액 내지 부당이득액금 등을 특정하여야 한다고 판시하고 있다. 이 소송의 결과에 따라 지방자치단체장에게 손해배상청구나 부당이득반환청구소송을 해야 할 의무가 주어지기 때문이라는 것이다. 이 점에 있어서는 1심과 원심도 동일한 입장이라고 할 수 있다.

일본에서도 신4호 주민소송의 경우 특정의 손해배상청구권의 행사를 소송을 통해서 구하는 것이기 때문에 당해 손해배상금액이 특정되지

---

61) 대법원 2010. 1. 28. 선고 2007다82950,82967 판결

않으면 안 된다는 입장을 취하고 있다. 원고가 손해배상금액을 소제기시에 특정하기 어려운 경우도 있으므로 일단 손해배상금액을 특정하지 않고 소송을 제기하는 것을 허용하고 소송제기 후 일정시점에서 이를 특정할 수 있도록 하자는 견해도 있었지만 입법적으로 채택되지는 못했다. 피고의 방어권, 소액산정 등에서 난점이 있고 손해배상금액을 특정하는 일정시점을 법률에 명시하는 것이 어렵다고 판단되었기 때문이다.[62]

그러나 손해배상금액을 특정하기 위해서 필요로 하는 자료를 원고인 주민들은 거의 가지고 있지 않은 반면에 피고인 집행기관등이나 보조참가를 하게 되는 당해직원·상대방은 이에 관한 자료들을 갖고 있는 경우가 많기 때문에, 청구의 기초에 변경이 없고 보조참가인의 공격방어의 기회를 박탈하지 않는 범위 내에서 청구금액의 변경을 유연하게 허용하는 것이 바람직하다고 보고 있다.[63]

그리고 일본의 신4호 주민소송에서는 피고인 집행기관등의 손해배상의무만을 확정하고, 구체적인 손해금액은 2단계 소송에서 확정하는 것은 입법자의 의도가 아님이 명확하다고 본다. 일단 청구권이 특정되지 않은 상태에서 청구권을 행사할 의무를 부과한다는 것이 논리적으로 문제가 있으며, 주민참가를 통해 재무행정의 적법성을 확보하고자 하는 주민소송의 목적, 당해직원·상대방에게 소송참가가 허용된다는 점, 청구권을 확정하고 집행기관등에게 이를 명하도록 하려는 신4호 주민소송의 취지 등을 고려할 때 신4호 주민소송에서 손해배상금액까지 확정하려고 하는 것이 입법자의 의도라는 것이다.[64]

우리나라에서 이 문제에 대해서 어떻게 볼 것인지에 대해서는 두 가지 견해가 나누어질 수 있다. 1) 대법원과 마찬가지로 주민소송에서

---

62) 安本典夫, "住民訴訟·新四号訴訟の構造と解釈", 立命館法学 2003年 6号, 2003, 395−396면.
63) 安本典夫, 위의 글, 396면.
64) 成田賴明, "住民訴訟制度の見直しの経過と争点──新四号訴訟を中心に──", 法律のひろば55巻8号, 2002, 50면. 安本典夫, 위의 글, 397면에서 재인용.

손해배상금액을 특정해야 한다고 보는 견해(적극설)와 2) 주민소송에서는 손해배상책임의 발생여부만 판단하고 구체적인 손해배상금액은 2단계 소송에서 확정되면 족하므로 주민소송에서 손해배상금액까지 특정할 필요는 없다는 견해(소극설)가 그것이다. 적극설은 금액의 특정이 없이 손해배상청구의 의무만을 추상적으로 부여할 경우 2단계 소송이 필수적으로 요구될 수밖에 없는 구조가 되어 실제로 손해배상을 받기 까지 지나치게 많은 기간이 소요된다는 관점에서 주민소송 단계에서 손해배상금액까지 특정되는 것이 필요하다는 입장을 취하게 된다. 소극설은 제4호 주민소송에서 손해발생책임자의 소송참가가 의무화되어 있는 것은 아니기 때문에 이들의 절차적 권리가 충분히 보장되지 않은 상태에서 손해배상금액까지 특정되는 것은 곤란하고 따라서 구체적인 손해배상금액은 2단계 소송에서 정해지는 것이 적절하다는 입장을 취하게 된다.

　　결론적으로 대법원이 취한 적극설이 타당하다고 판단된다. 논리적으로만 보면 주민소송이 대위소송의 구조가 아니라 2단계의 소송구조를 채택하고 있는 상태이기 때문에 주민소송에서 손해배상금액의 특정이 필수적으로 요구된다고 보기는 힘들다. 그러나 제4호 주민소송의 입법취지를 2단계 소송이 이루어진 이후에 비로소 손해배상금액이 확정되는 것으로 이해하기는 곤란하고 1단계 주민소송에서 정해진 손해배상금액이 원칙적으로 정해지고 이를 손해발생책임자가 배상하는 것을 원칙으로 하되 이에 따르지 않을 경우에 한해 2단계 소송까지 가는 구조로 이해하는 것이 타당하다. 이러한 해석이 신속한 손해배상을 가능토록 하여 주민소송의 실효성을 확보하게 된다는 점에서 바람직하다.

　　그런데 이처럼 주민소송에서 판결된 손해배상금액이 2단계 소송에 어떠한 효력을 미치는지 문제는 별개의 문제인데, 이는 이어서 살펴보도록 한다.

2. 제4호 주민소송의 기판력의 객관적 범위

이번 대법원 판결에서 판단하지는 않았지만 제4호 주민소송의 기판력의 객관적 범위를 살펴볼 필요가 있다. 제4호 주민소송에서 원고의 청구를 인용하는 판결이 확정된 경우 그에 따라 지방자치단체가 해당 직원이나 상대방을 피고로 삼아 제기한 손해배상청구 등의 2단계 소송에서 1단계 주민소송당시 쟁점이 되었던 손해배상청구권의 '존부' 및 그 '범위'에 관한 판단에 기속되는 것으로 볼 것인지 하는 점이다. 이에 대해서는 기속이 되므로 2단계 소송은 단기간 내에 종결되는 것이 타당하다는 견해(기판력 긍정설)와 소송당사자가 다른 이상 기속되지 않는 것으로 보아야 한다는 견해(기판력 부정설)가 나누어질 수 있다.

기판력 긍정설은 1단계 주민소송에서도 피고인 지방자치단체의 장으로 하여금 해당 직원 등에게 소송고지를 하도록 하고 있고 이렇게 소송고지가 될 경우 참가적 효력이 미치기 때문에 해당 직원 등이 1단계 주민소송에 참가를 하지 않았다고 하더라도 2단계 소송에서 상반되는 주장을 할 수 없다고 보게 되는데 이것이 다수의 견해이다.[65] 기판력 부정설은 통상 1단계 주민소송에서는 해당 직원 등이 보조참가를 하는 등으로 소송에 관여하지 않은 이상 손해배상책임 등의 발생 및 범위에 관하여 본인에게 유리한 증거나 주장(과실상계) 등을 적극적으로 하지 못하는 경우가 많으므로 2단계 소송에서 다시 이 부분을 다툴 수 있게 해야 한다는 견해를 취하게 된다.[66]

---

65) 김용찬·선정원·변성완, 주민소송, 박영사, 2005, 214면; 서울행정법원 실무연구회, 행정소송의 이론과 실무(개정판), 2014, 622면; 함인선, "주민소송에서의 이른바 4호 소송과 관련한 법적 제문제: 일본의 학설판례를 중심으로 하여", 저스티스 통권 제108호, 2008, 237면; 김태호, "부당이득반환청구를 요구하는 주민소송 – 지방의회 의원 의정비 반환 소송에서 조례의 사법심사를 중심으로 –", 행정판례연구 제21권 제1호, 2016, 138–139면.

66) 박현순, "주민소송의 이론과 실무 – 지방자치법 제17조 제2항 제4호 소송을 중심으로 한 고찰 –", 사법논집 제65집, 2017, 58면에서 언급되고 있는 견해이다.

만약 대법원의 태도와 같이 1단계 주민소송에서 손해배상금액의 특정을 요하고 이에 더해 2단계 소송에 대한 기판력 긍정설을 취하게 될 경우, 1단계 주민소송에 참가를 하지 않은 직원 등은 본인에게 유리한 증거나 주장을 제출할 기회를 갖지 못하고 확정적인 금액의 손해배상책임 등을 지게 되는 문제가 발생할 수 있다. 특히 1단계 주민소송에서 피고인 지방자치단체의 장이 타인이 책임을 지게 되는 손해배상금액까지 열심히 다투지 않을 가능성이 높다는 점에서도 문제가 있다.

이에 관해서 일본에서는 다음과 같은 견해가 제시되고 있다. 민사소송에서 인정되고 있는 소송고지에 따른 참가적 효력의 발생법리를 신4호 주민소송에는 제한적으로 적용할 필요가 있다는 것이다. 신4호 주민소송에서는 피고(집행기관등)와 손해발생책임자(당해직원·상대방)의 이해관계가 오히려 상반된다는 점을 고려할 때, 피고와 같은 이해관계를 가진 소외인을 상대로 소송고지를 하여 참가적 효력을 인정하는 민사소송법에서의 소송고지의 법리를 그대로 적용하는 것이 적절치 않다는 것이다. 따라서 이 견해는 신4호 주민소송의 실효성을 확보하면서도 손해발생책임자의 절차권 보장간의 균형을 이루기 위해서는 손해배상책임의 '존부'와 손해배상의 구체적인 '금액'을 나누어서 전자에 대해서는 기판력이 미친다고 보면서, 후자에 대해서는 기판력이 미치지 않는 것으로 볼 필요가 있다고 주장한다.[67]

이러한 견해는 우리나라에서도 타당한 것으로 생각된다. 지방자치단체의 장이 피고가 되는 제4호 주민소송의 구조상 손해발생책임자가 소송참가를 하지 않는 한 피고가 해당 직원 등을 위해서 손해배상책임의 범위에 관해서 유리한 주장을 적극적으로 해줄 것을 기대하는 것은 곤란한 상황이다. 2단계 소송이 지방자치단체의 장과 손해발생책임자간에 이루어지게 되기 때문에 어떻게 보면 주민소송단계는 '적과의 동침'

---

67) 伊藤宣, "地方自治法242条の3第4項にいう訴訟告知に基づく裁判の効力: 入札談合の主張に起因する住民訴訟を素材として", NBL No. 914, 2009, 21-22면.

의 성격을 갖게 된다. 이러한 점에서 민사소송법상의 소송고지 및 참가적 효력의 법리를 그대로 적용하는 데에는 한계가 있다고 보아야 한다. 특히 과실상계는 주민소송단계에서는 주장하기 힘들기 때문에 이러한 주장을 2단계 소송에서 할 수 있도록 허용할 필요가 있다.

이러한 점을 고려하면 손해배상'금액'에 대해서는 기판력이 미치지 않는다고 보는 것이 타당하다. 그러나 제4호 소송에서 판단된 손해배상책임의 '존부'에 대해서는 기판력이 미친다고 보는 것이 타당하다. 그렇지 않을 경우 제4호 주민소송 이후에 다시 완전히 새롭게 2단계 소송이 이루어지는 셈인데 이는 절차의 낭비로 보지 않을 수 없고 제4호 주민소송의 실효성을 현저하게 약화시키기 때문이다.

이처럼 1단계 주민소송에서 특정금액의 손해배상의무가 인정된 이후에도 2단계 소송에서 이에 대해서 다툴 수 있도록 해야 한다는 견해에 대해서는 다음과 같은 반론이 제기될 수 있다. 2단계 소송에서는 지방자치단체의 장이 원고가 되고 해당 직원 등이 피고가 되기 때문에 원고가 적극적으로 소송에 임하지 않을 가능성이 높고 이 경우 손해배상금액이 제대로 인정되지 못할 가능성이 존재한다는 반론이 그것이다.[68] 그러나 지방자치단체의 장이 2단계 소송을 성실하게 수행하지 않음으로 인해 손해배상금액이 적절하게 인정되지 못할 경우 이것 자체가 또 다른 주민소송의 대상이 될 수도 있기 때문에 '2단계 소송에서 원고의 부실한 소송수행의 우려'를 지나치게 강조하는 것은 설득력이 있다고 보기 힘들다.

3. 이 사건에서 손해배상의 구체적인 범위

다음으로 이 사건에서 손해배상의 범위를 어떻게 볼 것인지 하는

---

68) 이러한 담합소송의 우려에 대해 언급하고 있는 문헌으로 김치환, 위의 글, 73면.

문제가 제기된다. 이번 대법원 판결에서는 주민소송의 대상자체가 되는
지 여부가 주로 쟁점이 되다가 보니 손해배상의 범위에 대한 논의가 충
분히 이루어지지 않았음을 볼 수 있다. 이 부분은 향후 파기환송심에서
상세하게 다루어지게 될 것으로 보이는데 청구된 금액이 소외인에 따라
서는 1조원을 넘는 천문학적 금액이라는 점에서 손해배상의 범위를 어
떻게 정할 것인지 하는 점이 중요한 쟁점이 될 것으로 보인다.

　　일본의 경우 과도한 손해배상책임을 제한하기 위해서 다양한 논의
가 이루어진 바 있다. 최고재판소 판결에서 착오나 법령해석의 오류로
인한 사무처리로 손해가 발생할 경우 당해 지방자치단체의 장의 일정기
간의 연간급여액 등을 기준으로 손해배상의 범위를 제한하는 것이 필요
하다는 보충의견이 제시되기도 하였다.[69] 이후 제31차 지방제도조사회
답신에서도 경과실의 경우 지방자치단체의 장이나 직원의 손해배상책
임을 제한하는 방안에 대한 논의가 이루어졌다.[70]

　　그 결과 2017년도에 지방자치법의 개정을 통해 직원 등이 직무를
수행함에 있어서 선의로 하였고 중대한 과실이 없는 경우 배상책임금액
의 상한액을 정하고 그 이상의 금액에 대해서는 면책하는 내용의 조례
를 제정하는 것이 가능하도록 하였다. 이러한 조례를 제정할 경우 면책
에 대한 참작기준과 면책의 하한액은 정령으로 정해진다. 지방의회는
이러한 조례의 제정 또는 개폐에 관한 의결을 하고자 하는 때에는 미리
감사위원의 의견을 청취해야 한다.[71]

　　이러한 일본의 손해배상책임의 제한에 관한 논의는 민간기업 또는
독립행정법인등의 직원의 손해배상책임면제액과 균형을 맞추기 위한
것이고 주로 경과실에 초점이 맞추어져 있다고 할 수 있다. 우리나라에
서는 일본과 달리 고의, 중과실에 대해서만 지방자치단체의 장이나 공

69) 最高裁 2012. 4. 23. 民集 66卷 6号 2789頁.
70) 宇賀克也, 위의 책, 367면.
71) 일본 지방자치법 제243조의 2 제1항, 제2항

무원이 책임을 지기 때문에 손해배상책임의 제한에 대한 일본에서의 논의를 그대로 적용하는 데에는 한계가 있다.

　　그러나 우리나라에서도 고의, 중과실의 경우라고 하더라도 손해배상책임의 범위를 적정하게 결정함으로써 '정당한 책임귀속의 원리'가 구현되도록 하는 것이 필요하다. 이를 위해서 다음의 점들을 고려하는 것이 필요하다. 우선 소외인의 불법행위와 인과관계가 있는 손해부분에 한정하여 배상금액을 인정하는 것이 필요하다. 더 나아가 이번 사건의 책임은 단순히 민사법적인 관점에서만 접근할 것은 아니고 정책실패에 대한 법적 책임이라는 공법적인 관점이 반영될 필요성이 있다. 이 경우 비례원칙과 같은 행정법의 기본원리를 고려하여 배상금액이 정해지는 것이 바람직하다. 이를 위해서 민사소송으로 이루어지는 해당 소송에서는 과실상계, 형평의 원칙 등에 따라 배상금액을 적절하게 제한하는 것이 필요하다.[72]

　　손해배상의 범위와 관련해서 추가적으로 살펴볼 점은 1심부터 대법원에 이르기까지 일관되게 손해배상이 인정된 법무법인 선정과 관련된 손해배상 부분이다. 피고보조참가인은 소외 13에게 용인시를 대리하여 국제중재업무를 대리할 소송대리인으로 법무법인 A를 선임해야 하고 이는 내정된 사안이라는 취지로 이야기하며 소외 13 등으로 하여금 법무법인 A에 유리한 방식으로 평가기준표 항목을 수정하게 하고, 법무법인 A로 하여금 평가기준표에 적합하도록 선임료를 감액한 수정 제안서를 다시 제출하도록 하였으며,[73] 평가위원들로 하여금 평가기준표에

---

72) 예컨대 한국교통연구원을 상대로 교통수요예측의 오류를 원인으로 1조원대의 손해배상청구가 이루어졌는데, 교통수요예측에 오류가 발생하게 된 원인을 면밀하게 분석하여 책임인정여부와 책임범위를 판단할 필요가 있다. 예를 들어 수요예측이 이루어졌던 2002년 당시에 예측하지 못했던 사정들(2007년부터 수도권 통합환승할인제가 도입되었고, 2008년부터 경부고속도로의 중앙버스전용차로제가 시행됨으로 인해 버스의 통행시간이 단축되고 버스요금이 인하되는 등 경쟁수단인 버스의 경쟁력이 향상된 사정)이 충분히 고려되어야 할 것이다. 감사원, 경전철 건설사업 추진실태, 2013, 20면.

법무법인 A에 일방적으로 높은 점수를 주도록 하는 등의 위법한 방법으로 법무법인 A가 국제중재업무에서 용인시의 대리인으로 선정되도록 하였다고 한 점이 문제가 되었다. 이러한 사실이 인정되어 1심에서는 5억 5천만원의 손해배상액이 인정되었고,[74] 원심에서는 10억 2,500만원이 인정되었으며,[75] 대법원에서는 원심의 내용이 확정되었다.

위와 같은 사실관계를 토대로 보면 법무법인을 선정하는 과정에서 위법성이 존재하는 것은 명백한 것으로 보인다. 그런데 손해배상액을 산정하는 과정에서 경쟁회사의 수임료(또는 착수금)와 단순비교하여 차액을 손해배상액수로 인정한 것이 타당한지는 의문이다. 수천억원이 달린 국제중재사건을 수행하는 법무법인을 선정하는 과정에서 수임료만을 기준으로, 다시 말해 저렴한 수임료를 제시했는지 여부만을 기준으로 판단하는 것은 곤란하다고 할 수 있다.[76] 이렇게 볼 경우 손해배상액수도 양 법무법인의 수임료(또는 착수금)만을 기준으로 차액으로 산정하는 것이 타당하다고 보기는 힘들다.

Ⅶ. 결론

대상판결은 지자체의 대표적인 재정낭비사례로 언급되고 있는 용인

---

73) 수임료로 법무법인 A는 30억원(최초 40억원을 제안했다가 감액하여 제안한 금액이다, 착수금은 15억원), 법무법인 B는 9억 5천만원(착수금은 4억 7,500만원)을 제안했다.

74) 15억원(용인시가 법무법인 A에 지급한 착수금) ― 9억 5천만원(법무법인 B가 용인시에 제안한 수임료) = 5억 5천만원

75) 15억원(용인시가 법무법인 A에 지급한 착수금) ― 4억 7,500만 원(법무법인 B가 용인시에 제안한 착수금) =10억 2,500만원

76) 이 사건 수임계약이 최저가낙찰이 적용되는 계약은 아니었던 것으로 보인다. 공공조달법의 관점에서 보면 용역계약에서 가격만을 기준으로 낙찰자를 선정하는 방식은 바람직하다고 보기 힘들며, 최적가치(value for money)를 달성할 수 있는 낙찰자를 선정하는 것이 중요하다고 볼 수 있다.

경전철 민간투자사업에 대하여 주민소송을 통한 법적 책임을 인정하였다는 점에서 의미가 매우 큰 판결이라고 할 수 있다. 특히 1심과 원심이 감사청구 전치주의의 요건을 엄격하게 해석한 데 비해서 대법원에서는 이를 완화하여 해석하였다는 점, 1심과 원심이 주민소송의 대상이되는 재무회계행위의 개념을 좁게 이해한 데 비해 대법원에서 이를 넓게 이해하였다는 점, 공무원(지방자치단체의 장 포함)의 책임이 고의, 중과실에 대해서만 인정된다는 점을 명확하게 한 점, 손해배상금 등의 특정을 요구한 점 등은 긍정적으로 평가할 수 있다.

그러나 대법원에서 감사청구대상과 주민소송대상간의 '관련성'을 '기본적 사실관계의 동일성'이라는 '동일성'을 기준으로 판단하고 있는 점, 한국교통연구원의 법적 지위를 충분히 고려하지 않고 교통수요예측실패에 대해서 경과실 책임이 인정된다고 보고 있는 점, 법무법인 선정과 관련하여 수임료(또는 착수금)만을 근거로 기계적으로 손해배상액을 산정하고 있는 점 등은 비판의 여지가 있다.

그리고 대법원에서 명시적으로 판단하지는 않았지만 1단계 주민소송이 2단계 손해배상청구소송에 미치는 효력에 대해서 손해배상책임의 '존부'와 손해배상의 '금액'을 나누어서 살펴볼 필요가 있다. 민사소송의 소송고지와 참가적 효력의 법리를 그대로 받아들이는 것은 제4호 구조의 특성을 고려할 때 문제가 있다고 할 수 있다.

몇 가지 아쉬운 점에도 불구하고 이 판결은 향후 무분별한 민자사업이 진행되는 것을 예방하는 데에 크게 기여할 것으로 보인다. 이 판결을 계기로 주민소송이 보다 활성화되고 지방자치단체의 재무회계행위가 건전하게 이루어지게 되길 기대해본다.

참고문헌

[국내문헌]

감사원, 경전철 건설사업 추진실태, 2013.

감사원, 민간투자 교통사업의 수요예측 및 타당성조사 관리실태, 2013.

강문수, 민간투자 SOC사업의 공공성 강화를 위한 법제정비 방안 연구, 한국법제연구원, 2019.

강현호, "주민소송으로서 손해배상청구소송에 대한 법적 고찰 - 탄천변 도로공사 판례를 중심으로 -", 지방자치법연구 제16권 제2호, 2016.

김강수 외, 민간투자 도로사업의 교통수요 예측위험가치, 한국개발연구원, 2012.

김용찬·선정원·변성완, 주민소송, 박영사, 2005.

고길곤 외, "종합적 접근으로서의 정책실패 사례연구: 경전철 사업 사례를 중심으로", 행정논총 제53권 제1호, 2015.

김중권, "민간투자사업자지정의 절차법적 문제점", 행정판례의 분석과 비판, 법문사, 2019.

김지선, "주민소송의 문제점과 개선방안", 공법학연구 제11권 제4호, 2010.

김치환, "일본 주민소송제도의 대상에 관한 고찰 - 신4호 청구를 중심으로", 경희법학 제39권 제2호, 2004.

김태호, "지방자치법상 손해배상청구를 요구하는 주민소송의 대상과 위법 사유의 심사방법", 대법원판례해설 제89호, 2011.

김태호, "부당이득반환청구를 요구하는 주민소송 - 지방의회의원 의정비 반환 소송에서 조례의 사법심사를 중심으로 -", 행정판례연구 제21권 제1호, 2016.

김태호 외, 공익소송 제도의 현황과 개선방안, 사법정책연구원, 2017.

김형진, 경전철 사업의 문제점과 개선방안, 국회입법조사처, 2012.

김훈 외, 경전철 민자 사업 문제점 진단 및 해결방안 모색, 한국교통연구
　　원 이슈페이퍼 17-02, 2017.

문상덕, "주민소송의 대상 확장: 위법성승계론의 당부 - 수원지법 2006구
　　합4586 판결 및 서울고법 2008누35943 판결을 소재로 -", 지방자치
　　법연구 제10권 제3호, 2010.

박민정, "지방정부의 민간투자사업과 거버넌스 이론적 함의: 경전철 건설
　　사례의 문제점을 중심으로", 입법과 정책 제5권 제2호, 2013.

박정훈, "행정법의 구조변화로서의 '참여'와 '협력' - 독일에서의 이론적
　　논의를 중심으로", 행정법의 체계와 방법론, 박영사, 2005.

박창석, "일본의 지방감사제도의 개혁동향 - 주민감사청구와 주민소송의
　　실태 및 개혁 논의 -", 법과 정책연구 제12집 제4호, 2012.

박형순, "주민소송의 이론과 실무 - 지방자치법 제17조 제2항 제4호 소송
　　을 중심으로 한 고찰 -", 사법논집 제65집, 2017.

박효근, "주민소송제도의 현황 및 향후 과제", 한양법학 제40집, 2012.

서울행정법원 실무연구회, 행정소송의 이론과 실무(개정판), 2014.

선정원, "도로점용허가와 주민소송", 행정판례연구 제22권 제2호, 2017.

선정원, "4호 주민소송과 후속 책임소송에 있어 소송대상과 주관적 책임
　　요건", 특별법연구 제17권, 2020.

신봉기·황헌순, "항고소송 대상 확대 대안으로서 주민소송", 지방자치법연
　　구 제20권 제4호, 2020.

이태정, "주민소송의 대상 - 대법원 2020. 7. 29. 선고 2017두63467 판결
　　-", 법조 제70권 제1호, 2021.

이창림, 주민소송제도에 관한 연구 - 일본과의 비교법적 연구를 중심으로,
　　고려대학교 법학박사학위논문, 2010.

정일호·김혜란, SOC 투자사업의 수요예측 신뢰성 제고방향: 수요예측의
　　낙관적 편의, 국토정책 Brief, 2010.

조경애, "주민소송제도의 문제점 및 최근 판례에 관한 검토 - 일본 주민
　　소송제도와의 비교를 바탕으로 -", 일감법학 제39호, 2018.

조성규, "지방자치단체의 책임성 제고수단으로서 주민소송제도의 의의와
　　한계", 지방자치법연구 제7권 제4호, 2007.

최계영, "주민소송의 대상과 도로점용허가", 법조 최신판례분석 제65권 제
　　9호, 2016.

최선미·홍준형, "민간투자사업 실패요인에 관한 연구 - 용인, 부산-김해,
　　전주 경전철 사례를 중심으로 -", 한국거버넌스학회보 제21권 제2
　　호, 2014.

최승원·양승미, "주민소송의 법적 성격에 대한 소고", 지방자치법연구 제
　　8권 제2호, 2008.

최우용, "주민소송제도의 한·일 비교 - 일본의 현황, 과제 그리고 한국에
　　의 활용방안", 지방자치법연구 제28호, 2010.

함인선, "주민소송에서의 이른바 4호소송과 관련한 법적 제문제: 일본의
　　학설판례를 중심으로 하여", 저스티스 통권 제108호, 2008.

함인선, "주민소송의 대상에 관한 법적 검토", 공법연구 제34집 제4호 제
　　1권, 2006.

함인선, "주민소송에 있어서 이른바 '위법성의 승계'에 관한 검토-일본의
　　학설·판례를 중심으로 하여", 공법연구 제40집 제4호, 2014.

[외국문헌]
成田賴明, "住民訴訟制度の見直しの経過と争点──新四号訴訟を中心に─
　　─", 法律のひろば55巻8号, 2002.

田中孝男, "地方監査制度の改革と住民監査請求·住民訴訟制度", 会計検査研
　　究 No.44, 2011.

阿部泰隆, 住民訴訟の理論と実務─改革の提案, 信山社, 2015.

安本典夫, "住民訴訟·新四号訴訟の構造と解釈", 立命館法学 2003年 6号,
　　2003.

宇賀克也, 地方自治法概説 [第8版], 有斐閣, 2019.

伊藤宣, "地方自治法242条の3第4項にいう訴訟告知に基づく裁判の効力:
　　入札談合の主張に起因する住民訴訟を素材として", NBL No. 914,

2009.

下山憲治, "住民訴訟制度の改正と課題 ― 地方自治法等の一部を改正する
　　法律について ―", 自治総研 通巻471号, 2018.

紺野卓, "住民監査請求の請求範囲 についての一考察", 専修マネジメント
　　・ジャーナル Vol. 8 No. 2, 2018.

국문초록

대상판결은 지방자치단체의 대표적인 재정낭비사례로 언급되고 있는 용인경전철 민간투자사업(민자사업)에 대하여 지방자치법상 제4호 주민소송을 통한 법적 책임을 인정하였다는 점에서 의미가 큰 판결이라고 할 수 있다. 특히 1심과 원심이 감사청구 전치주의의 요건을 엄격하게 해석한 데 비해서 대법원에서는 이를 완화하여 해석하였다는 점, 1심과 원심이 주민소송의 대상이 되는 재무회계행위의 개념을 좁게 이해한 데 비해 대법원에서 이를 넓게 이해하였다는 점, 공무원(지방자치단체의 장 포함)의 책임이 고의, 중과실에 대해서만 인정된다는 점을 명확하게 한 점, 손해배상금 등의 특정을 요구한 점 등은 긍정적으로 평가할 수 있다.

그러나 대법원에서 감사청구대상과 주민소송대상간의 '관련성'을 '기본적 사실관계의 동일성'이라는 '동일성'을 기준으로 판단하고 있는 점, 한국교통연구원의 법적 지위를 충분히 고려하지 않고 교통수요예측실패에 대해서 경과실 책임이 인정된다고 보고 있는 점, 법무법인 선정과 관련하여 수임료(또는 착수금)만을 근거로 기계적으로 손해배상액을 산정하고 있는 점 등은 비판의 여지가 있다.

몇 가지 아쉬운 점에도 불구하고 이 판결은 향후 무분별한 민자사업이 진행되는 것을 예방하는 데에 크게 기여할 것으로 보인다. 이 판결을 계기로 주민소송이 보다 활성화되고 지방자치단체의 재무회계행위가 건전하게 이루어지게 되길 기대해본다.

주제어: 주민소송, 제4호 주민소송, 주민감사, 민간투자사업, 용인경전철, 교통수요예측

Abstract

A Study on the Resident's Suit in Relation to Yongin Everline
Commentary on the Supreme Court 2020. 7. 29. 2017Du63467 —

Dae—in Kim*

The Supreme Court decision (2020. 7. 29. 2017Du63467) is very meaningful in that this decision, through 'Local Autonomy Act' No.4 resident's suit, acknowledged the legal responsibility to Yongin Everline Public Private Partnership (PPP) projects which is criticized for abuse of local government's finance. In contrast to first—tier & second—tier court, the Supreme Court relived the mandatory resident's audit condition and widened the concept of 'financial accounting act' as an object of resident's suit. Furthermore, the Supreme Court clarified that the public officer(including the head of local government) is responsible only for willful or gross negligence and plaintiff should specify the scope of indemnification. These points can be evaluated positively.

However, following points should be criticized. The Supreme Court saw 'relationship' between resident's audit and resident's suit from the perspective of 'similarity.' Furthermore, the Supreme Court deemed plain negligence is sufficient for legal responsibility of 'Korea Transport Institute' without consideration of its legal status and calculated mechanically on the scope of indemnification in relation to selecting law

---

* Professor, Ewha Womans University, School of Law

firm for international arbitration.

In spite of a few points which should be criticized, this decision will contribute tremendously to prevent reckless PPP projects. Based on this decision, resident's suit is expected to be actively implemented and local government's 'financial accounting acts' are conducted reasonably.

Keywords: Resident's Suit, No.4 Resident's Suit, Resident's Audit, Public Private Partnership (PPP), Yongin Everline, Transport Demand Forecast

투고일 2021. 6. 4.
심사일 2021. 6. 30.
게재확정일 2021. 6. 30

外國判例 및 外國法制 研究

最近(2020) 미국 行政判例의 動向과 分析 (김재선)

最近(2020) 미국 行政判例의 動向과 分析

김재선*

Ⅰ. 들어가며

1. 2020년 미국 연방대법원의 구성과 활동

    2020년 연방대법원은 존 로버츠 대법관이 대법원장을 맡고 있으며, 총 9명의 대법관 중 긴즈버그 대법관이 2020년 9월 사망함에 따라 트럼프 대통령은 보수 성향의 에이미 배럿 대법관을 임명하였으며, 현

---

* 부산대학교 법학전문대학원 부교수, J.D., 법학박사(Ph.D.).

재 연방대법원은 보수성향 6, 진보성향 3으로 구성되어 있다. 2020년 주요 판례들은 2020년 6－7월에 걸쳐 이루어졌고, 대부분 긴즈버그 대법관이 참여하여 판결이 이루어졌다.

연방대법원은 2019－2020년 회기(2019년 10월－2020년 6월) 동안 총 74건의 사건이 회부되었으며, 이 중 11건은 COVID－19 유행으로 인하여 다음 회기에 다루게 되어 총 63건의 판결이 이루어졌다.[1] 또한, 2020년 10월부터 시작된 2020－2021년 회기동안 44개 사건을 심리하였으며 이 중 3건이 최종 판결이 이루어졌다. 미국 연방대법원은 평균적으로 한 회기당 76건의 사건을 판단하는데 반하여 이번 회기에는 COVID－19으로 인하여 63건만을 판단하였다. 2020년 3월 12일부터 연방대법원의 업무가 정지되었으며, 2020년 4월 13일부터는 화상회의를 통하여 구술심리를 시행하기도 하였다. 또한, 일반적으로 미국 연방대법원의 중요 판례가 6월에 이루어지는 반면 올해는 휴정기간으로 인하여 7월까지 연방대법원 판결이 이루어졌다.

2. 2020년 미국 연방대법원 주요 판례

2020년 연방대법원에서 이루어진 판결 중 공법적으로 주로 의미있는 판결로는 (i) 트럼프 대통령에 대한 의회조사 및 형사소추 사건, (ii) 대통령 선거를 앞두고 선거인단의 반대투표 배제 가능성에 관한 사건, (iii) 연방행정절차법과 관련하여 국토안전부의 DACA 프로그램 폐지의 합헌성 논의, (iv) 오바마 행정부에서 이루어진 건강보험개혁법상 보험 프로그램(Risk－Corridor Program)에서 발생한 손실에 대한 국가 책임 사건이 있었다. 우선, (i) 사건에 관하여는 의회조사의 인정범위 및 삼권분립의 원칙에 따라 대통령의 재정정보가 포함되는지가 논의되었다. 다

---

1) 미국 연방대법원 홈페이지 참조.

음으로 (ii) 2016년 대통령 선거에서 총 7명의 선거인단이 지정된 후보
가 아닌 제3의 후보를 선택하여 주정부에서 선거인단의 투표내용을 강
제하는 법안을 제정하였는데, 이러한 주법이 비밀투표의 원칙 등 투표
의 자유를 제한한다는 주장에 대한 판단이 이루어졌다. (iii) 연방행정절
차법과 관련하여 국토안전부의 DACA 프로그램 폐지가 특별한 공법적
정당화 요소 없이 내부 지침에 해당하는 국토안전부장관의 성명서
(Memorandum)로 이루어지고 이후 이민국의 조치까지 이루어지면서 연
방행정절차법 적용대상인지 여부와 행정부의 재량을 남용하였는지 여
부가 논의되었다. (iv) 오바마 행정부에서 이루어진 보험 프로그램 중
2014-2016 3년간 손실보전을 규정한 건강보험개혁법에 근거하여 보험
사들이 연방정부에 손실보전을 요구하였으며, 건강보험법이 계약법리에
따른 배상요구의 근거가 될 수 있는지가 논의되었다.

그 밖의 판례로는 미국 대통령의 푸에르토리고 특별위원회 위원
임명의 성격, 주 규칙이 개정된 경우 소의 이익, 성적 지향을 이유로 한
직장 내 차별 금지, 종교단체의 의료보험 범위에 낙태비용이 포함되어
야 하는지 여부 등이 논의되었다.

Ⅱ. 2020년 미국 연방대법원 주요 판례

1. 대통령 재정정보에 대한 의회조사 인정 가능성 (Trump v. Mzars)[2]

1) 논의의 배경

2019년 미국 하원 3개 위원회(하원 금융위원회, 하원 정보국, 하원 감사

---

2) Trump v. Mzars USA, LLP, 591 U.S.＿ (2020).

개혁위원회)는 대통령의 공직자 윤리와 관련된 사항을 조사하기 위하여 필요하다는 것을 근거로 트럼프 대통령, 대통령의 자녀, 대통령 관련 사업장에 대한 재무기록을 요구하는 소환장을 발령하였다. (1) 우선, 하원 금융위원회(The House Committee on Financial Services)는 금융 회사(도이치뱅크와 캐피털 원(Capital One))에 대하여 대통령과 관련된 해외 거래 내역, 사업보고서, 부채 납기, 순 자산, 세금환급보고서 등과 관련 기록을 제출하도록 요구하였다. 또한, 하원 정보국 상설위원회(Permanent Select Committee on Intelligence)는 도이치뱅크에 동일한 정보를 요구하였다. (2) 한편, 하원 감사개혁위원회(Committee on Oversight and Reform)는 트럼프 대통령의 회계법인(Mazars)에 관련 회계장부를 제출할 것을 요구하였다.

이에 대하여 트럼프 대통령은 연방의회는 대통령을 조사하기 위한 입법적 의도가 인정되지 않으며, 소환장 발령은 권력분립의 원칙에 반한다고 주장하였다. 우선, 트럼프 대통령의 회계법인(Mzars) 사건에서 DC 항소법원은 하원 감사개혁위원회는 하원 규칙에 따라 대통령에 대한 탄핵소추권을 갖고 있으며, 대통령의 재정정보에 대한 합법적인 조사권한을 갖고 있으므로 대통령의 직무와의 연관성을 밝히는데 필수적인 정보에 대한 소환장을 발령할 권한이 있다고 판단하였다. 또한, 도이치뱅크 사건에서 제2항소법원은 정보국 상설위원회는 국가 안보에 영향을 미칠 수 있는 정치과정에 대한 외국 세력의 개입여부 등을 조사하기 위하여 조사권한을 가지므로 소환장을 발령할 수 있다고 판단하였다. 두 사건은 병합되어 연방대법원에서 판단되었다.

  2) 미국의 의회조사제도

  미국의 의회조사 제도는 미국 헌법 등에 명시적인 규정은 없으며 연방헌법 제2조에 규정된 연방의회의 독자적 입법권에 근거하는 것으로, 일반적으로 입법활동의 목적(legislative purpose)에 필요성이 인정되는 경우 의회는 적절한 범위 내에서 의회조사권을 행사할 수 있으며,

이 경우 행정부가 성실하게 법을 준수하고 있는지에 대한 조사권도 인정되어 왔다.[3] 연방대법원 또한 의회조사권을 비교적 광범위하게 인정하여 왔다. 대표적으로 1791년 조지워싱턴 대통령은 오하이오주 원주민과의 전투에서 패배한 세인트클레어 장군의 사임을 요구하는 과정에서 의회는 해당 사건에 대한 조사권한을 발휘하였으며, 2000년 리처드 닉슨 대통령의 워터게이트 사건에서 의회는 대통령의 탄핵소추를 위하여 조사권한을 발휘하였다. 또한 타이타닉호 침몰, 베트남 전쟁 등 주요 사안에서도 조사권한을 발휘하여 왔다. 다만, 의회조사권은 시민의 사적 정보에 관한 일반적인 조사권한을 부여받았다고 볼 수 없으므로[4] 특별한 정당화 요소(justification)가 있지 않는 한 사적 관계에 관한 조사권한은 인정될 수 없다고 볼 수 있다.[5]

의회조사는 주로 미국 의회 내 위원회(상임위원회, 특별위원회, 합동위원회)에서 증인소환, 증언청취, 자료제출요구, 청문회 개최 등의 방법으로 실시되며 조사 목적은 (1) 법안 검토 (2) 입법을 위한 현안조사 (3) 연방정부에 대한 감독과 점검을 위하여 필요한 범위 내에서 행사하게 된다.[6] 이 중 트럼프 대통령에 관한 행정조사에 관하여는 현재 민주당이 다수의석을 차지하고 있는 하원을 중심으로 이루어지고 있으며 "트럼프 그룹의 세금납부, 대외정책, 이민정책, 러시아 스캔들" 등을 주된 조사대상이 되고 있다. 연방대법원은 의회조사에 협조하는 것은 "모든 미국 시민의 의무"라고 하였으며, 의회의 면책특권 등 특별한 사유가 있지 않는 한 누구나 소환명령에 대하여 응할 의무가 있다고 판단하였다.

3) 법원의 판단

판단의 주요 쟁점은 의회(사안에서 하원)가 대통령의 회계담당 회사

---

3) Watkins v. United States, 354 U.S. 178 (1957).

4) Kilbourn v. Thompson, 103 U.S. 168 (1880).

5) Watkins v. United States, 354 U.S. 178 (1957).

6) Bruns, Roger A., David Hostetter, and Raymond W. Smock, ed., Congress Investigates: A Critical and Documentary History, Revised Edition, 2011.

인 피고(Mzars LLP)에게 발령한 소환장(subpoenas)에서 대통령으로서 특권사항에 해당하지 않는 재정적 기록(non-privileged financial records)(대통령과 가족의 개인적 사업에 대한 재정 정보)을 제출할 것을 요구하는 것이 헌법상 허용되는지에 관한 것이었다.

7인의 다수의견은 우선, 역사적으로 대통령의 기록에 대한 의회의 요구는 법원의 개입 없이 정치적 협상과 타협을 통하여 해결되어 왔다는 점을 강조하며, 두 선출된 정부("the two elected branches of Government") 사이의 권력배분에 관하여 법원이 불가피하게 개입할 수밖에 없게 되었다는 점을 전제하였다. 다음으로, 다수 의견은 의회조사권은 헌법 또는 법률에 규정되어 있지 않으나7) 그간 연방대법원은 하원이 의회조사를 위해 정보를 요구할 권한이 있고, 그러한 권한은 입법활동을 효과적으로 하기 위하여 불가피(indispensable)하지만, 범위는 입법활동과 관련된 범위로 제한되어야 한다고 판단하였다.8) 따라서 의회조사의 소환장(subpoena)은 (i) 정당한 입법목적이 있어야 하고, (ii) (법집행은 행정부의 역할이므로) 법집행을 위한 소환장 발령은 인정되지 않으며, (iii) 의회의 소환장을 받은 자는 조사과정에서 헌법적 권리를 보장받는다. 연방대법원은 특히 피고 측(대통령)이 닉슨 대통령의 사례9)를 들어 의회조사를 위하여 특별한 필요("demonstrated, specific need/demonstrably critical")가 설명되어야 한다고 주장하였으나 이러한 주장은 의회조사의 필요성을 중요하게 고려하지 않은 주장이라고 판단하였다.

이에 따라 연방대법원은 다수 의견은 4가지 요소를 들어 이익형량을 실시하여야 한다고 판단하였다. 첫째, 법원은 입법목적(legislative

---

7) Congressional Research Service, Legislative Purpose and Adviser Immunity in Congressional Investigations", 2019, at 1.
8) McGrain v. Daugherty, 273 U.S. 135 (1927). Watkins v. United States, 354 U.S. 178 (1957). Quinn v. U.S., 349 U.S. 155 (1955)
9) United States v. Nixon, 418 U. S. 683.

purpose)상 대통령의 회계정보가 필요하여야 하며, 당해 정보를 다른 곳에서 합리적으로 획득할 수 있는 경우 인정되지 않는다. 둘째, 의회의 입법목적의 범위보다 광범위한 정보를 요구할 수 없는데 이것은 대통령의 행정에 대한 지나친 개입을 막기 위한 것이다. 셋째, 의회에 의하여 제안된 증거의 본질(nature of the evidence)이 합법적 입법목적을 위한 것이어야 하며, 상세하고 실체적인 것이어야 한다. 넷째, 법원은 의회의 소환장이 대통령의 직무에 부담이 되어서는 안된다. 이에 따라 연방대법원은 당해 사건에서 의회조사 소환장은 권력분립에 관한 충분한 고려가 없었던 것이라고 판단, 환송(remand)하는 판단을 하였다.10)

한편, 토마스 대법관은 반대의견에서 의회는 비공식적 문서로 입법적 소환장(legislative subpoena)을 발령할 수 없다고 판단하였으며, 알리토 대법관은 반대의견에서 (다수의견에서 제안한) 이익형량을 받아들인다 하더라도 대통령에 대한 입법적 소환(legislative subpoenas)은 (권력분립의 원칙상) 위 네 가지 고려사항보다 훨씬 더 중요한 필요성이 입증되지 않는다면 인정될 수 없다고 판단하였다.

4) 판례에 대한 평가

미국의 경우 헌법과 법률에 별도의 규정이 없음에도 불구하고 판례를 통하여 의회조사제도를 광범위하게 인정하고 있다는 점에서 행정부에 관한 국정감사·조사법 등으로 절차와 방법, 범위 등을 구체적으로 정하고 있는 우리나라와 차이점이 있는 것으로 이해된다.11) 본 연방대법원 판례에서는 대통령의 재정정보에 관한 의회조사를 인정하되, 그 범위를 판단하기 위한 조건으로 의회조사의 대상이 정당한 입법목적을

---

10) 원문은 법원은 "대통령의 정보에 관한 의회의 소환장에 암시된 중요한 권력분립에 대하여 충분하게 고려하지 않았다"("The courts below did not take adequate account of the significant separation of powers concerns implicated by congressional subpoenas for the President's information.")고 판단하였다.

11) 전진영, 최정인, 국정조사제도의 운영현황과 개선방안, 국회 입법조사처, 이슈와 논점, 2014.

위한 조사여야 하며, 의회조사를 받는 자의 권리를 보호할 필요가 있다
는 점을 명시하고 있으므로 의회조사(우리나라의 경우 국정조사)의 인정범
위에 관한 논의에서 참고할 수 있을 것으로 생각된다.

2. 대통령 선거에서 선거인단의 반대투표 배제 가능성 (Chiafalo v. Washington)[12]

1) 논의의 배경

헌법과 연방법은 선거인단의 선발을 주정부의 입법으로 하도록 규
정하고 선거인단의 투표 내용을 강제하는 규정은 두지 않고 있다. 불충
실한 선거인단은 1972년 한 선거인단이 공화당 후보 대신에 자유당 후
보에게 투표하였으며 2000년 워싱턴DC의 한 선거인단이 엘고어 후보
대신에 기권한 사례가 있었으나, 2016년 대통령 선거에서 최대 규모인
총 7명의 불충실한 선거인단이 나타났다.[13] 불충실한 선거인단이 직접
적으로 선거결과에 영향을 미친 것은 아니었으나[14] 당해 선거 이후 일
부 주에서는 선거인단의 투표 내용을 강제하는 법률을 제정하거나 처벌
요건을 강화하였다. 현재 총 33개 주에서 선거인단이 서약한 바와 같이

---

12) Chiafalo v. Washington, 591 U.S.____ (2020).
13) 워싱턴주 3명의 민주당 선거인단이 민주당 클린턴 후보 대신에 공화당 콜린 파월
    후보에게 투표하였으며, 워싱턴주 1명의 민주당 선거인단이 제3의 후보(Yankton
    Sioux Nation 소속의 Faith Spotted Eagel)에 투표하였으며 하와이주 1명의 민주당
    선거인단은 버니 샌더스 후보에게 투표하였으며, 텍사스주 1명의 공화당 선거인단
    은 트럼프 후보 대신에 John Kasich 후보에게 투표하였으며, 텍사스주 1명의 공화
    당 선거인단은 자유당 Ron Paul 후보에게 투표하였다.
14) 2016년 대통령 선거에서 민주당 힐러리 클린턴 후보와 공화당 도널드 트럼프 후보
    가 경쟁하였는데, 힐러리 후보가 획득한 득표수는 6585만표로 트럼프 후보가 획득
    한 6298만표 보다 우세하였으나, 트럼프 후보는 선거인단을 304석을 확보한데 반
    해 클린턴 후보는 227석을 확보하여 트럼프 후보가 대통령으로 당선되었다. 이 사
    건은 2000년 미국 대통령 선거에서도 엘 고어 후보가 득표수는 다수였으나 조지
    부시 후보가 선거인단을 다수 확보하여 당선된 사례와 유사하다.

투표하여야 한다고 규정하고 있으며, 일부 주의 경우 민사상 과징금을
부과하거나 자격을 박탈하고 교체할 수 있도록 규정하였다. 구체적으로
워싱턴 주법은 추천정당의 후보자에게 투표하여야 하며, 이에 따르지
않을 경우 1000불의 민사상 과징금(civil penalty)가 부과된다고 규정되었
으며, 콜로라도 주법은 주내 최다 득표자에게 투표하여야 한다고 규정
하였다. 그 밖에 벌금형을 부과한 주(오클라호마 1000불), 벌금형 부과와
사임의무를 부과한 주(노스캐롤라이나 500불, 사임과 교체의무), 형사처벌을
규정한 주(사우스 캐롤라이나), 형사처벌 중에서도 4급 중범죄(4th degree
felony)를 규정한 주(뉴멕시코주)가 있다.

　　2017년 대통령 선거에서 워싱턴주의 한 선거인단(Chiafalo)은 주정
부에서 다수득표한 후보자와 정당에 투표하지 않는 대신 1000불의 벌
금을 부과받았다. 원고(Chiafalo)는 피고(워싱턴 주정부)를 상대로 워싱턴
주법에서 정당 후보로부터 추천된 선거인단은 대통령 선거에서 추천 정
당의 후보에게 투표하여야 하며, 투표하지 않는 경우 1,000불의 민사과
징금을 부과받는다고 규정된 법률이 개인의 투표의 자유를 침해한다고
소송을 제기하였다. 또한, 콜로라도 주법에서 선거인단은 반드시 최다
득표한 대통령 및 부통령 후보에게 투표하여야 한다고 규정하고 있으
며, 당해 주에서 다수 득표한 후보자에게 투표하지 않는 경우 선거인단
자격을 박탈하도록 규정하고 있다. 이에 워싱턴 주법과 콜로라도 주법
에 대한 위헌소송이 제기되었다.

미국 헌법 제2조 제1항
각 주정부는 주법률의 규정에 따라 상하원의 의원수와 동일한 선거인
단을 지명하여야 한다. (Every State Shall appoint, in such Manner as
the Legislature thereof may direct, a Number of Electors)[15]

미국 연방 수정헌법 제12조

각 선거인단은 각 주에서 개별적으로 만나(shall meet in their respective states) 투표용지를 2장 각각 부여받고, 투표하여(they shall name in their ballots the person voted for as President) 상원에 보내면, 상원에서 상하원 의원 모두가 보는 곳에서 개표한다.16)

워싱턴 주법(Wash. Rev. Code § 29A.56.090)17)

Electors, selected by their party, to vote for the candidate of their party during the presidential election, or otherwise be subject to a US $1,000 civil penalty.

콜로라도 주법(Colo. Rev. Stat. § 1-4-304(5).

Each presidential elector shall vote for the presidential candidate and, by separate ballot, vice—presidential candidate who received the highest number of votes at the preceding general election in this state.

---

15) 미국 헌법 제2조 제1항 원문은 아래와 같다. "Every State Shall appoint, in such Manner as the Legislature thereof may direct, a Number of Electors, equal to the whole Number of Senators and Representatives to which Number of Senators and Representatives to which the State may be entitled in the Congress."

16) 연방 수정헌법 제12조 원문은 아래와 같다. "The Electors shall meet in their respective states, and vote by ballot for President and Vice—President, (중략); they shall name in their ballots the person voted for as President and in distinct ballots the person voted for as Vice—President, (중략) which lists they shall sign and certify, and transmit sealed to the seat of the government of the United States, directed to the President of the Senate;— The President of the Senate shall, in the presence of the Senate and House of Representatives, open all the certificates and the votes shall then be counted."

17) 2016년 당시 1,000달러의 벌금이 부과된다고 규정되어서 소송이 제기되었으며, 이후 2009년 워싱턴 주법은 서약의무와 서약 미준수시 지위박탈만을 규정하고 있으며 벌금부과 의무는 제외되었다. Chiafalo v. Washington, 591 U.S.___ (2020) at 6.

원고 측(선거인단 측)은 연방 수정 헌법 제12조에 의하여 선거인단
이 투표하는 방식과 내용에 대해서는 규정하지 않고 있으므로 선거인단
이 원하는 후보자에게 투표할 권리가 있으므로 원하는 후보자에게 투표
하지 않는다고 궐위되거나 벌금을 부과받을 수는 없다고 주장하였으며,
피고 측(주 정부)는 선거인단을 지정하는 것은 주정부의 권한이므로 헌
법에 따라 주정부에서 입법으로 규정할 수 있다고 주장하였다.

2) 미국 대통령 선거에서 선거인단을 통한 간접선거 제도

미국의 선거인단은 미국의 대통령과 러닝메이트인 부통령을 선발
하는 최종 투표기구로서 각 주에 인구비례(하원의석 배분수)에 따라 배분
되며 총 538명(하원 435명, 상원 100명, 워싱턴DC 5명)으로 구성된다. 각
주의 유권자(국민)들은 특정 정당 후보자에게 투표할 것을 서약(pledge)
한 선거인단에 대하여 투표하는데, 대부분의 주에서 다수 득표한 선거
인단 전체가 투표하는 승자독식제도("Winner−Take−All System")를 선택
하고 있다. 미국 연방헌법 제2조 제1항 제2절에 의하여 각 주법은 선거
인단 결정방식을 규정하며, 전당대회에서 결정하는 방식(가장 일반적인
방식)이 활용되며, 정당 위원회에서 지명하는 방식, 예비선거로 선발하
는 방식 등이 있다.

일반 국민들이 선거인단을 선출하는 대통령 선거(11월 첫째 주 월요
일의 다음 날) 이후 선거인단이 대통령을 선출하는 투표(12월 둘째 주 수요
일 다음 첫 번째 월요일)[18]가 이루어지는데, 선거인단은 각 주의 의사당
등에 모여서 비밀투표로 대통령과 부통령을 각각 한 표씩 행사하여 선
출하게 된다. 각 선거인단이 비밀투표를 한 후 연방정부에 송부(12월 넷
째 주 수요일까지)[19]되면, 연방 상하원이 다음해 1월 6일 선거인단 투표

---

18) 올해 대통령선거의 경우 12월 14일에 선거인단 투표가 이루어진다. 선거결과에 관
   하여 분쟁이 발생하는 경우, 주정부는 선거인단 투표 6일 전까지(2020년 선거의 경
   우 12월 8일까지) 선거인단을 확정하여야 한다.

결과를 발표하게 된다. 만약 개표 결과 선거인단 과반 이상의 지지를 받은 후보자가 없는 경우, 대통령은 연방 하원이, 부통령은 연방 상원이 선출하게 된다.[20]

미국 48개 주와 워싱턴 DC는 다수득표한 정당의 선거인단이 모두 당해 주의 선거인단으로 선발되는 승자독식제도을 채택하고 있다. 예컨대 29개 선거인단을 보유하고 있는 특정 주의 경우 특정 정당이 다수 득표한 경우 당해 정당에서 추천한 29명의 선거인단이 12월에 개최되는 본선거에서 투표하게 된다. 다만, 2개 주(메인 주, 네브라스카 주)의 경우, 의회지역구 방식을 활용하여 선거인단을 배정하게 된다.[21]

이러한 미국의 대통령 선출방식에 대하여 국민의 실질적 의사를 반영하지 못하여 대표성이 낮다는 점, (대부분의 주에서는 선호하는 정당이 비교적 명확한 관계로) 경합주(swing state)인 소수의 주(펜실베니아주, 오하이오주, 플로리다주)에 선거운동이 집중된다는 점, 총 50개 중 선거인단을 다수 확보하고 있는 11개 주에서만 선거인단을 확보한다면 승리할 수 있다는 점, 직접선거의 강점이 부각되지 않으므로 경합주를 제외한 주에서는 투표율이 비교적 낮다는 점이 문제점으로 지적되고 있다. 그러나 연방주의 국가의 성격상 각 주의 독립성을 보장하되, 소수집단(주, 지역)의 의결권을 보장하고, 양당제를 안정적으로 유지할 수 있으며, 단일 선거를 안정적으로 관리하기 어려운 현실적인 이유 등을 이유로 현재까지 유지되고 있는 것으로 이해된다.

---

19) 2020년의 경우 12월 23일까지 송부되어야 한다.
20) 지금까지 이러한 불확정 선거(contingent election)가 이루어진 경우는 총 2회(1825년 존 퀸시 애덤스 후보 대통령 선출, 1837년 리처드 멘토 존슨 후보 부통령 선출) 있었다.
21) 예컨대 메인 주의 경우 2명의 선거인단이 있는데 국회의원 선거구(2개 선거구)에서 투표결과를 각각 수합하여 각 선거구별 선거인단을 선발하게 된다. 따라서 양측 선거구의 투표결과가 다를 경우 서로 다른 정당의 선거인단이 선발되기도 한다.

각 주별 선거인단 배분 현황

Electoral Votes Allocated to Each State

자료: NCSL 홈페이지 참조.

3) 법원의 판단

본 판단의 주요 쟁점은 대통령에 대한 간접선거 제도를 채택하고 있는 미국에서 실질적인 투표 권한을 행사하는 선거인단의 투표를 강제하기 위한 방안을 주법(State Law)으로 규정할 수 있는지가 문제되었다.

9인의 대법관 모두는 헌법 제2조 제1항에서 주정부는 입법자가 정하는 방법에 따라 선거인단을 지정할 수 있는데, 이것은 헌법에서 광범위한 재량을 부여한 것으로 해석할 수 있다. 또한 연방 수정헌법 제12조에서도 선거인단의 투표 절차에 대하여 규정하고 있는데 이 규정에도 주정부가 선거인단의 투표내용을 제한하는 것을 금지하는 규정은 없다. 따라서 주정부는 재량으로 투표결과를 강제할 수 있는데 이것은 미국의 경우 역사적으로 국민이 선거인단을 선출하는 방식으로 선거를 실시하여 왔으므로 주 유권자들의 의사를 반영하기 위하여 선거인단은 유권자들이 선택한 후보자에게 투표하여야 하고, 이를 강제하기 위하여 주법을 규정할 수 있으며, 불충실한 선거인단(faithfulness electors)을 처벌할 수도 있는 것이다.

4) 판례에 대한 평가

선거인단을 활용한 미국의 대통령 선출제도는 투표제도에서 연방제 체제에서 인구비례를 인정하면서 주정부의 권한을 존중하기 위한 절충안으로 마련된 제도로 오랜 시간동안 미국의 선거제도로 기능하여 왔다. 하지만 이와 같은 선거방식이 투표권자의 진정한 의사를 반영하지 못하며, 특히 일부 지역을 제외하고는 대부분의 주에서 투표결과가 유사하게 나오는 결과적으로 대통령 선출제도에 대한 관심이 낮아진다는 점에 비판이 이루어지고 있다.[22]

그럼에도 불구하고 불충실한 선거인단에 대하여 연방대법원 대법관 전원이 합헌의견을 낸 것은 현재의 선거제도 하에서 선거인단의 투표로 결과가 왜곡될 경우 국민의 투표결과가 전혀 다른 결과로 나타날 수 있다는 우려 때문인 것으로 이해된다. 미국 헌법에서 주정부에 투표관리에 관한 권한을 부여하고 투표절차에서 선거인단의 투표내용을 강제할 수 있는 규정을 두지 않고 있으므로 이에 관한 주정부의 권한을 존중하되 투표내용을 강제하더라도 선거인단 개인의 투표권을 제한하는 결과가 나타나는 것도 아니므로 위와 같은 판단이 나타난 것으로 이해된다.

---

22) Matthew M. Hoffman, "The Illegitimate President: Minority Vote Dilution and the Electoral College", 105 The Yale Law Journal 4, 936-990, 1005-1020, 1996.

3. 국토안보부 DACA 프로그램 폐지결정의 연방행정 절차법 적용(Department of Homeland Security v. Regents of the University of California)[23]

1) 논의의 배경

2012년 오바마 행정부 당시 국토안보부(Department of Homeland Security)는 유년기(childhood)부터 미국에 체류하면서 취업허가증을 취득하였으며 납세의무를 다하고 있는 불법체류자들에 대한 추방유예 프로그램(Deferred Action for Childhood Arrivals, 이하 DACA)을 제정하였으며, 이 규정으로 70만명 정도의 불법체류자들이 추방유예를 프로그램의 혜택을 받게 되었다. 또한, 2014년 오바마 행정부 국토안보부는 DACA 자격을 확대하고 미국 시민 또는 영주권을 보유한 부모에 대한 추방유예제도(Deferred Action for Parents of Americans and Lawful Permanent Residents, DAPA) 프로그램을 제정하였으며, 약 430만 명의 부모들이 같은 혜택을 볼 수 있는 제도를 제정하였다. 그러나 텍사스를 포함한 25개 주에서는 DACA와 DAPA 확대에 대한 집행정지 가처분을 신청하면서 소송을 제기하였다. 한편, 2017년 국토안보부장관은 성명서(Memorandum)를 통하여 DAPA 축소 및 DACA 폐지를 선언하였다. 국토안보부는 즉각 DACA 신청서 접수절차를 중단하였으며, 기 승인자 중 6개월 이내에 기간이 만료되는 자에 한하여 2년간 연장하되, 다른 모든 기 수혜자들의 기간은 갱신 없이 만료된다고 발표하였고, 이민국은 해당자에게 관련 내용에 대한 안내를 하였다.

---

23) Department of Homeland Security v. Regents of the University of California, 591 US _ (2020)

2017 DAPA Memorandaum[24]

　　DACA 취소발표에 대하여 복수의 원고는 DACA를 즉시 폐지하는
것은 연방행정절차법의 적용대상에 해당하며, 연방행정절차법상 고지
및 의견제출 절차를 거치지 않은 결정에 해당하므로 자의적이고 변덕적
(arbitrary and capricious)인 것으로 연방행정절차법에 반하는 위법한 처
분이라고 주장하였다. 원고 측은 또한 DACA 폐지는 차별적 의도로 이
루어졌으므로 헌법상 보호되는 자유와 재산을 적법절차를 거치지 않고
박탈하는 것으로 평등조항에 반한다고 주장하였다. 반면 피고(국토안보
부장관)는 DACA 폐지 결정은 일반적이고 비집행적 정책에 해당하므로
연방행정절차법의 적용대상이 될 수 없다고 주장하였다. 미국 제9항소
법원은 DACA 폐지가 "법률에 의하 결정이 아니라 행정부의 집행에 해
당한다고 보아 피고 측(연방 국토안보부)의 주장을 각하하였으며, 원고
측이 제기한 집행정지 가처분을 승인하였다.

―――――――――――――

24) 미국 국토안보국 홈페이지 참조.

2) 법원의 판단

본 판단의 주요 쟁점은 연방행정절차법에서 법률에 의한 행정청의 결정에 해당하는 경우 연방행정절차법 적용제외대상이 된다고 규정하고 있는데 당해 판단이 연방행정절차법 적용제외 대상에 해당하는지와, 해당하는 경우 연방행정절차법상 행정권의 남용에 해당하여 위법한 행정행위가 아닌지에 관한 것이었다.25)

(i) 연방행정절차법 적용제외대상 인정여부

5인의 대법관은 DACA 폐지에 관한 국토안보부의 결정에 미국 연방행정절차법이 적용된다고 판단하였다. 연방행정절차법 제701조(a)(2)에 따르면 행정청의 결정이 법률에 의하여 행정청의 재량에 맡겨진 ("committed to agency discretion by law") 경우에는 적용되지 않는다.

> 연방행정절차법 제701조(a)(2) 행정절차법은 행정청(agency)의 법률에 따른 행정청의 결정(committed to agency discretion by law)에는 적용되지 않는다.26)

행정 결정이 일반적으로 행정청의 재량에 의하여 이루어진다는 점을 고려할 때 연방행정절차법 적용제외 대상으로서 위 규정은 좁게 해석되어야 한다. 예컨대, Hecker v. Chaney 법원27)은 특정 약물 사용중지명령 청구에 대한 행정청(FDA)의 거부결정은 비집행 결정

---

25) 남정아, 공법상 적법절차 원칙의 재조명 ― 미국 연방대법원 Department of Homeland Security et al. v. Regents of University of California et al. 판결을 중심으로 ―, 2020, 9 ― 20면.

26) 미국 연방행정절차법 5 U.S. Code § 701 ― Application; definitions (a)(2) This chapter applies, according to the provisions thereof, except to the extent that ― **agency action is committed to agency discretion by law.**

27) Hecker v. Chaney, 470 U. S. 821 (1985)

(non-enforcement decision)으로 일반적으로 법률에 의한 행정청의 결정에   해당한다고   판단하였다.   DACA는   단순히   비집행   정책 (non-enforcement policy)이라고 볼 수 없는데, 그 이유는 (i) 결정이 특정 집단에 대한 집행거부에 해당하지 않으며, (ii) 국토안보부장관은 오히려 DACA 예외 적용 대상자들에 대한 적용절차를 명확하게 규정할 것을 이민국(USCIS)에 요구하였고 이후 이민국은 2년 유예대상자들에게 공식적이고 표준화된 절차를 안내하였기 때문이다. 따라서 국토안보부장관이 발령한 성명서는 수동적이거나 비집행정 정책이 아니며, 적극적인 이민절차를 발령(creation)하는 행위로 볼 수 있다. 또한, 결정 이후 70만명의 DACA 수혜자들이 근로허가증과 의료보호를 청구하게 될 것인데, 당해 결정은 행정청의 비집행 결정 또는 단순 거부처분과 달리 보호될 만한 이익을 박탈하는 것에 해당한다. 따라서 DACA는 연방행정절차법의 적용대상에 해당한다.

(ii) 외국인의 퇴거에 관한 사항의 사법심사 대상성 여부

외국인의 퇴거명령에 대한 재판청구권을 제한하고 있는 미국 이민법 규정에 대하여도 5인의 다수의견은 법령을 좁게 해석하여야 하며, 피고 측(국토안보부장관)이 주장하는 법령은 당해 사안에 적용되지 않는다고 판단하였다. 이민법 제1252조(b)(9)에 따르면 외국인 퇴거에 관한 사법심사에 대한 사법심사를 제한하고 있는데, "퇴거명령에 대한 사법심사, 퇴거를 구하는 결정, 퇴거에 관한 절차"는 사법심사 제한대상에 해당하지 않는다.[28] 사안에서 당사자들이 특정 퇴거절차에 대해서 다투지 않고 있으므로 적용 대상에 해당하지 않는다. 한편, 이민법 제1252조(g)에 따르면 퇴거절차를 개시하기 위한 결정에 대한 재판청구권을 제한하고 있으나, 사안의 경우 특정 퇴거 절차를 개시하는 것이 아니므로 이에 해당하지 않는다.

---

28) Rodriguez, 583 U.S. ___ (2018).

8 U.S. Code §1252(b)(9) 외국인에 의하여 퇴거에 관하여 제기된 사법심사는 최종 명령의 경우에만 인정된다.

Judicial review of all questions of law and fact (중략) <u>brought to remove an alien from the United States</u> under this subchapter shall be available only in judicial review of a final order under this section.

8 U.S. Code §1252(g) 외국인의 퇴거절차를 개시하기 위한 결정에 관한 재판청구권이 인정되지 않는다.

no court shall have jurisdiction to hear any <u>cause or claim by or on behalf of any alien arising from the decision or action</u> by the Attorney General <u>to commence proceedings,</u> adjudicate cases, or execute removal orders against any alien under this chapter.

(iii) DACA 폐지의 재량권 남용 여부

5인의 대법관은 DACA 폐지에 관한 국토안보부의 결정은 자의적이고 변덕스러운("arbitrary and capricious") 결정에 해당하여 연방행정절차법 제706조(2)(A)에 반한다고 판단하였다.

연방행정절차법 제706조(2)(A) 사법심사의 범위(5 U.S. Code § 706.Scope of review)

법원은 행정청의 법적용(법집행)이 자의적, 변덕적, 재량의 남용에 해당하는 경우 위법(unlawful)하다고 판단할 수 있다.

<u>The reviewing court shall </u>hold unlawful and set aside agency action, findings, and conclusions found to be (A) <u>arbitrary, capricious, an abuse of discretion,</u> or otherwise not in accordance with law.

　　DACA 폐지 여부는 원칙적으로 법무부장관의 권한인데 국토안보부 장관이 이를 폐지함에 있어 합법적인 권한 범위 내에서 합리적인 재량권 행사에 해당하는지가 문제된다. 국토안보부장관은 (i) DACA 도입은 이민법(Immigration and Nationality Act)에 반하여 이루어졌으며, (ii) 법무부장관은 "DACA 프로그램은 종료되어야 한다"라고 주장하고 있다는 점을 들어 DACA가 폐지되어야 한다고 주장한다. 그러나 국토안보부장관이 제출한 DACA 성명서(Memorandum)에서는 DACA가 위법이라고 주장하는 이유를 충분히 설명하지 않고 있으며, 이민법제에 관한 모든 법적 문제는 법무부장관이 지휘하는데 법무부장관의 입장에 대하여 설명하지도 않고 있다.

> 8 U.S. Code § 1103 (a)(1)
> 국토안보부장관은 이민 및 외국인 관련 법률을 담당하나, 중요한 법적 결정은 법무부장관의 지휘를 받는다. (That determination and ruling by the Attorney General with respect to all questions of law shall be controlling.)

　　특히 국토안보부장관은 DACA 폐지와 함께 2년 이내 추방유예기간 만료자들에 대하여 연장기회를 부여하고 있으므로 DACA에 관한 재량권한을 행사하였으나 여전히 법무부장관의 지휘를 받으므로 국토안보부장관이 최대한의 재량권을 행사하는 것은 불가능하다고 볼 수 있다. 그러나 국토안보부 장관은 법무부장관의 지휘를 받아 결정해야 하는 외국인의 퇴거와 관련된 사항을 구체적인 설명 없이 추방하도록 하였으므로 이러한 결정은 자의적이고 변덕이 심한 결정으로 재량권의 한계를 넘는 결정으로 볼 수 있다.

　　연방대법원은 행정청은 연방행정절차법에 따라 합리적으로 행정행위를 하여야 하며, 특정 행위에 대한 폐지 결정(rescission memorandum)

을 하는 경우, 적어도 수범자의 권리 등과 관련된 중요한 측면에 대한 고려를 하여야 한다. 특히 본 성명서(Memorandum)는 DACA 폐지의 구체적인 배경 또는 사유에 대한 설명 없이 즉각적으로 유예기간 연장을 폐지(만기 6개월 남은 자들에 한하여 1회 연장 가능)하고 있으므로 수범자의 권리 등에 관한 중요한 측면을 고려하지 않고 있으므로 행정청의 재량권이 남용(arbitrary and capricious)된 것으로 볼 수 있다.

3) 판례에 대한 평가

본 판결은 연방행정절차법 적용제외 대상인 법률에 의한 행정청의 결정 부분을 좁게 해석하여 연방행정절차법의 규범력을 강화하였다는 점, 행정청의 재량남용 여부를 심사함에 있어서 국토안보부장관의 재량범위를 초과하는 결정을 하여 재량권을 남용하였으며, 수범자의 권리 등에 관한 중요한 결정임에도 불구하고 수범자의 권리 등에 관한 고려나 구체적인 설명 없이 이루어졌으므로 재량권의 남용에 해당하는 것으로 보았다는 점에서 중요한 의미가 있을 것으로 생각된다.[29]

우리나라의 경우에도 행정절차법 적용제외 대상을 광범위하게 규정하여 그 범위를 수범자인 국민이 명확하게 인지하기 어려운 경우가 다수 존재(예컨대 행정절차법 제3조에서는 "외국인의 출입국·난민인정·귀화, 공무원 인사 관계 법령에 따른 징계, 행정작용의 성질상 행정절차를 거치기 곤란하거나 거칠 필요가 없다고 인정되는 사항"[30])한다. 미국 연방대법원의 사례

---

29) 최봉석, 미국 행정법상 행정행위의 특성과 절차법적 통제, 미국헌법연구, 제26권 제3호, 2015, 281-295면. 이동수, 미국 행정법상 행정기관의 입법적 및 사법적 기능, 토지공법연구 제45권, 2009, 435-450면. 남정아, 공법상 적법절차 원칙의 재조명 －미국 연방대법원 Department of Homeland Security et al. v. Regents of University of California et al. 판결을 중심으로－, 공법연구, 제49권 제1호, 2020, 5-29면. 김재선, 미국 REINS법안에 관한 행정법적 논의와 시사점－미국 행정입법에 관한 의회심사제도를 중심으로－, 행정법연구, 제35권, 2013, 231-237면.
30) 행정절차법 제3조 제1항 제9호. 행정절차법 시행령 제2조 제2항-제3항에서는 "외국인의 출입국·난민인정·귀화·국적회복에 관한 사항", "공무원 인사관계법령에 의한 징계 기타 처분에 관한 사항"을 제외한다고 규정하고 있다.

와 같이 행정절차법 적용제외 대상을 좁게 해석하거나 예외대상을 보다 구체적으로 규정하여 법률의 적용을 확대하는 것이 바람직할 것으로 생각된다. 재량권 남용에 대하여도 당해 행위가 성명서(Memorandum)의 형식으로 발령되어 사실상 내부 명령서 또는 내부 지침 정도의 성격을 갖지만, 이를 통하여 적용대상 외국인의 경우 그간 가져 왔던 권리(추방유예)를 즉시 박탈당하게 되므로 적어도 수범자의 권리 등에 관한 중요한 결정이므로 당해 결정의 필요성과 정당성 등에 관한 충분한 이유가 있어야 함에도 불구하고 사안에서의 명령서는 이러한 점을 반영하지 못하고 있으므로 재량권의 일탈 또는 남용으로 볼 수 있을 것으로 생각된다.

4. 건강보험개혁법상 보험 프로그램(Risk-Corridor Program)에서 발생한 손실에 대한 국가책임(Moda Health Plan, Inc. v. United States)[31]

2010년 미국 건강보험개혁법(Patient Protection and Affordable Care Act)이 개정되었으며 이후 개정작업을 거치면서 비보험가입자들의 건강보험 가입을 유도하기 위하여 보험회사가 참여할 수 있는 프로그램을 제안하였는데, 이 중 하나가 리스크 프로그램("Risk Corridor Program")이었다. 법안에서는 2014-2016년 사이에 보험사들이 고위험군 환자 등에 대한 보험가입을 꺼릴 것을 우려하여 프리미엄 프로그램을 줄이고 보편적인 의료보험 프로그램을 만들 것을 제안하면서, 가입대상과 비용을 제안하였다. 또한 당해 보험에 가입하는 80% 정도의 국민을 대상으로 설계되었으므로 비용을 적게 쓰는 그룹은 Risk-Corridor Program에 초과 비용을 부담하여야 하도록 설계되었으

---

31) Moda Health Plan, Inc. v. United States (2020).

며 3년 운영 후 기대보다 수익률이 낮은 보험사들에 대해서는 건강과 인간서비스국(Department of Health and Human Services)이 손실을 일부 보전한다고 규정되어 있다.[32][33] 원고인 보험사(Moda health Plan)는 미국 보건복지부에 이 프로그램으로 발생한 손실을 보상해 달라고 소송을 제기하였다. 이후 모다 건강보험뿐만 아니라 다수의 보험회사(North Carolina, Maine Community Health Options and Land of Lincoln Mutual Health Insurance Company)가 동 프로그램 운영과정에서 손실이 발생하였음을 주장하였다.

이후 원고 측(보험사)는 계약법리에 비추어 건강보험개혁법 기준에 따른 비용보전을 요구하는 소송을 제기하였다. 사안의 주된 쟁점은 보험가입자가 정부와 묵시적 계약을 맺었다고 볼 수 있는가가 문제된다. 2020년 4월 27일, 미국 연방대법원은 보험가입자는 정부와 직접 계약을 체결한 것은 아니지만 법률에 의하여 그와 같은 효과가 있다고 판단하였다. 알리토 대법관은 민간보험사에게 발생할 것이 "예견된 위험과 손실"로, 본 판결은 보험사에게 대규모의 구제금융을 제공하는 것과 같은 효과가 발생한다고 판단하면서, 보건복지부는 민간 의료보험사에 의료보험개혁법(일명 오바마케어)에 의하여 발생한 120억달러의 민간보험료를 부담하여야 한다고 판단하였다.

5. 그 밖의 판례

1) 규칙이 개정된 경우 소의 이익(New York State Rifle & Pistol Association Inc. v. City of New York)[34]

뉴욕 안전법(New York Safe Act) 및 뉴욕 시 하위법령에 따르면 뉴

---

32) 42 U.S.C. 18001.
33) 42 U.S.C. 18062.
34) Bostock v. Clayton County, 590 U.S. ___ (2020)

욕 시에서는 총기면허 없이 총기를 소유할 수 없다. 권총소지 면허를 취득하기 위하여 개인은 지역관리의 의견을 들어야 하며, 면허취득 절차는 정신건강, 범죄경력, 도덕적 특수성 등에 대한 검사를 받아야 하며 총기 소유 면허는 이동 면허("carry")와 주거지에 소지할 수 있는 구내 면허("premises")으로 분류된다. 프리미엄은 특정 주소에 한하여 허용되며, 허용된 경우 예외사유에 해당하지 않는 한 권총을 당해 지역에 소지할 수 있다. 사안에서 원고 측(3인의 구내 면허소지자)는 권총을 뉴욕시 외곽의 사격장으로 운반하고자 하였는데, 구내 밖 이동에 해당하여 금지된 행위에 해당하였다. 원고 측은 특정 지역으로 총기소지를 제한한 당해 규칙이 위헌이라고 주장하면서 연방법원에 소송을 제기하였다.

판결의 쟁점은 뉴욕시 규칙에서 허가되고 잠겨있고(locked), 장전되어 있지 않은 권총을 집이나 사격장으로 운송할 때 영역 밖을 이동하게 되는데 이것을 금지하는 것이 헌법상 이동의 권리를 제한하는 것인지에 관한 것이다. 6인의 대법관은 원고가 청구한 이후 뉴욕 시에서 규칙을 개정하였으므로 당해 소송의 소익이 없다고 판단하여 각하처분을 하였다. 또한, 알리토 외 3인의 대법관은 반대의견에서 비록 뉴욕시 규칙이 개정되었다 할지라도 과거의 법률의 타당성을 밝힐만한 이익이 있으므로 각하 판결할 대상이 아니므로 본안판결을 하여야 한다고 판단하였다.

2) 성적 지향을 이유로 한 차별 금지
(Bostock v. Clayton County)[35]

원고(Gerald Bostock)는 2003년부터 지방 카운티(애틀란타 매크로폴리탄 지역 클래이턴 카운티)의 아독복지서비스 직원으로 근무하고 있었다. 2013년 원고는 게이 소프트볼 리그전에 가입하였고, 홍보활동에 참여하

---

35) Bostock v. Clayton County, 590 U.S. ___ (2020)

였는데 그 이후로 성적 지향 또는 성정체성으로 인하여 주변으로부터 비난을 받았다. 원고가 상사와 함께 참석한 회의에서 참석위원 중 한명이 공개적으로 원고의 성적 지향 또는 성정체성을 폄하하는 발언을 하였으며, 카운티는 원고가 관리하던 기금에 대한 감사를 진행하여, 직원들과 어울리지 못하였다("conduct unbecoming of its employees")는 이유로 원고를 해고하였다. 원고는 2013년 평등고용위원회(Equal Employment Opportunity Commission, EEOC)에 카운티의 차별행위에 대하여 문제를 제기하였으며, 소송을 제기하여 지방정부(카운티)가 민권법 제7조에 반하여 성적 지향으로 인한 차별행위를 하였다고 주장하였다.

사안에서 주된 쟁점은 1964년 제정된 민권에서 금지하고 있는 성을 이유로한 차별에 피고용인의 성적 지향에 근거한 차별행위가 포함되는지에 관한 것이다. 법원은 성적 지향 또는 성정체성을 이유로 한 차별도 수정헌법 제7조에서 규정하고 있는 "성 때문에(because of sex)" 이루어진 행위에 해당하므로 차별행위에 해당한다고 판단하였다.

3) 미국 대통령의 공직자 임명권한(푸에르토리코 특별위원회 위원임명절차)[36](Financial Oversight and Management Board for Puerto Rico v. Aurelius Investment)[37]

1898년 양도된 이후 푸에르토리코는 미국의 보호국으로서 모호한 법적 지위 하에서 부채가 축적되어 왔다. 심각한 경제침체와 부채위기로 인하여 2015년 정부는 부채를 갚을 수 없다고 선언하였고, 2016년 오바마 행정부는 푸에르토리코 감독관리와 경제안전법(Puerto Rico Oversight, Management and Economic Stability Act of 2016 (PROMESA))을

---

36) Financial Oversight and Management Board for Puerto Rico v. Aurelius Investment, LLC, 590 U.S. ___ (2020),

37) Financial Oversight and Management Board for Puerto Rico v. Aurelius Investment, LLC, 590 U.S. ___ (2020),

제정하였는데, 동법은 푸에르토리코의 재정과 예산을 통제하고 부채에 대한 구조조정을 협상할 금융감독관리위원회 위원에 대한 임명권이 부여되었으며, 오바마 대통령은 2016년 위원을 임명하였다. 원고 측(푸에르토리코 채권단, 공무원 등)은 이사회의 결정에 동의하지 않고 오바마 대통령의 위원 임명의 위헌성을 다투는 소송을 제기하였다. 원고 측은 미국 헌법상 미국 대통령이 연방 고위 공직자를 임명할 경우 상원이 이를 확인하여야 하는데, 푸에르토리코 감독위원회도 상원의 확인이 필요한 조직에 해당한다고 주장하였다.

사안의 쟁점은 미국 헌법상 임명권(Appointments Clause)은 푸에르토리코 금융감독관리위원회 위원 임명권에도 적용되는지에 관한 것이었다. 연방대법원에 따르면 연방 헌법에 따르면 고위직 관료에 대한 임명권은 대통령과 상원 간 연방 관료 임명권한에 관한 권한과 관련이 있는데, 임명조항은 푸에르토리코와 관련된 모든 고위직 관료들에게도 적용되어야 한다. 다만, 연방 헌법상 임명규정은 의회가 권한을 위임한 지방공무원직에까지 영향을 미치는 것은 아니며, 당해 관료의 주된 업무가 지방 업무에 해당하는 경우에는 적용되지 않는다. 위원들은 (푸에르토리코의 재정과 예산을 감독하는 등) 지역과 관련된 권한과 의무를 부담하며 연방법보다는 푸에르토리코 법률의 적용을 주로 받게 된다. 따라서 2020년 6월 1일 연방대법원은 2016년 미국 연방대통령이 푸에르토리코의 연방 금융감독위원회 위원을 임명한 것은 미국 헌법상 임명 조항(Appointment Clause)에 반하지 않는다고 판단하였다.

4) 종교단체의 의료보험 범위에 낙태비용이 포함되어야 하는지 여부(Little Sisters of the poor Saint Peter and Paul Home v. Pennsylvania)[38]

2010년 제정된 의료보험법(PPACA) 중 고용보험에 관한 규정에 따르면, 교회와 비영리단체를 제외한 모든 고용주들은 낙태비용을 포함한 의료보험을 제공하여야 한다고 규정하고 있다. 이에 대하여 2014년 연방대법원은 Burwell v. Hobby Lobby Store Inc. 사건에서 종교자유회복법(Religious Freedom Restoration Act, 이하 RFRA)에 따라 고용주가 종교기관인 경우, 위 규정에 따를 경우 종교의 자유를 행사할 권리를 침해하는 것이라는 주장을 합헌으로 판단하였으며, 이에 따라 종교기관의 경우 위 규정이 면제된다고 판단하였다.

5) 대통령의 형사소추 제외 가능성(Trump v. Vance)[39]

뉴욕지방검사(Cyrus Vance Jr)는 대통령과 관련된 스캔들을 조사하는 과정에서 트럼프 대통령에게 세금환급 관련 정보를 제출할 것을 요구하였다. 연방대법원 7인의 다수의견은 대통령 선거기간 중 자금거래 내역을 조사 중인 뉴욕 검찰이 대통령의 세금신고 기록을 비롯한 재정정보를 획득할 수 있으나 헌법 제II조와 우월성 조항(Supremacy Clause)에 의하여 현직 대통령은 형사조사의 대상이 될 수 없으므로 현직 대통령에게 형사 소환장을 발급하기 위해서는 보다 엄격한 기준이 적용된다고 판단하였다.

---

38) Little Sisters of the Poor Saints Peter and Paul Home v. Pennsylvania, 591 U.S. _ (2020).
39) Trump v. Vance, 591 U.S.____ (2020).

Ⅲ. 나가며

2020년은 전세계적으로 COVID-19의 영향이 심각해지면서 미국 연방대법원의 경우에도 상당기간 휴정기간을 거치게 되었다. 하지만 2020년 6-7월에 걸쳐 의회조사제도 및 의회와 대통령의 권력분립, 불충실한 선거인단에 관한 의미있는 판결이 있었으며, 특히 연방행정절차법의 적용대상과 연방행정청의 재량남용 여부에 관한 판결, 건강보험개혁법을 근거로 한 국가에 대한 손실보전 가능성에 관한 판결은 행정법적으로도 의미있는 판결로 생각된다.

검토한 바와 같이 미국의 경우 의회조사, 선거인단제도 등 정책결정과 관련된 부분에 관하여는 전통이나 관행 등의 불문법 원리가 적용되는 경우가 많았으나, 점차 법령(연방법 또는 주법)으로 이를 강제해 나가고 있다는 점에서 미국 사회가 변화하고 있는 것으로 볼 수 있으며, 그 과정에서 연방대법원이 중요한 역할을 하고 있는 것으로 생각된다. DACA 판결에서와 같이 연방행정절차법의 적용범위는 확대하되, 행정청의 재량권 남용에 대해서는 엄격하게 심사하는 법원의 입장도 국민의 권익확대 측면에서 검토해볼 수 있을 것으로 생각된다. 또한, 건강보험개혁법에 관한 연방대법원의 해석은 법령을 통한 묵시적 계약에 관하여 논의하였다는 점에서 의미있는 판결이라 생각된다.

참고문헌

[국내문헌]

남정아, 공법상 적법절차 원칙의 재조명-미국 연방대법원 Department of Homeland Security et al. v. Regents of University of California et al. 판결을 중심으로-, 공법연구, 제49권 제1호, 2020.

이동수, 미국 행정법상 행정기관의 입법적 및 사법적 기능, 토지공법연구 제45권, 2009.

전진영·최정인, 국정조사제도의 운영현황과 개선방안, 국회 입법조사처, 이슈와 논점, 2014.

최봉석, 미국 행정법상 행정행위의 특성과 절차법적 통제, 미국헌법연구, 제26권 제3호, 2015.

김재선, 미국 REINS법안에 관한 행정법적 논의와 시사점-미국 행정입법에 관한 의회심사제도를 중심으로-, 행정법연구, 제35권, 2013.

[해외문헌]

Bruns, Roger A., David Hostetter, and Raymond W. Smock, ed., Congress Investigates: A Critical and Documentary History, Revised Edition, 2011.

Congressional Research Service, Legislative Purpose and Adviser Immunity in Congressional Investigations, 2019.

Matthew M. Hoffman, "The Illegitimate President: Minority Vote Dilution and the Electoral College", 105 *The Yale Law Journal* 4, 1996,

[연방대법원 판례]

McGrain v. Daugherty, 273 U.S. 135 (1927).

Quinn v. U.S., 349 U.S. 155 (1955).

Watkins v. United States, 354 U.S. 178 (1957).

Kilbourn v. Thompson, 103 U.S. 168 (1880).

Hecker v. Chaney, 470 U.S. 821 (1985).

Rodriguez, 583 U.S.   (2018).

Bostock v. Clayton County, 590 U.S. ____ (2020).

Chiafalo v. Washington, 591 U.S. ____ (2020).

Department of Homeland Security v. Regents of the University of California, 591 U.S. ____ (2020).

Financial Oversight and Management Board for Puerto Rico v. Aurelius Investment, LLC, 590 U.S. ____ (2020).

Little Sisters of the Poor Saints Peter and Paul Home v. Pennsylvania, 591 U.S. ____ (2020).

Moda Health Plan, Inc. v. United States (2020).

Trump v. Mzars USA, LLP, 591 U.S. ____ (2020).

Trump v. Vance, 591 U.S. ____ (2020).

국문초록

　　2020년 연방대법원은 존 로 로버츠 대법관이 대법원장을 맡고 있다. 2020년 9월 전통적인 진보 성향의 긴즈버그 대법관이 사망함에 따라 트럼프 행정부는 보수 성향의 에이미 배럿 대법관을 임명, 2020년 12월 기준 연방대법원은 보수성향 6, 진보성향 3으로 구성되어 있다. 다만, 본고에서 검토한 미국 연방대법원의 2020년 주요 판결들은 2020년 6－7월에 거쳐 주로 이루어졌으므로, 대부분 긴즈버그 대법관이 참여하여 판결이 이루어졌다. 연방대법원에는 2019－2020년 회기(2019년 10월－2020년 6월)동안 총 74건의 사건이 회부되었으며, 이 중 11건은 COVID－19 유행으로 인하여 다음 회기에 다루게 되어 총 63건의 판결이 이루어졌다. 한편, 2020년 10월부터 시작된 2020－2021년 회기동안 44개 사건을 심리하였으며 이 중 3건이 최종 판결이 이루어졌다. 특히 2020년 회기에는 미국 연방대법원의 평균 판결건수인 76건에 비하여 적은 63건만이 판단되었다. 2020년 3월 12일부터 연방대법원의 업무가 정지되었으며, 2020년 4월 13일부터는 화상회의를 통하여 구술심리를 시행하기도 하였다. 일반적으로 미국 연방대법원의 중요 판례가 6월에 이루어지는 반면 올해는 휴정기간으로 인하여 7월까지 연방대법원 판결이 이루어졌다.

　　2020년 연방대법원 판결 중 공법적으로 의미있는 판결은 다음과 같다. 첫째, 트럼프 대통령에 대한 의회조사 및 형사소추 사건(Trump v. Mzars)으로 연방대법원은 의회조사권은 헌법 또는 법률에 규정되어 있지 않더라도 하원은 의회조사에 대한 정보를 요구할 수 있다는 점을 전제하되, 그 범위는 입법활동과 관련된 범위에 한정되어야 한다고 판단하면서, 대통령의 재정 및 회계정보는 의회조사의 범위에 해당하지 않는다고 판단하였다. 둘째, 대통령선거에서 선거인단의 반대투표 배제여부에 관한 판단(Chiafalo v. Washington)으로 2016년 대통령 선거에서 총 7명의 선거인단이 지정된 후보가 아닌 제3의 후보를 선택하여 주정부에서 선거인단의 투표내용을 강제하는 법안을 제정하였는데, 연방대법원은 연방헌법은 주정부에 선거방식에 대하여 광범위한 재량권한을 부여하고 있으므로 주법으로 선거인단의 투표를 강제하고 불충실한 선거인단에 대하여 처벌할 수 있으며, 이러한 주법이 선거인단의 비밀투표의 원칙 등 투표의 자유를 제한하는 것은 아니라고 판단하였다. 셋째, 국토안보부의 DACA 프로그램 폐지가 내부 지침에 해당하는 국토안전부장관의 성명서(Memorandum)로 이루어진 경우 연방행정절차법 적용대상인지 여부와 행정부의 재량을 남용하였는지 여부가 판단(DHS v. Regents of the University of California)되었는데, 연방대법원은 특정한 이익의 폐지결정 등 중요한 행정결정을 함에 있어서 연방행정절차법이 적용되어야 하며, 이에 따라 국민의 권리의무등에 관한 사항을 고려하여야 하는데 이를 하지 않은 결정은 재량권의 남용에 해당한다고 판단하였다. 넷째, 건강보험개혁법상 보험 프로그램(Risk-Corridor Program)에서 발생한 손실에 대한 국가 책임 판단(Moda Health Plan, Inc. v. United States)에서 연방대법원은 보험가입자가 정부와 직접 계약을 체결한 것은 아니지만 건강보험법 규정에 의하여 그와 같은 효과가 있다고 보아 국가가 민간 보험사의 보험료를 부담하여야 한다고 판단하였다.

주제어: 의회조사, 선거인단 투표, 연방행정절차법, 재량권 남용, 국민건강보험법.

Abstract

Analysis of the Significant Administrative Law Cases in 2020 of the United States Supreme Court

Kim, Jae Sun

In 2020, the Supreme Court of the United States is led by Justice John Roberts. After the death of Justice Ruth Bader Ginsburg's death in September 2020, Justice Amy Convey Barrett has been appointed by the Trump Administration, which constitute the Supreme Court 6 Conservative Justices and 3 Liberal Justices. The significant cases reviewed in this paper were mainly held during June 2020 – July 2020, thereby Justice Ginsburg were participated in most of the cases. 63 cases were held during 2019 – 2020 session, while a total of 74 cases was submitted to the Supreme Court. Because of the COVID – 19 pandemic situation, the session of the Court of the United States has been suspended from March 12, 2020 to April 13, 2020 while some of the oral hearings should have been conducted through video or voice conferences.

Significant cases held during 2020 under the public law perspectives are as follows. First, in Trump v. Mzars, the Court held that the House of Representatives Committee on Oversight and Reform may request information to the sitting President by issuing subpoenas, while the range needs to be limited under the balancing test considering suggested factors. Second, in Chiafalo v. Washington, the Supreme Court held that the electors from each party are required to vote for the candidate of

---

* Associate Professor, Pusan National University School of Law, J.D., Ph.D.

their own party, and it does not violate the First Amendment of the U.S. Constitution even if they are allowed to be fined if they do not vote for their own party under the State Law. Third, in DHS v. Regents of the University of California, the Supreme Court held that the administrative agency needs to conduct reasonable analysis before the administrative action according to Administrative Procedure Law, thereby, DACA decision and action following rescission memorandum violated the APA as it is arbitrary and capricious. Fourth, in the Moda Health Plan, Inc. v. United States, the Supreme Court held that the government may reimburse the damage occurred in the Risk–Corridor Program under the Patient Protection and Affordable Care Act.

Keywords: Congress investigation, Electoral vote, Administrative Procedural Act, Arbitrary and capricious, Patient Protection and Affordable Care Act.

투고일 2021. 6. 4.
심사일 2021. 6. 30.
게재확정일 2021. 6. 30

附　　錄

研究倫理委員會 規程

제1장 총 칙

제1조 (목적)

이 규정은 사단법인 한국행정판례연구회(이하 "학회"라 한다) 정관 제
26조에 의하여 연구의 진실성을 확보하기 위하여 설치하는 연구윤리
위원회(이하 "위원회"라 한다)의 구성 및 운영에 관한 기본적인 사항을
정함을 목적으로 한다.

제2조 (적용대상)

이 규정은 학회의 정회원·준회원 및 특별회원(이하 "회원"이라 한다)
에 대하여 적용한다.

제3조 (적용범위)

연구윤리의 확립 및 연구진실성의 검증과 관련하여 다른 특별한 규
정이 없는 한 이 규정에 따른다.

제4조 (용어의 정의)

이 규정에서 사용하는 용어의 정의는 다음과 같다.

1. "연구부정행위"는 연구를 제안, 수행, 발표하는 과정에서 연
구목적과 무관하게 고의 또는 중대한 과실로 행하여진 위조
·변조·표절·부당한 저자표시 등 연구의 진실성을 심각하게
해치는 행위를 말한다.
2. "위조"는 존재하지 않는 자료나 연구결과를 허위로 만들고
이를 기록하거나 보고하는 행위를 말한다.
3. "변조"는 연구와 관련된 자료, 과정, 결과를 사실과 다르게

변경하거나 누락시켜 연구가 진실에 부합하지 않도록 하는 행위를 말한다.

　4. "표절"은 타인의 아이디어, 연구 과정 및 연구결과 등을 정당한 승인 또는 적절한 인용표시 없이 연구에 사용하는 행위를 말한다.

　5. "부당한 저자 표시"는 연구내용 또는 결과에 대하여 학술적 공헌 또는 기여를 한 자에게 정당한 이유 없이 저자 자격을 부여하지 않거나, 학술적 공헌 또는 기여를 하지 않은 자에게 감사의 표시 또는 예우 등을 이유로 저자 자격을 부여하는 행위를 말한다.

제 2 장　연구윤리위원회의 구성 및 운영

제 5 조 (기능)

위원회는 학회 회원의 연구윤리와 관련된 다음 각 호의 사항을 심의·의결한다.

　1. 연구윤리·진실성 관련 제도의 수립 및 운영 등 연구윤리확립에 관한 사항

　2. 연구윤리·진실성 관련 규정의 제·개정에 관한 사항

　3. 연구부정행위의 예방·조사에 관한 사항

　4. 제보자 및 피조사자 보호에 관한 사항

　5. 연구진실성의 검증·결과처리 및 후속조치에 관한 사항

　6. 기타 위원장이 부의하는 사항

제 6 조 (구성)

① 위원회는 위원장과 부위원장 각 1인을 포함하여 7인 이내의 위원으로 구성한다.

② 위원장은 부회장 중에서, 부위원장은 위원 중에서 회장이 지명

한다.

③ 부위원장은 위원장을 보좌하고 위원장의 유고시에 위원장의 직무를 대행한다.

④ 위원은 정회원 중에서 회장이 위촉한다.

⑤ 위원장과 부위원장 및 위원의 임기는 1년으로 하되 연임할 수 있다.

⑥ 위원회의 제반업무를 처리하기 위해 위원장이 위원 중에서 지명하는 간사 1인을 둘 수 있다.

⑦ 위원장은 위원회의 의견을 들어 전문위원을 위촉할 수 있다.

제 7 조 (회의)

① 위원장은 필요한 경우 위원회의 회의를 소집하고 그 의장이 된다.

② 회의는 재적위원 과반수 출석과 출석위원 과반수 찬성으로 의결한다. 단 위임장은 위원회의 성립에 있어 출석으로 인정하되 의결권은 부여하지 않는다.

③ 회의는 비공개를 원칙으로 하되, 필요한 경우에는 위원이 아닌 자를 참석시켜 의견을 진술하게 할 수 있다.

제 3 장   연구진실성의 검증

제 8 조 (연구부정행위의 조사)

① 위원회는 구체적인 제보가 있거나 상당한 의혹이 있는 경우에는 연구부정행위의 존재 여부를 조사하여야 한다.

② 위원회는 조사과정에서 제보자·피조사자·증인 및 참고인에 대하여 진술을 위한 출석과 자료의 제출을 요구할 수 있다.

③ 위원회는 연구기록이나 증거의 멸실, 파손, 은닉 또는 변조 등을 방지하기 위하여 상당한 조치를 취할 수 있다.

제 9 조 (제보자와 피조사자의 권리 보호)

① 위원회는 어떠한 경우에도 제보자의 신원을 직·간접적으로 노출시켜서는 안 된다. 다만, 제보 내용이 허위인 줄 알았거나 알 수 있었음에도 불구하고 이를 신고한 경우에는 보호 대상에 포함되지 않는다.

② 위원회는 연구부정행위 여부에 대한 검증과정이 종료될 때까지 피조사자의 명예나 권리가 침해되지 않도록 노력하여야 한다.

제10조 (비밀엄수)

① 위원회의 위원은 연구부정행위의 조사, 판정 및 제재조치의 건의 등과 관련한 일체의 사항을 비밀로 하며, 검증과정에 직·간접적으로 참여한 자는 검증과정에서 취득한 정보를 누설하여서는 아니된다.

② 위원장은 제 1 항에 규정된 사항으로서 합당한 공개의 필요성이 있는 때에는 위원회의 의결을 거쳐 공개할 수 있다. 다만, 제보자·조사위원·증인·참고인·자문에 참여한 자의 명단 등 신원과 관련된 정보가 당사자에게 부당한 불이익을 줄 가능성이 있는 때에는 공개하지 아니한다.

제11조 (제척·기피·회피)

① 위원은 검증사건과 직접적인 이해관계가 있는 때에는 당해 사건의 조사·심의 및 의결에 관여하지 못한다. ② 제보자 또는 피조사자는 위원에게 공정성을 기대하기 어려운 사정이 있는 때에는 그 이유를 밝혀 당해 위원의 기피를 신청할 수 있다. 위원회에서 기피 신청이 인용된 때에는 기피 신청된 위원은 당해 사건의 조사·심의 및 의결에 관여하지 못한다.

③ 위원은 제 1 항 또는 제 2 항의 사유가 있다고 판단하는 때에는 회피하여야 한다.

④ 위원장은 위원이 검증사건과 직접적인 이해관계가 있다고 인정하는 때에는 당해 검증사건과 관련하여 위원의 자격을 정지할 수 있다.

제12조 (의견진술, 이의제기 및 변론기회의 보장)

위원회는 제보자와 피조사자에게 관련 절차를 사전에 알려주어야 하며, 의견진술, 이의제기 및 변론의 기회를 동등하게 보장하여야 한다.

제13조 (판정)

① 위원회는 위원들의 조사와 심의 결과, 제보자와 피조사자의 의견진술, 이의제기 및 변론의 내용을 토대로 검증대상행위의 연구부정행위 해당 여부를 판정한다.

② 위원회가 검증대상행위의 연구부정행위 해당을 확인하는 판정을 하는 경우에는 재적위원 과반수 출석과 출석위원 3분의 2 이상의 찬성으로 한다.

제4장 검증에 따른 조치

제14조 (판정에 따른 조치)

① 위원장은 제13조 제1항의 규정에 의한 판정결과를 회장에게 통보하고, 검증대상행위가 연구부정행위에 해당한다고 판정된 경우에는 위원회의 심의를 거쳐 그 판정결과에 따라 필요한 조치를 건의할 수 있다.

② 회장은 제1항의 건의가 있는 경우에는 다음 각 호 중 어느 하나의 제재조치를 하거나 이를 병과할 수 있다.

  1. 연구부정논문의 게재취소
  2. 연구부정논문의 게재취소사실의 공지
  3. 회원의 제명절차에의 회부

　　4. 관계 기관에의 통보

　　5. 기타 적절한 조치

③ 전항 제2호의 공지는 저자명, 논문명, 논문의 수록 권·호수, 취소일자, 취소이유 등이 포함되어야 한다.

④ 회장은 학회의 연구윤리와 관련하여 고의 또는 중대한 과실로 진실과 다른 제보를 하거나 허위의 사실을 유포한 자가 회원인 경우 이를 제명절차에 회부할 수 있다.

제15조 (조사결과 및 제재조치의 통지)

회장은 위원회의 조사결과 및 제재조치에 대하여 제보자 및 피조사자 등에게 지체없이 서면으로 통지한다.

제16조 (재심의)

피조사자 또는 제보자가 판정결과 및 제재조치에 대해 불복할 경우 제15조의 통지를 받은 날부터 20일 이내에 이유를 기재한 서면으로 재심의를 요청할 수 있다.

제17조 (명예회복 등 후속조치)

검증대상행위가 연구부정행위에 해당하지 아니한다고 판정된 경우에는 학회 및 위원회는 피조사자의 명예회복을 위해 노력하여야 하며 적절한 후속조치를 취하여야한다.

제18조 (기록의 보관) ① 학회는 조사와 관련된 기록은 조사 종료 시점을 기준으로 5년간 보관하여야 한다.

부　　칙

제1조 (시행일) 이 규정은 2007년 11월 29일부터 시행한다.

研究論集 刊行 및 編輯規則

제정: 1999. 08. 20.
제 1 차 개정: 2003. 08. 22.
제 2 차 개정: 2004. 04. 16.
제 3 차 개정: 2005. 03. 18.
전문개정: 2008. 05. 26.
제 5 차 개정: 2009. 12. 18.
제 6 차 개정: 2018. 12. 24.
제 7 차 개정: 2019. 04. 25.

제 1 장 총 칙

제 1 조 (目的)

이 규칙은 사단법인 한국행정판례연구회(이하 "학회"라 한다)의 정관 제27조의 규정에 따라 연구논집(이하 '논집'이라 한다)을 간행 및 편집함에 있어서 필요한 사항을 정함을 목적으로 한다.

제 2 조 (題號)

논집의 제호는 '行政判例研究'(Studies on Public Administration Cases)라 한다.

제 3 조 (刊行週期)

① 논집은 연 2회 정기적으로 매년 6월 30일, 12월 31일에 간행함을 원칙으로 한다.

② 전항의 정기간행 이외에 필요한 경우는 특별호를 간행할 수

있다.

제4조 (刊行形式)

논집의 간행형식은 다음 각 호의 어느 하나에 의한다.

1. 등록된 출판사와의 출판권 설정의 형식
2. 자비출판의 형식

제5조 (收錄對象)

① 논집에 수록할 논문은 다음과 같다.

1. 발표논문: 학회의 연구발표회에서 발표하고 제출한 논문으로 서 편집위원회의 심사절차를 거쳐 게재확정된 논문
2. 제출논문: 회원 또는 비회원이 논집게재를 위하여 따로 제출 한 논문으로서 편집위원회의 심사절차를 거쳐 게재확정된 논문
3. 그 밖에 편집위원회의 심사절차와 간행위원회의 의결을 거쳐 수록하기로 한 논문 등

② 논집에는 부록으로서 다음의 문건을 수록할 수 있다.

1. 학회의 정관, 회칙 및 각종 규칙
2. 학회의 역사 또는 활동상황
3. 학회의 각종 통계

③ 논집에는 간행비용의 조달을 위하여 광고를 게재할 수 있다.

제6조 (收錄論文要件)

논집에 수록할 논문은 다음 각호의 요건을 갖춘 것이어야 한다.

1. 행정판례의 평석 또는 연구에 관한 논문일 것
2. 다른 학술지 등에 발표한 일이 없는 논문일 것
3. 이 규정 또는 별도의 공고에 의한 원고작성요령 및 심사기준 에 부합하는 학술연구로서의 형식과 품격을 갖춘 논문일 것

제 7 조 (著作權)

① 논집의 편자는 학회의 명의로 하고, 논집의 개별 논문에는 집필자(저작자)를 명기한다.

② 학회는 논집의 편집저작권을 보유한다.

③ 집필자는 논문 투고 시 학회에서 정하는 양식에 따라 논문사용권, 편집저작권 및 복제·전송권을 학회에 위임하는 것에 동의하는 내용의 동의서를 제출하여야 한다.

제 2 장   刊行委員會와 編輯委員會

제 8 조 (刊行 및 編輯主管)

① 논집의 간행 및 편집에 관한 업무를 관장하기 위하여 학회에 간행위원회와 편집위원회를 둔다.

② 간행위원회는 논집의 간행에 관한 중요한 사항을 심의·의결한다.

③ 편집위원회는 간행위원회의 결정에 따라 논집의 편집에 관한 업무를 행한다.

제 9 조 (刊行委員會의 構成과 職務 등)

① 간행위원회는 편집위원을 포함하여 회장이 위촉하는 적정한 수의 위원으로 구성하고 임기는 1년으로 하되 연임할 수 있다.

② 간행위원회는 위원장, 부위원장 및 간사 각 1인을 둔다.

③ 간행위원장은 위원 중에서 호선하고, 부위원장은 학회의 출판담당 상임이사로 하고, 간사는 위원 중에서 위원장이 위촉한다.

④ 간행위원회는 다음의 사항을 심의·의결한다.

　　1. 논집의 간행계획에 관한 사항

　　2. 논집의 특별호의 기획 등에 관한 사항

　　3. 이 규칙의 개정에 관한 사항

　　4. 출판권을 설정할 출판사의 선정에 관한 사항

5. 그 밖에 논집의 간행과 관련된 중요한 사항

⑤ 간행위원회는 다음 각 호의 경우에 위원장이 소집하고, 간행위원회는 위원 과반수의 출석과 출석위원 과반수의 찬성으로 의결한다.

1. 회장 또는 위원장이 필요하다고 판단하는 경우

2. 위원 과반수의 요구가 있는 경우

제10조 (編輯委員會의 構成과 職務 등)

① 편집위원회는 학회의 출판담당 상임이사를 포함하여 회장이 이사회의 승인을 얻어 선임하는 10인 내외의 위원으로 구성하고 임기는 3년으로 한다.

② 편집위원회는 위원장, 부위원장 및 간사 각 1인을 둔다.

③ 편집위원장은 위원 중에서 호선하고 임기는 3년으로 하며, 부위원장은 학회의 출판담당 상임이사로 하고, 간사는 위원 중에서 위원장이 위촉한다.

④ 편집위원회는 다음의 사항을 행한다.

1. 이 규칙에 의하는 외에 논집에 수록할 논문의 원고작성요령 및 심사기준에 관한 세칙의 제정 및 개정

2. 논문심사위원의 위촉

3. 논문심사의 의뢰 및 취합, 종합판정, 수정요청 및 수정후재심사, 논집에의 게재확정 또는 거부 등 논문심사절차의 진행

4. 논집의 편집 및 교정

5. 그 밖에 논집의 편집과 관련된 사항

⑤ 편집위원회는 다음 각 호의 경우에 위원장이 소집하고, 위원 과반수의 출석과 출석위원 과반수의 찬성으로 의결한다.

1. 회장 또는 위원장이 필요하다고 판단하는 경우

2. 위원 과반수의 요구가 있는 경우

제3장 論文의 提出과 審査節次 등

제11조 (論文提出의 基準)

① 논문원고의 분량은 A4용지 20매(200자 원고지 150매) 내외로 한다.

② 논문의 원고는 (주)한글과 컴퓨터의 "문서파일(HWP)"로 작성하고 한글사용을 원칙으로 하되, 필요한 경우 국한문혼용 또는 외국어를 사용할 수 있다.

③ 논문원고의 구성은 다음 각 호의 순서에 의한다.

  1. 제목

  2. 목차

  3. 본문

  4. 한글초록·주제어

  5. 외국어초록·주제어

  6. 참고문헌

  7. 부록(필요한 경우)

④ 논문은 제1항 내지 제3항 이외에 편집위원회가 따로 정하는 원고작성요령 또는 심사기준에 관한 세칙을 준수하고, 원고는 편집위원회가 정하여 공고하는 기한 내에 출판간사를 통하여 출판담당 상임이사에게 제출하여야 한다.

제12조 (論文審査節次의 開始)

① 논문접수가 완료되면 출판담당 상임이사는 심사절차에 필요한 서류를 작성하여 편집위원장에게 보고하여야 한다.

② 편집위원장은 전항의 보고를 받으면 편집위원회를 소집하여 논문심사절차를 진행하여야 한다.

제13조 (論文審査委員의 委囑과 審査 依賴 등)

① 편집위원회는 간행위원, 편집위원 기타 해당 분야의 전문가 중에서 심사대상 논문 한 편당 3인의 논문심사위원을 위촉하여 심사를 의뢰한다.

② 제 1 항의 규정에 의하여 위촉되어 심사를 의뢰받는 논문심사위원이 심사대상 논문 또는 그 제출자와 특별한 관계가 명백하게 있어 논문심사의 공정성을 해할 우려가 있는 사람이어서는 안 된다.

제14조 (秘密維持) ① 편집위원장은 논문심사위원의 선정 및 심사의 진행에 관한 사항이 외부로 누설되지 않도록 필요한 조치를 취하여야 한다.

② 편집위원 및 논문심사위원은 논문심사에 관한 사항을 외부로 누설해서는 안 된다.

제15조 (論文審査의 基準) 논문심사위원이 논집에 수록할 논문을 심사함에 있어서는 다음 각 호의 기준을 종합적으로 고려하여 심사의견을 제출하여야 한다.

　　1. 제 6 조에 정한 수록요건
　　2. 제11조에 정한 논문제출기준
　　3. 연구내용의 전문성과 창의성 및 논리적 체계성
　　4. 연구내용의 근거제시의 적절성 및 객관성

제16조 (論文審査委員別 論文審査의 判定) ① 논문심사위원은 제15조의 논문심사기준에 따라 [별표 1]의 [논문심사서](서식)에 심사의견을 기술하여 제출하여야 한다.

② 논문심사위원은 심사대상 논문에 대하여 다음 각호에 따라 '판정의견'을 제출한다.

　　1. '게재적합': 논집에의 게재가 적합하다고 판단하는 경우
　　2. '게재부적합': 논집에의 게재가 부적합하다고 판단하는 경우

　　3. '수정후게재': 논문내용의 수정·보완 후 논집에의 게재가 적
　　　합하다고 판단하는 경우

③ 전항 제 1 호에 의한 '게재적합' 판정의 경우에도 논문심사위원은
수정·보완이 필요한 경미한 사항을 기술할 수 있다.

④ 제 2 항 제 2 호에 의한 '게재부적합' 판정 및 제 3 호에 의한 '수
정후게재' 판정의 경우에는 각각 부적합사유와 논문내용의 수정·보
완할 점을 구체적으로 명기하여야 한다.

제17조 (編輯委員會의 綜合判定 및 再審査)　편집위원회는 논문심사
　　위원 3인의 논문심사서가 접수되면 [별표 2]의 종합판정기준에 의
　　하여 '게재확정', '수정후게재', '수정후재심사' 또는 '불게재'로 종합
　　판정을 하고, 그 결과 및 논문심사위원의 심사의견을 논문제출자에
　　게 통보한다.

제18조 (修正要請 등)

① 편집위원장은 제17조의 규정에 의해 '수정후게재' 판정을 받은
논문에 대하여 수정을 요청하여야 한다.

② 편집위원장은 제17조의 규정에 의해 '게재확정'으로 판정된 논
문에 대하여도 편집위원회의 판단에 따라 수정이 필요하다고 인정
하는 때에는 내용상 수정을 요청할 수 있다.

③ 편집위원회는 집필자가 전항의 수정요청에 따르지 않거나 재심
사를 위해 고지된 기한 내에 수정된 논문을 제출하지 않을 때에는
처음 제출된 논문을 '불게재'로 최종 판정한다.

제 4 장　기　　타

제19조 (審査謝禮費의 支給) 논문심사위원에게 논집의 간행·편집을
　　위한 예산의 범위 안에서 심사사례비를 지급할 수 있다.

제20조(輔助要員) 학회는 논집의 간행·편집을 위하여 필요하다고 인정하는 때에는 원고의 편집, 인쇄본의 교정, 부록의 작성 등에 관한 보조요원을 고용할 수 있다.

제21조 (刊行·編輯財源) ① 논집의 간행·편집에 필요한 재원은 다음 각호에 의한다.

    1. 출판수입

    2. 광고수입

    3. 판매수입

    4. 논문게재료

    5. 외부 지원금

    6. 기타 학회의 재원

② 논문 집필자에 대한 원고료는 따로 지급하지 아니한다.

제22조 (論集의 配布) ① 간행된 논집은 회원에게 배포한다.

② 논문의 집필자에게는 전항의 배포본 외에 일정한 부수의 증정본을 교부할 수 있다.

附　　則 (1999. 8. 20. 제정)

이 규칙은 1999년 8월 20일부터 시행한다.

附　　則

이 규칙은 2003년 8월 22일부터 시행한다.

附　　則

이 규칙은 2004년 4월 17일부터 시행한다.

附　　則

이 규칙은 2005년 3월 19일부터 시행한다.

附　　則

이 규칙은 2008년 5월 26일부터 시행한다.

附　　則

이 규칙은 2009년 12월 18일부터 시행한다.

附　　則

이 규칙은 2018년 12월 24일부터 시행한다.

附　　則

이 규칙은 2019년 4월 25일부터 시행한다.

[별표 1 : 논문심사서(서식)]

「行政判例研究」게재신청논문 심사서

社團法人 韓國行政判例研究會

게재논집	行政判例研究 제15-2집	심사일	2010. . .
심사위원	소속	직위	
		성명	(인)
게재신청논문 [심사대상논문]			
판정의견	1. 게재적합 ( ): 논집의 게재가 가능하다고 판단하는 경우 2. 게재부적합 ( ): 논집의 게재가 불가능하다고 판단하는 경우 3. 수정후게재 ( ): 논문내용의 수정·보완 후 논집의 게재가 가능하다고 판단하는 경우		
심사의견			
심사기준	• 행정판례의 평석 또는 연구에 관한 논문일 것 • 다른 학술지 등에 발표한 일이 없는 논문일 것 • 연구내용의 전문성과 창의성 및 논리적 체계성이 인정되는 논문일 것 • 연구내용의 근거제시가 적절성과 객관성을 갖춘 논문일 것		

※ 심사의견 작성시 유의사항 ※
▷ '게재적합' 판정의 경우에도 수정·보완이 필요한 사항을 기술할 수 있습니다.
▷ '게재부적합' 및 '수정후게재' 판정의 경우에는 각각 부적합사유와 논문내용의 수정·보완할 점을 구체적으로 명기하여 주십시오.
▷ 표 안의 공간이 부족하면 별지를 이용해 주십시오.

[별표 2: 종합판정기준]

	심사위원의 판정			편집위원회 종합판정
1	○	○	○	게재확정
2	○	○	△	
3	○	△	△	수정후게재
4	△	△	△	
5	○	○	×	
6	○	△	×	
7	△	△	×	
8	○	×	×	불게재
9	△	×	×	
10	×	×	×	

○ = "게재적합" △ = "수정후게재" × = "게재부적합"

「行政判例研究」 原稿作成要領

I. 원고작성기준

1. 원고는 워드프로세서 프로그램인 [한글]로 작성하여 전자우편을 통해 출판간사에게 제출한다.
2. 원고분량은 도표, 사진, 참고문헌 포함하여 200자 원고지 150매 내외로 한다.
3. 원고는 「원고표지 – 제목 – 저자 – 목차(로마자표시와 아라비아숫자까지) – 본문 – 참고문헌 – 국문 초록 – 국문 주제어(5개 내외) – 외국문 초록 – 외국문 주제어(5개 내외)」의 순으로 작성한다.
4. 원고의 표지에는 논문제목, 저자명, 소속기관과 직책, 주소, 전화번호(사무실, 핸드폰)와 e-mail주소를 기재하여야 한다.
5. 외국문 초록(논문제목, 저자명, 소속 및 직위 포함)은 영어를 사용하는 것이 원칙이지만, 논문의 내용에 따라서 독일어, 프랑스어, 중국어, 일본어를 사용할 수도 있다.
6. 논문의 저자가 2인 이상인 경우 주저자(First Author)와 공동저자(Corresponding Author)를 구분하고, 주저자·공동저자의 순서로 표기하여야 한다. 특별한 표시가 없는 경우에는 제일 앞에 기재된 자를 주저자로 본다.
7. 목차는 로마숫자(보기 : I, II), 아라비아숫자(보기 : 1, 2), 괄호숫자(보기: (1), (2)), 반괄호숫자(보기 : 1), 2), 원숫자(보기 : ①, ②)의 순으로 한다. 그 이후의 목차번호는 논문제출자가 임의로 정하여 사용할 수 있다.

II. 각주작성기준

1. 기본원칙
   (1) 본문과 관련한 저술을 소개하거나 부연이 필요한 경우 각주로
       처리한다. 각주는 일련번호를 사용하여 작성한다.
   (2) 각주의 인명, 서명, 논문명 등은 원어대로 씀을 원칙으로 한다.
   (3) 외국 잡지의 경우 처음 인용시 잡지명을 전부 기재하고 그 이
       후 각 주에서는 약어로 표시한다.

2. 처음 인용할 경우의 각주 표기 방법
   (1) 저서: 저자명, 서명, 출판사, 출판년도, 면수.
       번역서의 경우 저자명은 본래의 이름으로 표기하고, 저자명과
       서명 사이에 옮긴이의 이름을 쓰고 "옮김"을 덧붙인다.
       엮은 책의 경우 저자명과 서명 사이에 엮은이의 이름을 쓰고
       "엮음"을 덧붙인다. 저자와 엮은이가 같은 경우 엮은이를 생략
       할 수 있다.
   (2) 정기간행물: 저자명, "논문제목", 「잡지명」, 제00권 제00호, 출
       판연도, 면수.
       번역문헌의 경우 저자명과 논문제목 사이에 역자명을 쓰고 "옮
       김"을 덧붙인다.
   (3) 기념논문집: 저자명, "논문제목", 기념논문집명(000선생00기념
       논문집), 출판사, 출판년도, 면수.
   (4) 판결 인용: 다음과 같이 대법원과 헌법재판소의 양식에 준하여
       작성한다.
       판결 : 대법원 2000. 00. 00. 선고 00두0000 판결.
       결정 : 대법원 2000. 00. 00.자 00아0000 결정.
       헌법재판소 결정 : 헌법재판소 2000. 00. 00. 선고 00헌가00

결정.

(5) 외국문헌 : 그 나라의 표준표기방식에 의한다.

(6) 외국판결 : 그 나라의 표준표기방식에 의한다.

(7) 신문기사는 기사면수를 따로 밝히지 않는다(신문명 0000. 00. 00.자). 다만, 필요한 경우 글쓴이와 글제목을 밝힐 수 있다.

(8) 인터넷에서의 자료인용은 원칙적으로 다음과 같이 표기한다.
    저자 혹은 서버관리주체, 자료명, 해당 URL(검색일자)

(9) 국문 또는 한자로 표기되는 저서나 논문을 인용할 때는 면으로(120면, 120면-122면), 로마자로 표기되는 저서나 논문을 인용할 때는 p.(p. 120, pp. 121-135) 또는 S.(S. 120, S. 121 ff.)로 인용면수를 표기한다.

3. 앞의 각주 혹은 각주에서 제시된 문헌을 다시 인용할 경우 다음과 같이 표기한다. 국내문헌, 외국문헌 모두 같다. 다만, 저자나 문헌 혹은 양자 모두가 여럿인 경우 이에 따르지 않고 각각 필요한 저자명, 문헌명 등을 덧붙여 표기함으로써 구별한다.

(1) 바로 위의 각주가 아닌 앞의 각주의 문헌을 다시 인용할 경우
    1) 저서인용: 저자명, 앞의 책, 면수
    2) 논문인용: 저자명, 앞의 글, 면수
    3) 논문 이외의 글 인용: 저자명, 앞의 글, 면수

(2) 바로 위의 각주에 인용된 문헌을 다시 인용할 경우에는 "위의 책, 면수", "위의 글, 면수"로 표시한다.

(3) 하나의 각주에서 앞서 인용한 문헌을 다시 인용할 경우에는 "같은 책, 면수", "같은 글, 면수"로 표시한다.

4. 기타
(1) 3인 공저까지는 저자명을 모두 표기하되, 저자간의 표시는 "/"

로 구분하고 "/" 이후에는 한 칸을 띄어 쓴다. 4인 이상의 경우 성을 온전히 표기하되, 중간이름은 첫글자만을 표기한다.

(2) 부제의 표기가 필요한 경우 원래 문헌의 표기양식과 관계없이 원칙적으로 콜론으로 연결한다.

(3) 글의 성격상 전거만을 밝히는 각주가 너무 많을 경우 약자를 사용하여 본문에서 그 전거를 밝힐 수 있다.

(4) 여러 문헌의 소개는 세미콜론(;)으로 하고, 재인용의 경우 원전과 재인용출처 사이를 콜론(:)으로 연결한다.

III. 참고문헌작성기준

1. 순서
국문, 외국문헌 순으로 정리하되, 단행본, 논문, 자료의 순으로 정리한다.

2. 국내문헌
(1) 단행본: 저자, 서명, 출판사, 출판연도.
(2) 논문: 저자명, "논문제목", 잡지명 제00권 제00호, 출판연도.

3. 외국문헌
그 나라의 표준적인 인용방법과 순서에 따라 정리한다.

歷代 任員 名單

■ 초대(1984. 10. 29.)

회　　장　金道昶
부 회 장　徐元宇·崔光律(1987. 11. 27.부터)

■ 제 2 대(1988. 12. 9.)

회　　장　金道昶
부 회 장　徐元宇·崔光律
감　　사　李尙圭
상임이사　李鴻薰(총무), 金南辰(연구), 朴鈗炘(출판), 梁承斗(섭외)
이　　사　金東熙, 金斗千, 金英勳, 金元主, 金伊烈, 金鐵容, 石琮顯,
　　　　　芮鍾德, 李康爀, 李升煥, 趙慶根, 崔松和, 韓昌奎, 黃祐呂

■ 제 3 대(1990. 2. 23.)

회　　장　金道昶
부 회 장　徐元宇·崔光律
감　　사　金鐵容
상임이사　李鴻薰(총무), 黃祐呂(총무), 金南辰(연구), 朴鈗炘(출판),
　　　　　梁承斗(섭외)
이　　사　金東熙, 金斗千, 金英勳, 金元主, 金伊烈, 石琮顯, 芮鍾德,
　　　　　李康爀, 李升煥, 李鴻薰
(1991. 1. 25.부터) 趙慶根, 崔松和, 韓昌奎, 黃祐呂

■ 제 4 대(1993. 2. 23.)

회   장　金道昶
부 회 장　徐元宇·崔光律
감   사　金鐵容
상임이사　李鴻薰(총무), 金南辰(연구), 朴銳炘(출판), 梁承斗(섭외)
이   사　金東熙, 金英勳, 金元主, 朴松圭, 卞在玉, 石琮顯, 孫智烈,
　　　　　芮鍾德, 李康國, 李康爀, 李京運, 李淳容, 李重光, 李鴻薰,
　　　　　趙慶根, 趙憲銖, 千柄泰, 崔松和, 韓昌奎, 黃祐呂

■ 제 5 대(1996. 2. 23.)

명예회장　金道昶
고   문　徐元宇·金鐵容
회   장　崔光律
부 회 장　金南辰·徐廷友
감   사　韓昌奎
상임이사　金東熙(총무), 金元主(연구), 李康國(출판), 梁承斗(섭외)
이   사　金英勳, 朴松圭, 朴銳炘, 卞在玉, 石琮顯, 李康爀, 李京運,
　　　　　李淳容, 李升煥, 李重光, 李鴻薰, 趙慶根, 趙憲銖, 千柄泰,
　　　　　崔松和, 黃祐呂

■ 제 6 대(1999. 2. 19.)

명예회장　金道昶
고   문　徐元宇, 金鐵容, 金南辰, 徐廷友, 韓昌奎
회   장　崔光律
부 회 장　梁承斗, 李康國
감   사　金元主
상임이사　李鴻薰(총무), 金東熙(연구), 崔松和(출판), 金善旭(섭외)

이　　　사　金東建, 金英勳, 南勝吉, 朴松圭, 朴銑炘, 白潤基, 卞海喆,
　　　　　　石琮顯, 李京運, 李光潤, 李升煥, 李重光, 鄭然彧, 趙憲銖,
　　　　　　洪準亨, 黃祐呂

■ 제 7 대(2002. 2. 15.)

명예회장　金道昶
고　　　문　金南辰, 金元主, 徐元宇, 徐廷友, 梁承斗, 李康國, 崔光律,
　　　　　　韓昌奎
회　　　장　金鐵容
부 회 장　金東建, 崔松和
감　　　사　金東熙
상임이사　金善旭(총무), 朴正勳(연구), 李光潤(출판), 李京運(섭외)
이　　　사　金英勳, 金海龍, 南勝吉, 朴均省, 朴銑炘, 白潤基, 卞海喆,
　　　　　　石琮顯, 李東洽, 李範柱, 李重光, 李鴻薰, 鄭夏重, 趙憲銖,
　　　　　　洪準亨, 黃祐呂

■ 제 8 대(2005. 2. 21. / 2008. 2. 20.) *

명예회장　金道昶(2005. 7. 17. 별세)
고　　　문　金南辰, 金元主, 徐元宇(2005. 10. 16. 별세), 徐廷友, 梁承斗,
　　　　　　李康國, 崔光律, 韓昌奎, 金鐵容, 金英勳, 朴銑炘, 金東熙
회　　　장　崔松和
부 회 장　李鴻薰, 鄭夏重
감　　　사　金東建, 李京運,
상임이사　李光潤(총무), 安哲相(기획), 洪準亨/吳峻根(연구),
　　　　　　金性洙(출판), 徐基錫(섭외)
이　　　사　金善旭, 金海龍, 南勝吉, 朴均省, 朴秀赫, 朴正勳, 白潤基,
　　　　　　卞海喆, 石琮顯, 石鎬哲, 蘇淳茂, 柳至泰, 尹炯漢, 李東洽,
　　　　　　李範柱, 李殷祈, 李重光, 趙龍鎬, 趙憲銖, 崔正一, 黃祐呂,

　　　　　金香基, 裵柄皓, 劉南碩
간　　　사　李元雨 / 金鐘甫(총무), 李賢修(연구), 金重權(재무),
　　　　　宣正源 / 李熙貞(출판), 권은민(섭외)
＊ 위 '회장', '부회장', '상임이사', '이사'는 2007. 4. 20. 제정된 사단법인 한국행정
판례연구회 정관 제13조, 제14조, 제15조의 '이사장 겸 회장', '이사 겸 부회장',
'이사 겸 상임이사', '운영이사'임.

■제 9 대(2008. 2. 15. / 2011. 2. 14.)

고　　　문　金南辰, 金東熙, 金英勳, 金元主, 金鐵容, 朴鈗炘, 徐廷友,
　　　　　梁承斗, 李康國, 李鴻薰, 鄭夏重, 崔光律, 韓昌奎
회　　　장　崔松和
부 회 장　李京運, 徐基錫
감　　　사　金東建, 金善旭
이사 겸 상임이사　慶　健(총무), 安哲相(기획), 朴均省(연구), 韓堅愚
　　　　　　　　(출판), 權純一(섭외/연구)
운영이사　具旭書, 권은민, 金光洙, 金性洙, 金連泰, 金容燮, 金容贊,
　　　　　金裕煥, 金義煥, 金重權, 金敞祚, 金海龍, 金香基, 金鉉峻,
　　　　　朴正勳, 朴海植, 裵柄皓, 白潤基, 卞海喆, 石琮顯, 石鎬哲,
　　　　　成百玹, 蘇淳茂, 申東昇, 辛奉起, 吳峻根, 劉南碩, 俞珍式,
　　　　　尹炯漢, 李光潤, 李承寧, 李元雨, 李殷祈, 李重光, 鄭鍾舘,
　　　　　鄭準鉉, 趙龍鎬, 曺海鉉, 趙憲銖, 崔正一, 洪準亨
간　　　사　張曔源 · 李殷相 · 安東寅(총무), 鄭亨植 · 장상균(기획), 金泰昊
　　　　　(기획/연구), 金聖泰 · 崔善雄 · 鄭南哲(연구), 李熙貞 · 河明鎬 · 崔
　　　　　桂暎(출판), 林聖勳(섭외), 박재윤(총무)

■제 10 대(2011. 2. 15. /2014. 2. 14)

명예회장　金鐵容, 崔光律

고   문   金南辰, 金東建, 金東熙, 金英勳, 金元主, 朴鈗炘, 徐廷友, 梁
承斗, 李康國, 李京運, 鄭夏重, 崔松和, 韓昌奎
회   장   李鴻薰
부 회 장   徐基錫, 李光潤
감   사   金善旭, 蘇淳茂
이사 겸 상임이사   金重權(총무), 安哲相(기획), 劉南碩, 金容燮(연구), 金
鐘甫(출판), 金敞祚, 金義煥(섭외/연구)
운영이사   姜錫勳, 慶 健, 具旭書, 權純一, 權殷玟, 琴泰煥, 金光洙, 金
性洙, 金連泰, 金容燮, 金容贊, 金海龍, 金香基, 金鉉峻, 朴均
省, 朴正勳, 朴海植, 裵柄晧, 白潤基, 卞海喆, 石琮顯, 石鎬哲,
宣正源, 成百玹, 申東昇, 辛奉起, 呂相薰, 吳峻根, 俞珍式, 尹
炯漢, 李承寧, 李元雨, 李殷祈, 李重光, 李賢修, 李熙貞, 林永
浩, 鄭南哲, 鄭鍾錧, 鄭準鉉, 鄭亨植, 趙龍鎬, 曺海鉉, 趙惠銖,
崔正一, 洪準亨, 韓堅愚, 河明鎬
간   사   安東寅, 李羲俊(총무), 蔣尙均(기획), 金泰昊, 朴在胤(연구), 朴
玄廷, 姜知恩(출판), 李殷相(섭외)

■제 11 대(2014. 2. 15. /2017. 2. 14.)

명예회장   金鐵容, 崔光律
고   문   金南辰, 金東建, 金東熙, 金英勳, 金元主, 朴鈗炘, 徐廷友, 梁
承斗, 李康國, 李京運, 崔松和, 韓昌奎 李光潤, 徐基錫
회   장   鄭夏重
부 회 장   安哲相, 朴正勳
감   사   蘇淳茂, 白潤基
상임이사   李熙貞(총무), 鄭鎬庚(연구), 李承寧, 康鉉浩(기획) 金義煥, 鄭
夏明(섭외), 鄭南哲(출판)
운영이사   姜錫勳, 慶 健, 具旭書, 權殷玟, 琴泰煥, 金光洙, 金國鉉,

金南撤，金炳坼，金性洙，金聖泰，金秀珍，金連泰，金容燮，
金容贊，金裕煥，金重權，金鐘甫，金敞祚，金致煥，金海龍，
金香基，金鉉峻，文尙德，朴均省，朴海植，裵柄皓，卞海喆，
石鎬哲，宣正源，宋鎭賢，成百玹，申東昇，辛奉起，呂相薰，
吳峻根，俞珍式，柳哲馨，尹炯漢，李東植，李元雨，李殷祈，
李重光，李賢修，林永浩，張暻源，藏尙均，田聖銖，田　勳，
鄭鍾錧，鄭準鉉，鄭亨植，趙成奎，趙龍鎬，曺海鉉，趙憲銖，
趙弘植，朱한길，崔峰碩，崔善雄，崔正一，洪準亨，韓堅愚，
河明鎬，河宗大，黃彰根

간　　사 房東熙，崔允寧(총무)，崔桂暎，張承嫌(연구)，洪先基(기획)
　　　　桂仁國，李惠診(출판)

■제12대(2017. 2. 17. /2020. 2. 16.)

명예회장 金鐵容，崔光律
고　　문 金南辰，金東熙，金英勳，朴銳炘，徐基錫，徐廷友，蘇淳茂，
　　　　李康國，李京運，李光潤，李鴻薰，鄭夏重，崔松和，韓昌奎
회　　장 金東建
부 회 장 朴正勳，李承寧，金重權
감　　사 李殷祈，孫台浩
상임이사 金敞祚/李鎭萬(기획)，俞珍式/徐圭永(섭외)，
　　　　李熙貞/張暻源(총무)，李賢修/河明鎬(연구)，崔瑨修(출판)
운영이사 姜基弘，姜錫勳，康鉉浩，慶　健，具旭書，權殷旼，琴泰煥，
　　　　金光洙，金國鉉，金南撤，金炳坼，金聲培，金性洙，金聖泰，
　　　　金秀珍，金連泰，金容燮，金容贊，金裕煥，金義煥，金鐘甫，
　　　　金致煥，金海龍，金香基，金鉉峻，文尙德，朴均省，朴海植，
　　　　房東熙，裵柄皓，白潤基，石鎬哲，宣正源，成百玹，成重卓，
　　　　宋鎭賢，申東昇，辛奉起，安東寅，呂相薰，吳峻根，柳哲馨，

　　　　　尹炯漢, 李東植, 李元雨, 李重光, 林永浩, 張暻源, 藏尙均,
　　　　　田聖銖, 田　勳, 鄭南哲, 鄭鍾舘, 鄭準鉉, 鄭夏明, 鄭亨植,
　　　　　鄭鎬庚, 趙成奎, 趙龍鎬, 曺海鉉, 趙憲銖, 朱한길, 崔桂暎,
　　　　　崔峰碩, 崔善雄, 崔允寧, 崔正一, 河宗大, 韓堅愚, 洪準亨
간　　　사 禹美亨/朴祐慶/金讚喜/金厚信(총무), 金判基(연구),
　　　　　李眞洙/桂仁國/李在勳/李采鍈(출판)

■제13대(2020. 3. 20. /2022. 3. 19.)

명예회장 金鐵容, 崔光律
고　　　문 金南辰, 金東建, 金東熙, 金英勳, 朴銃炘, 徐基錫, 徐廷友,
　　　　　蘇淳茂, 李康國, 李京運, 李光潤, 李鴻薰, 鄭夏重, 韓昌奎
회　　　장 金善旭
부 회 장 朴正勳, 金國鉉, 金秀珍
감　　　사 金重權, 金義煥
특임이사 金敞祚/俞珍式
상임이사 金大仁(총무), 李眞洙/桂仁國(출판), 林　賢/朴玄廷(연구),
　　　　　徐輔國/朴修貞/金亨洙(기획), 房東熙/李相憙(섭외)
운영이사 姜基弘, 姜錫勳, 康鉉浩, 慶　健, 具旭書, 權殷玟, 琴泰煥,
　　　　　金光洙, 金南撤, 金炳圻, 金聲培, 金性洙, 金聖泰, 金連泰,
　　　　　金容燮, 金容贊, 金裕煥, 金義煥, 金鐘甫, 金致煥, 金海龍,
　　　　　金香基, 金鉉峻, 文尙德, 朴均省, 朴海植, 裵柄皓, 白潤基,
　　　　　徐圭永, 石鎬哲, 宣正源, 成百玹, 成重卓, 孫台浩, 宋鎭賢,
　　　　　申東昇, 辛奉起, 安東寅, 呂相薰, 吳峻根, 柳哲馨, 尹炯漢,
　　　　　李東植, 李承寧, 李元雨, 李殷祈, 李重光, 李鎭萬, 李賢修,
　　　　　李熙貞, 林永浩, 張暻源, 藏尙均, 田聖銖, 田　勳, 鄭南哲,
　　　　　鄭鍾舘, 鄭準鉉, 鄭夏明, 鄭亨植, 鄭鎬庚, 趙成奎, 趙龍鎬,
　　　　　曺海鉉, 趙憲銖, 朱한길, 崔桂暎, 崔峰碩, 崔善雄, 崔允寧,

崔正一, 崔瑨修, 河明鎬, 河宗大, 韓堅愚, 洪準亨

간사   朴祐慶/朴乾嵎/河敏貞(총무), 李在勳/李采鍈/姜相宇(출판),
        張允瑛/金在仙(연구)

月例 集會 記録

〈2020. 12. 현재〉

순번	연월일	발표자	발 표 제 목
1-1	84.12.11.	金南辰	聽問을 결한 行政處分의 違法性
-2		李鴻薰	都市計劃과 行政拒否處分
2-1	85.2.22.	崔世英	行政規則의 法規性 認定 與否
-2		崔光律	實地讓渡價額을 넘는 讓渡差益의 인정여부
3-1	3.29.	石琮顯	都市計劃決定의 法的 性質
-2		金東建	違法한 旅館建物의 건축과 營業許可의 취소
4-1	4.26.	徐元宇	當然無效의 行政訴訟과 事情判決
-2		黃祐呂	아파트地區내의 土地와 空閑地稅
5-1	5.31.	朴鈗炘	林産物團束에관한法律 제 7 조에 대한 違法性 認定의 與否
-2		姜求哲	行政訴訟에 있어서의 立證責任의 문제
6-1	6.28.	金鐵容	酒類販賣業 免許處分 撤回의 근거와 撤回權 留保의 한계
-2		盧塋保	國稅基本法 제42조 소정의 讓渡擔保財産의 의미
7-1	9.27.	金道昶	信賴保護에 관한 行政判例의 최근 동향
-2		金東熙	自動車運輸事業法 제31조 등에 관한 處分要

- 308 -

순번	연월일	발표자	발 표 제 목
			領의 성질
8-1	10.25.	李尙圭	入札參加資格 制限行爲의 법적 성질
-2		李相敦	公有水面埋立에 따른 不動産所有權 國家歸屬의 무효확인
9-1	11.22.	梁承斗	抗告訴訟의 提起要件
-2		韓昌奎	地目變更 拒否의 성질
10	86.1.31.	李相赫	行政訴訟에 있어서의 訴의 利益의 문제
11	2.28	崔松和	運轉免許 缺格者에 대한 면허의 효력
12	3.28	金道昶	憲法上의 違憲審査權의 所在
13	4.25.	趙慶根	美聯邦情報公開法에 대한 약간의 고찰
14	5.30.	張台柱	西獨에 있어서 隣人保護에 관한 判例의 최근 동향
15	6.27.	金斗千	僞裝事業者와 買入稅額 控除
外1	9.30.	藤田宙靖	日本의 最近行政判例 동향
16	10.31.	金英勳	注油所 許可와 瑕疵의 承繼
17	11.28.	芮鍾德	漁業免許의 취소와 裁量權의 濫用
外2	87.3.21.	鹽野宏	日本 行政法學界의 現況
		園部逸夫	새 行政訴訟法 시행 1년을 보고
18	4.25.	金道昶	知的財産權의 문제들
19-1	4.22.	李升煥	商標法에 관한 최근판례의 동향
-2			工場登錄 拒否處分과 소의 이익
20	5.29.	金南辰	執行停止의 요건과 本案理由와의 관계
21	9.25.	崔光律	日本公法學會 總會參觀 등에 관한 보고
22-1	'10.30.	金道昶	地方自治權의 강화와 行政權限의 위임에 관한 문제
-2			
23	11.27.	金鐵容	不作爲를 구하는 訴의 가부

순번	연월일	발표자	발표 제목
24	88. 2. 26.	金時秀	租税賦課處分에 있어서의 當初處分과 更正拒否處分의 법률관계
25-1	3. 25.	徐元宇	최근 日本公法學界의 동향
-2		朴鈗炘	平澤港 漁業補償 문제
外3	4. 29.	成田賴明	日本 行政法學과 行政判例의 최근 동향
26	5. 27.	李尙圭	防衛税 過誤納 還給拒否處分의 취소
27	6. 24.	徐元宇	運輸事業計劃 변경인가처분의 취소
28	8. 26.	金完燮	처분후의 事情變更과 소의 이익
29	10. 7.	石琮顯	行政處分(訓令)의 법적 성질
30	10. 28.	李鴻薰	土地收用裁決處分의 취소
31	11. 17.	朴鈗炘	行政計劃의 법적 성질
32	89. 1. 27.	金東熙	載量行爲에 대한 司法的統制의 한계
33	2. 24.	李碩祐	國税還給申請權의 인정 여부
34	3. 24.	朴松圭	國産新技術製品 保護決定處分의 일부취소
35-1	4. 28.	金鐵容	독일 行政法學界의 최근동향
-2		千柄泰	제3자의 行政審判前置節次 이행 여부
36	5. 26.	金善旭	公務員의 團體行動의 違法性
37	6. 30.	金元主	租税行政과 信義誠實의 원칙
38	8. 25.	趙憲銖	國税還給拒否處分의 법적 성질
39	9. 29.	鄭準鉉	刑事訴追와 行政處分의 효력
40	10. 27.	韓堅愚	行政規則(訓令)의 성질
41	11. 24.	金斗千	相續税法 제32조의2의 違憲 여부
外4	12. 27.	小早川光朗	日本 行政法學界의 최근 동향
42	90. 1. 19.	金鐵容	豫防的 不作爲訴訟의 許容 여부
43	2. 23.	李光潤	營造物行爲의 법적 성질
44	3. 30.	南勝吉	行政刑罰의 범위

순번	연월일	발표자	발 표 제 목
45	4.27.	黃祐呂	法律의 遡及效
46	5.25.	朴均省	行政訴訟과 訴의 이익
47	6.29.	卞在玉	軍檢察官의 公訴權行使에 관한 憲法訴願
48	8.31.	成樂寅	結社의 自由의 事前制限
49	9.28.	辛奉起	憲法訴願과 辯護士 强制主義
50	10.26.	朴圭河	行政官廳의 權限의 委任·再委任
51	11.30.	朴國洙	行政行爲의 公定力과 國家賠償責任
52	91.1.25.	梁承斗	土地去來許可의 법적 성질
53	2.22.	徐元宇	建築許可 保留의 위법성 문제
外5-1	3.29.	南博方	處分取消訴訟과 裁決取消訴訟
-2		藤田宙靖	日本 土地法制의 현황과 課題
54	4.26.	吳峻根	遺傳子工學的 施設 設置許可와 法律留保
55	5.31.	金南辰	拒否行爲의 行政處分性과 "법률상 이익 있는 자"의 의미
56	6.28.	鄭然彧	無效確認訴訟과 訴의 이익
57	8.30.	金性洙	主觀的公權과 基本權
58	9.27.	金英勳	運轉免許 取消處分의 취소
59	10.25.	石琮顯	基準地價告示地域 내의 收用補償額 算定基準에 관한 판례동향
60	11.29.	朴鈗炘	工事中止處分의 취소
61	92.1.31.	卞海喆	公物에 대한 强制執行
62	2.28.	李康國	違憲法律의 효력-그 遡及效의 범위와 관련하여
63	3.27.	金善旭	公勤務에 관한 女性支援指針과 憲法上의 平等原則
64	4.24.	全光錫	不合致決定의 허용 여부
65	5.29.	崔正一	行政規則의 법적성질 및 효력

순번	연월일	발표자	발 표 제 목
66	6.26.	李琦雨	獨逸 Münster 高等行政裁判所 1964.1.8. 판결
67	8.28.	朴鈗炘	地方自治團體의 자주적인 條例制定權과 規律 문제
68	9.18.	金元主	讓渡所得稅 등 賦課處分의 취소
69	10.16.	洪準亨	結果除去請求權과 行政介入請求權
70	11.20.	金時秀	土地收用裁決處分의 취소
71	93.1.15.	金海龍	環境技術관계 行政決定에 대한 司法的 統制의 범위
72	2.19.	李重光	租稅法上 不當利得 返還請求權
73	3.19.	高永訓	行政規則에 의한 行政府의 立法行爲外
外6	4.16.	J.Anouil	EC法의 現在와 將來
74	5.21.	柳至泰	行政訴訟에서의 行政行爲 根據變更에 관한 판례분석
75	6.18.	徐元宇	原處分主義와 被告適格
76	8.20.	朴均省	國家의 公務員에 대한 求償權
77	9.17.	金東熙	教員任用義務不履行 違法確認訴訟
78	10.15.	盧永錄	建設業免許 取消處分의 취소
79	94.1.21.	徐廷友	無效確認을 구하는 의미의 租稅取消訴訟과 租稅還給金 消滅時效의 起算點
80	2.18.	洪準亨	判斷餘地의 한계
81	3.18.	裵輔允	憲法訴願 審判請求 却下決定에 대한 헌법소원
82	4.15.	金善旭	舊東獨判事의 獨逸判事任用에 관한 決定과 그 不服에 대한 管轄權
83	5.20.	李京運	學則의 법적 성질
84	6.17.	朴松圭	任用行爲取消處分의 취소
85	8.19.	金鐵容	公務員 個人의 不法行爲責任

순번	연월일	발표자	발 표 제 목
86	9.30.	卞在玉	日本 家永敎科書檢定 第一次訴訟 上告審 判決의 評釋
87	10.21.	金香基	無名抗告訴訟의 可否
88	11.18.	李康國	行政行爲의 瑕疵의 治癒
89	95.1.20.	趙憲銖	取消判決의 遡及效
90	2.17.	朴秀赫	獨逸 統一條約과 補償法上의 原狀回復 排除 規定의 合憲 여부
外7	3.17.	小高剛	損失補償에 관한 日本 最高裁判所 判決의 분석
91	4.21.	崔松和	行政處分의 理由明示義務에 관한 판례
92	5.19.	崔正一	石油販賣業의 양도와 歸責事由의 승계
93	6.16.	鄭夏重	國家賠償法 제5조에 의한 배상책임의 성격
94	8.18.	吳振煥	無效인 條例에 근거한 行政處分의 효력
95	9.15.	金敞祚	日本 長良川 安八水害 賠償判決
96	10.20.	黃祐呂	非常高等軍法會議 判決의 破棄와 還送法院
97	11.17.	白潤基	地方自治法 제98조 및 제159조에 의한 訴訟
98	96.1.19.	徐元宇	營業停止期間徒過後의 取消訴訟과 訴의 이익
99	2.23.	金海龍	計劃變更 내지 保障請求權의 성립요건
外8	3.19.	鹽野宏	日本 行政法 判例의 近年動向 - 行政訴訟을 중심으로
100	4.19.	金東熙	國家賠償과 公務員에 대한 求償
101	5.17.	梁承斗	敎員懲戒와 그 救濟制度
102	6.28.	金容燮	運轉免許取消·停止處分의 法的 性質 및 그 한계
103	8.16.	李京運	轉補發令의 處分性
104	9.20.	盧永錄	申告納稅方式의 租稅와 그 瑕疵의 판단기준
105	10.18.	金敞祚	道路公害와 道路設置·管理者의 賠償責任

순번	연월일	발표자	발 표 제 목
106	11.15.	金裕煥	形式的 拒否處分에 대한 取消訴訟의 審理범위
107	97.1.17.	裵柄皓	北韓國籍住民에 대한 强制退去命令의 적법성
108	2.21.	趙龍鎬	公衆保健醫師 採用契約解止에 대한 爭訟
109	3.21.	金鐵容	行政節次法의 내용
110	4.18.	趙憲銖	建築物臺帳 職權訂正行爲의 처분성
111	5.16.	鄭夏重	交通標識板의 법적성격
112	6.20.	裵輔允	違憲決定과 行政處分의 효력
113	8.22.	吳峻根	聽聞의 실시요건
114	9.19.	金善旭	옴부즈만條例案 再議決 無效確認判決의 문제점
115	10.17.	李光潤	機關訴訟의 성질
116	11.21.	朴正勳	敎授再任用拒否의 처분성
117	98.1.16.	白潤基	當事者訴訟의 대상
118	2.20.	辛奉起	機關訴訟 주문의 형식
119	3.20.	洪準亨	行政法院 出帆의 意義와 행정법원의 課題
120	4.17.	宣正源	오스트리아와 독일의 不作爲訴訟에 관한 고찰
121	5.16.	李東洽	刑事記錄 열람·등사 거부처분
122	6.19.	金東建	環境行政訴訟과 地域住民의 原告適格
123	98.8.21.	金南辰	法規命令과 行政規則의 구별
124	9.18.	金敞祚	河川 管理 責任
125	10.16.	金容燮	行政審判의 裁決에 대한 取消訴訟
126	11.20.	徐廷友	垈地造成事業計劃 승인처분의 재량행위
127	99.1.15.	南勝吉	處分의 기준을 규정한 施行規則(部令)의 성격
128	2.19.	金裕煥	違憲法律에 根據한 行政處分의 效力
129	3.19.	鄭夏重	多段階行政節次에 있어서 事前決定과 部分許可의 意味

순번	연월일	발표자	발 표 제 목
130	4.16.	裵輔允	南北交流協力 등 統一에 관한 법적 문제
131	5.21.	康鉉浩	計劃承認과 司法的 統制
132	6.18.	俞珍式	行政指導와 違法性阻却事由
133	8.20.	朴正勳	侵益的 行政行爲의 公定力과 刑事裁判
134	9.17.	金東熙	建築許可신청서 返戻처분취소
		金南澈	行政審判法 제37조 제2항에 의한 自治權侵害의 가능성
135	10.15.	金炳圻	條例에 대한 再議要求事由와 大法院提訴
		權殷玟	公賣決定·通知의 처분성 및 소송상 문제점
136	11.19.	石鎬哲	羈束力의 범위로서의 처분사유의 동일
		金珉昊	직무와 관련된 不法行爲에 있어 공무원 개인의 책임
137	00.1.21.	尹炯漢	任用缺格과 退職給與
		裵柄皓	還買權소송의 管轄문제
138	2.18.	趙憲銖	個人事業의 法人轉換과 租稅減免
		金連泰	조세행정에 있어서 경정처분의 효력
139	3.17.	俞珍式	自動車運輸事業 면허처분에 있어서 競業, 競願의 범위
		慶 健	情報公開請求權의 憲法的 根據와 그 制限
140	4.21.	朴正勳	拒否處分 取消訴訟에 있어 違法判斷의 基準時와 訴의 利益
		金柄圻	行政訴訟上 執行停止의 要件으로서의 '回復하기 어려운 損害'와 그 立證責任
141	5.19.	洪準亨	不可變力, 信賴保護, 그리고 行政上 二重危險의 禁止
		康鉉浩	建築變更許可와 附款

순번	연월일	발표자	발 표 제 목
142	6.16.	趙龍鎬	寄附金品募集許可의 法的性質
		金容燮	行政上 公表
143	8.18.	朴松圭	盜難당한 自動車에 대한 自動車稅와 免許稅
		權殷玟	廢棄物處理業 許可權者가 한 '不適正通報'의 法的性質
144	9.22.	石鎬哲	公法的 側面에서 본 日照權 保護
145	10.20.	蘇淳茂	後發的 事由에 의한 更正請求權을 條理上 인정할 수 있는지 與否
		金光洙	土地形質變更許可와 信賴保護原則
146	11.17.	朴鈗炘	慣行漁業權
		宣正源	複合民願과 認·許可擬制
147	01.1.19.	崔松和	판례에 있어서 공익
		李光潤	도로가 행정재산이 되기 위한 요건 및 잡종재산에 대한 시효취득
148	2.16.	金鐵容	개발제한 구역의 시정과 손실 보상
		鄭夏重	부관에 대한 행정소송
149	3. 8.	金性洙	독일연방헌재의 폐기물법에 대한 결정과 환경법상 협력의 원칙
		李東植	중소기업에 대한 조세 특례와 종업원의 전출.파견
150	4.20.	李京運	주택건설사업계획 사전결정의 구속력
		裵輔允	2000년 미국대통령 선거 소송 사건
151	5. 9.	李東洽	위헌법률에 근거한 처분에 대한 집행력 허용여부
		金珉昊	상속세 및 증여세법상 증여의 의미
152	6.15.	李元雨	정부투자기관의 부정당업자 제재조치의 법적

순번	연월일	발표자	발 표 제 목
			성질
		朴榮萬	군사시설보호법상의 협의와 항고소송
153	8.17.	崔正一	법규명령형식의 재량준칙의 법적성질 및 효력
		趙憲銖	유적발굴허가와 행정청의 재량
154	9.21.	金東熙	국가배상법 제5조상의 영조물의 설치·관리상 하자의 관념
		金東建	대법원 판례상의 재량행위
155	10.10.	吳峻根	행정절차법 시행이후의 행정절차 관련 주요 행정판례 동향분석
		柳至泰	공물법의 체계에 관한 판례 검토
156	11. 7.	白潤基	행정소송에 있어서 건축주와 인근주민의 이익의 충돌과 그 조화
		徐廷範	국가배상에 있어서 위법성과 과실의 일원화에 관하여
157	02.1.18.	金善旭	독일헌법상의 직업공무원제도와 시간제공무원
		朴正勳	처분사유의 추가·변경 – 제재철회와 공익상 철회
158	2.15.	辛奉起	일본의 기관소송 법제와 판례
		權殷玟	원천징수행위의 처분성과 원천징수의무자의 불복방법
159	3.15.	朴均省	환경영향평가의 하자와 사업계획승인처분의 효력
		金鐘甫	관리처분계획의 처분성과 그 공정력의 범위
160	4.19.	崔光律	농지전용에 관한 위임명령의 한계
		俞珍式	건축법상 일조보호규정의 私法上의 의미
161	5.17.	朴銳炘	국가배상법 제2조 제1항 단서에 대한 헌법재

순번	연월일	발표자	발 표 제 목
			판소의 한정위헌결정 및 관련 대법원판례에 대한 평석
		宣正源	행정의 공증에 대한 사법적 통제의 의미와 기능의 명확화
162	6.21.	金元主	도로배연에 의한 대기오염과 인과관계
		康鉉浩	재량준칙의 법적 성격
163	7.19.	裵柄皓	회의록과 정보공개법상 비공개대상정보
		慶 健	공문서관리의 잘못과 국가배상책임
164	8.16.	金容燮	거부처분취소판결의 기속력
		金炳圻	보완요구의 '부작위'성과 재결의 기속력
165	9.13.	尹炯漢	기납부 택지초과소유부담금 환급청구권의 성질과 환급가산금의 이자율
		鄭夏明	미국연방대법원의 이른바 임시규제적 수용에 관한 새로운 판결례
166	10.18.	李鴻薰	공용지하사용과 간접손실보상
		金光洙	국가배상소송과 헌법소원심판의 관계
167	11.15.	徐元宇	행정법규위반행위의 사법적 효력
		李康國	조세채무의 성립과 확정
168	12.20.	蘇淳茂	인텔리전트빌딩에 대한 재산세중과시행규칙의 유효성 여부
169	03.1.17.	金敞祚	정보공개제도상의 비공개사유와 본인개시청구
		金聖泰	운전면허수시적성검사와 개인 정보보호
170	2.21.	金東熙	기속재량행위와 관련된 몇 가지 논점 또는 의문점
		曹海鉉	행정처분의 근거 및 이유제시의 정도
171	3.21.	白潤基	불합격처분에 대한 효력정지결정에 대한 고찰

순번	연월일	발표자	발 표 제 목
		宣正源	행정입법에 대한 부수적 통제
172	5.16.	李元雨	한국증권업협회의 협회등록최소결정의 법적 성질
		金容贊	정보공개청구사건에서의 몇 가지 쟁점
173	6.20.	金重權	이른바 "수리를 요하는 신고"의 문제점에 관한 소고
		洪準亨	평생교육시설 설치자 지위승계와 설치자 변경 신청서 반려처분의 적법 여부
174	7.18.	金鐵容	학교법인임원취임승인취소처분과 행정절차법
		金秀珍	성별에 따른 상이한 창업지원금신청기간설정과 국가의 평등보장의무
175	8.22.	鄭夏重	법관의 재판작용에 대한 국가배상책임
		金鐘甫	정비조합(재건축, 재개발조합) 인가의 법적 성격
176	9.19.	金炳圻	수익적 행정행위의 철회의 법적 성질과 철회사유
		朴榮萬	군사시설보호구역설정행위의 법적 성격
177	10. 9	朴正勳	취소판결의 기판력과 기속력
		李東植	구 소득세법 제101조 제2항에 따른 양도소득세부과와 이중과세 문제
178	11.21.	李東洽	최근 행정소송의 주요사례
		慶 健	하천구역으로 편입된 토지에 대한 손실보상
179	12.19.	朴均省	거부처분취소판결의 기속력과 간접강제
180	04.1.16.	李光潤	광역지방자치단체와 기초지방자치단체의 성격
		朴海植	행정소송법상 간접강제결정에 기한 배상금의 성질
181	2.20.	金海龍	행정계획에 대한 사법심사에 있어서 법원의

순번	연월일	발표자	발 표 제 목
			석명권행사 한계와 입증책임
		李賢修	영업양도와 공법상 지위의 승계
182	3.19.	俞珍式	기부채납부관을 둘러싼 법률문제
		鄭泰學	매입세액의 공제와 세금계산서의 작성·교부시기
183	4.16.	柳至泰	행정행위의 취소의 취소
		金致煥	통지의 법적 성질
184	5.21.	鄭準鉉	단순하자 있는 행정명령을 위반한 행위의 가벌성
		權殷玟	압류처분취소소송에서 부과처분의 근거법률이 위헌이라는 주장이 허용되는지 여부
185	6.18.	趙憲銖	사업양도와 제 2 차 납세의무
		金連泰	과징금 부과처분에 대한 집행정지결정의 효력
186	7.16.	金容燮	보조금 교부결정을 둘러싼 법적 문제
		林聖勳	영내 구타·가혹 행위로 인한 자살에 대한 배상과 보상
187	8.20.	李京運	교수재임용거부처분취소
		曹媛卿	국가공무원법 제69조 위헌제청
188	9.17.	鄭成太	법규명령의 처분성
		金敏昨	원자로 설치허가 무효확인소송
189	04.10.15.	崔正一	법령보충적행정규칙의 법적 성질 및 효력
		李湖暎	독점규제법상 특수관계인에 대한 부당지원행위의 규제
190	11.19.	金香基	재결에 대한 취소소송
		劉南碩	집행정지의 요건으로서 "회복하기 어려운 손해를 예방하기 위한 긴급한 필요"와 그 고려

순번	연월일	발표자	발 표 제 목
			사항으로서의 '승소가능성'
191	12.17.	尹炯漢	사전통지의 대상과 흠결의 효과
192	05.1.31.	鄭鎬慶	행정소송의 협의의 소의 이익과 헌법소원의 보충성
		金重權	국토이용계획변경신청권의 예외적 인정의 문제점에 관한 소고
193	2.18.	宣正源	하자승계론에 몇 가지 쟁점에 관한 검토
		李熙貞	공법상 계약의 해지와 의견청취절차
194	3.18.	安哲相	취소소송 사이의 소의 변경과 새로운 소의 제소기간
		康鉉浩	민간투자법제에 따른 우선협상대상자지정의 법적 제문제
195	4.15.	吳峻根	재량행위의 판단기준과 재량행위 투명화를 위한 법제정비
		李根壽	대집행의 법적 성격
196	5.20.	河宗大	금산법에 기한 계약이전결정 등의 처분과 주주의 원고적격
		金鐘甫	토지형질변경의 법적 성격
197	6.17.	朴海植	제재적 행정처분의 효력기간 경과와 법률상 이익
		李桂洙	공무원의 정치적 자유와 정치운동금지의무
198	8.19.	金容燮	재결의 기속력의 주관적 범위를 둘러싼 논의
		徐正旭	공시지가와 하자의 승계
199	9.16.	金鉉峻	용도지역 지정·변경행위의 법적 성질과 그에 대한 사법심사
		趙成奎	직접민주주의와 조례제정권의 한계

순번	연월일	발표자	발 표 제 목
200	10.21.	金光洙	공직선거법과 행정형벌
		崔桂暎	용도폐지된 공공시설에 대한 무상양도신청거부의 처분성
201	11.12.	鄭夏重	행정판례의 발전과 전망
		朴正勳	행정판례의 발전과 전망
		尹炯漢	행정재판제도의 발전과 행정판례
		朴海植	행정재판제도의 발전과 행정판례
202	12.16.	鄭泰容	행정심판청구인적격에 관한 몇 가지 사례
203	06. 1.20	朴均省	행정상 즉시강제의 통제 — 비례원칙, 영장주의, 적법절차의 원칙과 관련하여 —
		權殷玟	기본행위인 영업권 양도계약이 무효라고 주장하는 경우에 행정청이 한 변경신고수리처분에 대한 불복방법 등
204	2.17.	曹海鉉	민주화운동관련자명예회복및보상등에관한법률에 기한 행정소송의 형태
		金重權	사권형성적 행정행위와 그 폐지의 문제점에 관한 소고
205	06.3.17.	朴正勳	불확정개념과 재량 — 법규의 적용에 관한 행정의 우선권
		李相悳	한국지역난방공사 공급규정 변경신고를 산업자원부장관이 수리한 행위의 법적 성질
206	4.21.	俞珍式	공유수면매립법상 사정변경에 의한 매립면허의 취소신청
		林永浩	채석허가기간의 만료와 채석허가취소처분에 대한 소의 이익
207	5.19	嚴基燮	공정거래법상 사업자단체의 부당제한행위의

순번	연월일	발표자	발 표 제 목
		李賢修	성립요건 납입고지에 의한 변상금부과처분의 취소와 소멸시효의 중단
208	6.16.	金鐘甫	재건축 창립총회의 이중기능
		鄭夏明	미국 연방대법원의 행정입법재량통제
209	8.17.	裵柄皓	개정 하천법 부칙 제2조의 손실보상과 당사 자 소송
		金裕煥	공공갈등의 사법적 해결 ― 의미와 한계
210	9.15.	金容燮	텔레비전 수신료와 관련된 행정법적 쟁점
		崔桂暎	행정처분과 형벌
211	10.20.	金海龍	처분기간이 경과된 행정처분을 다툴 법률상 이익(행정소송법 제12조 후문 관련)과 제재적
		石鎬哲	처분기준을 정한 부령의 법규성 인정 문제
212	11.17.	宣正源	입헌주의적 지방자치와 조직고권
		李熙貞	주민투표권 침해에 대한 사법심사
213	06.12.8.-		법제처 · 한국행정판례연구회 공동주관 관학 협동워크샵
	9.	朴 仁	법령보충적 성격의 행정규칙의 현황과 문제점
		林永浩	법령보충적 성격의 행정규칙에 대한 판례분석
		鄭南哲	법령보충적 성격의 행정규칙의 정비방향과 위임사항의 한계
		金重權	민주적 법치국가에서 의회와 행정의 공관적 법정립에 따른 법제처의 역할에 관한 소고
		金海龍	국토계획 관련법제의 문제점과 개선방안
214	07.1.19.	張暻源	독일 맥주순수령 판결을 통해 본 유럽과 독 일의 경제행정법

순번	연월일	발표자	발 표 제 목
		權純一	재정경제부령에 의한 덤핑방지관세부과조치의 처분성 재론 - 기능적 관점에서 -
215	2.23.	鄭準鉉	소위 '공익사업법'상 협의취득의 법적 성질
		裵輔允	구 농어촌정비법 제93조 제1항의 국공유지 양증여의 창설환지 등의 문제점
216	3.16.	朴榮萬	법령의 개정과 신뢰보호의 원칙
		金重權	행정입법적 고시의 처분성인정과 관련한 문제점에 관한 소고
217	4.20.	金容贊	국가지정문화재현상변경허가처분의 재량행위성
		李湖暎	합의추정된 가격담합의 과징금산정
218	5.18	金敞祚	공인중개사시험불합격처분 취소소송
		李宣憙	행정청의 고시와 원고적격
219	6.15.	李光潤	제재적 처분기준의 성격과 제재기간 경과후의 소익
		金暎賢	행정소송의 피고적격
220	07.8.17.	金義煥	정보공개법상의 공공기관 및 정보공개청구와 권리남용
		金秀珍	행정서류의 외국으로의 송달
221	9.21.	蘇淳茂	명의신탁 주식에 대한 증여의제에 있어서 조세회피목적의 해석
		慶 健	관계기관과의 협의를 거치지 아니한 조례의 효력
222	10.19.	成百玹	공특법상 '이주대책'과 공급규칙상 '특별공급'과의 관계
		金南澈	건축허가의 법적 성질에 대한 판례의 검토
223	11.16.	金性洙	민간투자사업의 성격과 사업자 선정의 법적

순번	연월일	발표자	발 표 제 목
			과제
224	12.21.	趙憲銖	병역의무 이행과 불이익 처우 금지의 관계
225	08.1.18.	金南辰	국가의 경찰법, 질서법상의 책임
		李殷祈	폐기물관리법제와 폐기물처리조치명령취소처분
		鄭成太	대형국책사업에 대한 사법심사(일명 새만금사건을 중심으로)
226	2.15.	辛奉起	한국 행정판례에 있어서 형량하자론의 도입과 평가
		鄭鍾錧	하천법상의 손실보상
227	3.21.	鄭夏重	사립학교법상의 임시이사의 이사선임권한
		林聖勳	행정입법 부작위에 관한 몇가지 문제점
228	4.18.	金光洙	자치사무에 대한 국가감독의 한계
		金熙喆	토지수용으로 인한 손실보상금 산정
229	5.16.	申東昇	행정행위 하자승계와 선결문제
		趙成奎	과징금의 법적 성질과 부과기준
230	6.20.	姜錫勳	위임입법의 방식 및 해석론에 관한 고찰
		鄭南哲	명확성원칙의 판단기준과 사법심사의 한계
231	8.22.	鄭泰學	조세통칙과 신의성실의 원칙
		李京運	부관으로서의 기한
232	9.19.	朴尙勳	시간강사의 근로자성
		金善旭	지방자치단체장의 소속공무원에 대한 징계권과 직무유기
233	10.17.	趙允熙	정보통신부 장관의 위성망국제등록신청과 항고소송의 대상
		金鉉峻	환경사법 액세스권 보장을 위한 "법률상 이익"의 해석

순번	연월일	발표자	발 표 제 목
234	11.21.	裵輔允	권한쟁의심판의 제3자 소송담당
		李賢修	공물의 성립요건
235	12.19.	金鐵容	행정청의 처분근거·이유제시의무와 처분근거·이유제시의 정도
236	09.1.16.	金炳圻	행정법상 신뢰보호원칙
		劉慶才	원인자부담금
237	2.20.	金聖泰	도로교통법 제58조 위헌확인
		林永浩	공매 통지의 법적 성격
238	3.20.	崔桂暎	위헌결정의 효력과 취소소송의 제소기간
		金尙煥	법규명령에 대한 헌법소원의 적법요건
239	4.17.	朴均省	직무상 의무위반으로 인한 국가배상책임
		金國鉉	사망자의 법규위반으로 인한 제재사유의 승계
240	5.15.	金容燮	택지개발업무처리지침 위반과 영업소 폐쇄
		金炅蘭	개발제한구역의 해제와 원고적격
241	6.19.	朴正勳	무효확인소송의 보충성
		曹海鉉	민주화운동관련자 명예회복 및 보상 등에 관한 법률에 의한 보상금의 지급을 구하는 소송의 형태
242	8.21.	鄭泰容	행정심판 재결 확정력의 의미
		安哲相	지방계약직 공무원의 징계
243	9.18.	金鐘甫	「도시 및 주거환경정비법」상 정비기반시설의 귀속 관계
		徐基錫	국회의 입법행위 또는 입법부작위로 인한 국가배상책임
244	10.16.	河明鎬	법인에 대한 양벌규정의 위헌여부
		趙龍鎬	표준지공시지가 하자의 승계

순번	연월일	발표자	발 표 제 목
245	11.20.	金連泰	한국마사회의 조교사 및 기수의 면허부여 또는 취소의 처분성
		金義煥	행정상 법률관계에 있어서의 소멸시효의 원용과 신의성실의 원칙
246	12.18.	朴銃炘	주거이전비 보상의 법적 절차, 성격 및 소송법적 쟁점
247	10.1.15	林宰洪	출입국관리법상 난민인정행위의 법적 성격과 난민인정요건
		金泰昊	하자있는 수익적 행정처분의 직권취소
248	2.19	金南澈	국가기관의 지방자치단체에 대한 감독·감사권한
		權殷玟	미국산 쇠고기 수입 고시의 법적 문제
249	3.19	金聲培	수용재결과 헌법상 정교분리원칙
		姜相旭	건축물대장 용도변경신청 거부의 처분성
250	4.16	李宣憙	공정거래법상 시정조치로서 정보교환 금지명령
		金鍾泌	이주대책대상자제외처분 취소소송의 쟁점
251	5.14	鄭夏重	공법상 부당이득반환청구권의 독자성
		魯坰泌	관리처분계획안에 대한 총회결의 무효확인을 다투는 소송방법
252	6.18	金秀珍	합의제 행정기관의 설치에 관한 조례 제정의 허용 여부
253	8.20	白濟欽 崔正一	과세처분에 대한 증액경정처분과 행정소송 경원자 소송에서의 원고적격과 사정판결제도의 위헌 여부
254	9.17	蔣尙均 金敏㤼 河宗大	승진임용신청에 대한 부작위법확인소송 강의전담교원제와 해직처분 행정처분으로서의 통보 및 신고의 수리

순번	연월일	발표자	발 표 제 목
255	10.15	최진수	징발매수재산의 환매권
		朴海植	주민등록전입신고 수리 여부에 대한 심사범위와 대상
256	11.12	金容燮	부당결부금지원칙과 부관
		朴尙勳	공무원에 대한 불이익한 전보인사 조치와 손해배상
257	12.10	金東熙	제재적 재량처분의 기준을 정한 부령
258	11.1.14	成智鏞	위임입법의 한계와 행정입법에 대한 사법심사
		安東寅	법령의 개정과 신뢰보호원칙 — 신뢰보호원칙의 적극적 활용에 대한 관견 —
259	2.18	崔桂暎	민간기업에 의한 수용
		金泰昊	사전환경성검토와 사법심사
260	3.18	金鉉峻	규제권한 불행사에 의한 국가배상책임의 구조와 위법성 판단기준
		朴在胤	지방자치단체 자치감사의 범위와 한계
261	4.15	金重權	민간투자사업의 법적 절차와 처분하자
		徐輔國	행정입법의 부작위에 대한 헌법소원과 행정소송
262	5.20	李熙貞	귀화허가의 법적 성질
		尹仁聖	독점규제 및 공정거래에 관한 법률 제3조의2 제1항 제5호 후단에 규정된 "부당하게 소비자의 이익을 현저히 저해할 우려가 있는 행위"에 관한 소고
263	6.17	朴均省	납골당설치신고 수리거부의 법적 성질 및 적법성 판단
		姜錫勳	재조사결정의 법적 성격과 제소기간의 기산점
264	8.19	金光洙	임시이사의법적 지원

순번	연월일	발표자	발 표 제 목
265	9.16	趙允熙	불복절차 도중의 과세처분 취소와 재처분금지
		鄭準鉉	개인택시사업면허 양도시 하자의 승계
		김용하	잔여지 수용청구권의 행사방법 및 불복수단
266	10.21	崔峰碩	과징금 부과처분의 재량권 일탈·남용
		朴榮萬	군인공무원관계와 기본권 보장
267	11.11	俞珍式	정보공개법상 비공개사유
		주한길	행정소송법상 집행정지의 요건
268	12.16	琴泰煥	최근 외국 행정판례의 동향 및 분석
		金致煥	미국, 일본, 프랑스, 독일
		田勳	
		李殷相	
		李鴻薰	사회발전과 행정판결
269	12.1.27	裵炳晧	재개발조합설립인가 등에 관한 소송의 방법
		河明鎬	사회보장행정에서 권리의 체계와 구제
270	2.17	朴玄廷	건축법 위반과 이행강제금
		金善娥	출퇴근 재해의 인정범위
271	3.16	金重權	국가배상법상 중과실의 의미
		徐泰煥	행정소송법상 직권심리주의의 의미와 범위
272	4.20	李湖暎	시장지배적사업자의 기술적 보호조치와 공정 거래법
		李玩憙	공정거래법상 신고자 감면제도
273	5.18	李東植	세무조사 결정통지의 처분성
		鄭基相	조세소송에서 실의성실원칙
274	6.15	許康茂	생활대책대상자선정거부의 처분성과 신청권 의 존부
		朴貞枇	기대권의 법리와 교원재임용거부 및 부당한 근로계약 갱신 거절의 효력
275	8.17	金敞祚	정보공개법상 비공개사유로서 법인 등의 경

순번	연월일	발표자	발 표 제 목
			영·영업상 비밀에 관한 사항
		成承桓	경찰권 발동의 한계와 기본권
276	9.21	金宣希	도시정비법상 조합설립인가처분과 변경인가처분
		李相熹	국가와 지방자치단체의 보조금 지원과 지원거
			부의 처분성
277	10.19	康鉉浩	건축법상 인허가의제의 효과를 수반하는 신고
		尹景雅	결손처분과 그 취소 및 공매통지의 처분성
278	11.16	金容燮	원격평생교육시설 신고 및 그 수리거부
		李義俊	사업시행자의 생활기본시설 설치 의무
279	12.21	琴泰煥	미국, 일본, 프랑스, 독일의 최근 행정판례동향
		金致煥	
		田 勳	
		李殷相	
		崔松和	행정판례의 회고와 전망
280	13.1.18	崔桂暎	행정처분의 위법성과 국가배상책임
		金泰昊	정보공개법상 비공개사유로서 '진행 중인
			재판에 관련된 정보'
281	2.15	金致煥	주민소송의 대상
		朴在胤	체육시설을 위한 수용
282	3.15	金聲培	국가유공자요건비해당결정처분
		金東國	해임처분무효
283	4.19	徐輔國	압류등처분무효확인
		崔柄律	자동차운전면허취소처분취소
284	5.24	裵柄皓	국가배상청구권의 소멸시효
		朴海植	감면불인정처분등취소
285	6.21	朴均省	국방·군사시설사업실시계획승인처분무효확인
			등

순번	연월일	발표자	발 표 제 목
		金慧眞	형의 집행 및 수용자의 처우에 관한 법률 제45조 제1항 위헌확인
286	8.16	俞珍式	여객자동차운수사업법 제14조 등 위헌확인 등
		김필용	증여세부과처분취소
287	9.27	慶建	정보공개청구거부처분취소
		이산해	과징금부과처분취소 · 부당이득환수처분취소
288	10.18	金裕煥	직권면직취소
		許盛旭	관리처분계획무효확인
289	11.15	金炳圻	완충녹지지정의 해제신청거부처분의 취소
		成重卓	조합설립인가처분무효확인
290	12.20	金聲培	미국, 일본, 프랑스, 독일의 최근 행정판례 동향
		金致煥	
		吳丞奎	
		桂仁國	
		鄭夏重	행정판례에 있어서 몇 가지 쟁점에 관한 소고
291	14. 1. 17	金相贊	국가공무원 복무규정 제3조 제2항 등 위헌확인
		金容河	사업시행승인처분취소
292	2.21	姜知恩	주택건설사업승인불허가처분 취소 등
		金世鉉	소득금액변동통지와 하자의 승계 판례변경에 따른 신뢰성 보호 문제
293	3.21	金重權	지방자치단체의 구역관할결정의 제 문제에 관한 소고
		李相悳	체납자 출국금지처분의 요건과 재량통제
294	4.18	俞珍式	정보공개거부처분취소
		金惠眞	백두대간보호에관한법률 제7조 제1항 제6호 위헌소원

순번	연월일	발표자	발 표 제 목
295	5.16	安東寅	토지대장의 직권말소 및 기재사항 변경거부의 처분성
		河泰興	증액경정처분의 취소를 구하는 항고소송에서 납세의무자가 다툴 수 있는 불복사유의 범위
296	6.20	金容燮	독립유공자법적용배제결정 － 처분취소소송에 있어 선행처분의 위법성승계
		李承勳	조합설립추진위원회 설립승인 무효 확인
297	8.22	鄭鎬庚	不利益處分原狀回復 등 要求處分取消
		이병희	解任處分取消決定取消
298	9.19	崔峰碩	職務履行命令取消
		文俊弼	還買代金增減
299	10.17	朴均省	行政判例 30年의 回顧와 展望: 행정법총론 I
		金重權	行政判例의 回顧와 展望－행정절차, 정보공개, 행정조사, 행정의 실효성확보의 분야
		洪準亨	行政判例 30年의 回顧와 展望－행정구제법: 한국행정판례의 정체성을 찾아서
300	11.21	康鉉浩	不正當業者制裁處分取消
		李承寧	讓受金
301	12.19	金聲培	美國의 最近 行政判例動向
		吳丞奎	프랑스의 最近 行政判例動向
		桂仁國	獨逸의 最近 行政判例動向
		咸仁善	日本의 最近 行政判例動向
		朴鈗炘	온실가스 배출거래권 제도 도입에 즈음하여
302	15. 1.23	金泰昊	수정명령 취소
		李義俊	손해배상(기)
303	2.27	朴玄廷	정비사업조합설립과 토지 또는 건축물을 소유

순번	연월일	발표자	발 표 제 목
			한 국가·지방자치단체의 지위
		李羲俊	건축허가처분취소
304	3.20	俞珍式	공공감사법의 재심의신청과 행정심판에 관한 제소기간의 특례
		金世鉉	명의신탁과 양도소득세의 납세의무자
305	4.17	朴均省	노동조합설립신고반려처분취소
		金海磨中	국세부과취소
306	5.15	崔峰碩	직무이행명령취소청구
		박준희	지역균형개발 및 지방중소기업 육성에 관한 법률 제16조 제1항 제4호 등 위헌소원
307	6.19	裵柄晧	인신보호법 제2조 제1항 위헌확인
		金東柱	생태자연도등급조정처분무효확인
		裵柄晧	인신보호법 제2조 제1항 위헌확인
		김동주	생태자연도등급조정처분무효확인
308	8.29		牧村 金道昶 박사 10주기 기념 학술대회
309	9.18	崔桂暎	정보비공개결정처분취소
		정지영	부당이득금반환
310	10.16	鄭夏明	예방접종으로 인한 장애인정거부처분취소
		郭相鉉	급여제한및 환수처분취소
311		鄭鎬庚	독립유공자서훈취소결정무효확인등
		김혜성	직위해제처분취소
312		金聲培	최근(2014/2015) 미국 행정판례의 동향 및 분석 연구
		咸仁善	일본의 최근(2014) 행정판례의 동향 및 분석
		吳承奎	2014년 프랑스 행정판례의 동향 연구
		桂仁國	국가의 종교적·윤리적 중립성과 윤리과목

순번	연월일	발표자	발 표 제 목
			편성 요구권
		金海龍	행정재판과 법치주의 확립
313	16. 1.22	金泰昊	주민소송(부당이득 반환)
		朴淵昱	건축협의취소처분취소
314	2.26	李熙貞	보상금환수처분취소
		李羲俊	변상금부과처분취소
315	3.18	成重卓	영업시간제한등처분취소
		임지영	조정반지정거부처분
316	4.15	裵柄皓	하천공사시행계획취소청구
		李用雨	세무조사결정행정처분취소
317	5.20	金南澈	과징금납부명령등취소청구의소
		李煌熙	홍▽군과 태△군 등 간의 권한쟁의
318	6.11	金重權	환경기술개발사업중단처분취소
		崔瑠修	관리처분계획안에대한총회결의효력정지가처분
		강주영	시설개수명령처분취소
		角松生史	일본 행정소송법개정의 성과와 한계
319	8.19	咸仁善	조례안의결무효확인 <학생인권조례안 사건>
		金世鉉	교육세경정거부처분취소
320	9.23	金容燮	독립유공자서훈취소처분의 취소
		李殷相	주유소운영사업자불선정처분취소
321	10.21	李光潤	부당이득금등
		이승민	형식적 불법과 실질적 불법
322	11.25	俞珍式	학칙개정처분무효확인
		윤진규	부당이득금
			채무부존재확인
323	12.15	李京運	교육판례의 회고와 전망

순번	연월일	발표자	발 표 제 목
		朴均省	사법의 기능과 행정판례
		咸仁善	일본의 최근 행정판례
		金聲培	미국의 최근 행정판례
		桂仁國	독일의 최근 행정판례
		吳丞奎	프랑스의 최근 행정판례
324	17. 1.20.	成奉根	취급거부명령처분취소
		尹焌碩	취득세등부과처분취소
325	2.17.	鄭永哲	도시계획시설결정폐지신청거부처분취소
		이희준	손해배상(기)
326	3.17.	朴在胤	직무이행명령취소
		정은영	습지보전법 제20조의2 제1항 위헌소원
327	4.21.	金容燮	시정명령처분취소
		장승혁	산재법 제37조 위헌소원
328	5.19.	박정훈	감차명령처분취소
		金世鉉	법인세등부과처분취소
329	6.16.	裵柄皓	조례안재의결무효확인
		송시강	개발부담금환급거부취소
330	8.8.	함인선	부당이득금반환
		김형수	개발부담금환급거부취소
331	9.15.	성중탁	출입국관리법 제63조 제1항 위헌소원
		이은상	보험료채무부존재확인
332	10.20.	유진식	정보공개청구기각처분취소
		김상찬	영업정치처분취소
333	11.24.	안동인	치과의사 안면보톡스시술사건
		김선욱	부가가치세경정거부처분취소
334	12.14.	김동희	행정판례를 둘러싼 학계와 법조계의 대화에

순번	연월일	발표자	발 표 제 목
			관한 몇 가지 생각
		정태용	행정부 공무원의 시각에서 본 행정판례
		함인선	일본의 최근 행정판례
		김성배	미국의 최근 행정판례
		계인국	독일의 최근 행정판례
		김혜진	프랑스의 최근 행정판례
335	18. 1.19.	성봉근	민사사건에 있어 공법적 영향
		박호경	조례무효확인
336	3.16.	김치환	산재보험적용사업장변경불승인처분취소
		신철순	폐업처분무효확인등
337	4.20.	박정훈	입찰참가자격제한처분취소
		신상민	건축허가철회신청거부처분취소의소
338	5.18.	최봉석	직권취소처분취소청구의소
		윤준석	증여세부과처분취소
339	6.15.	김대인	직권취소처분취소청구의소
		문중흠	증여세부과처분취소
340	8.17.	이혜진	정직처분취소
		김형수	이동통신단말장치 유통구조 개선에 관한 법률 제4조 제1항 등 위헌확인
341	9.28.	김현준	재직기간합산불승인처분취소
		김세현	양도소득세부과처분취소
342	10.19.	김창조	주민등록번호변경신청거부처분취소
		장현철	청산금
343	11.16	강현호	손해배상
		임성훈	부당이득반환등
344	12.21	김재선	미국의 최근 행정판례

순번	연월일	발표자	발 표 제 목
		계인국	독일의 최근 행정판례
		박현정	프랑스의 최근 행정판례
345	19. 2.15	박재윤	숙박업영업신고증교부의무부작위위법확인
		이은상	사업시행계획인가처분취소
346	3.15	정영철	입찰참가자격제한처분취소청구의소
		이승훈	부작위위법확인
347	4.19	박균성	사업계획승인취소처분취소등
		김혜성	종합쇼핑몰거래정지처분취소
348	5.17	김중권	전역처분등취소
		고소영	임용제청거부처분취소등
349	6.21	김판기	생활폐기물수집운반및가로청소대행용역비반납 처분취소
		윤준석	증여세부과처분취소
350	8.23	배병호	지방자치단체를 당사자로 하는 계약에 관한 법률 시행령 제30조 제5항 등 위헌확인
		신상민	퇴교처분취소
351	9.20	김성배	사증발급거부처분취소
		박건우	보상금증액
352	10.18	김병기	교원소청심사위원회결정취소
		오에스데	징계처분등
353	11.15	강현호	의료기관개설신고불수리처분취소
		이수안	손실보상금증액등
354	12.19	신원일	일본의 최근 행정판례
		김재선	미국의 최근 행정판례
		계인국	독일의 최근 행정판례
		박우경	프랑스의 최근 행정판례

순번	연월일	발표자	발 표 제 목
355	20.2.21.	성중탁	변호인 접견 불허처분 등 위헌확인
		김근호	입찰참가자격제한처분취소청구
356	5.22	김태호	학원설립운영등록신청 반려처분취소
		이희준	수용재결취소등
357	6.19	김유환	도로점용허가처분무효확인등
		황용남	기타이행강제금부과처분취소
358	8.21	박재윤	제재조치명령의 취소
		주동진	급수공사비등부과처분취소청구의 소
359	9.18	김치환	도로점용료부과처분취소 · 도로점용료부과처분취소
		김후신	장해등급결정처분취소
360	10.16	정호경	고용노동부 고시 제2017－42호 위헌확인
		이용우	건축신고반려처분취소
361	11.20	김창조	사업대상자선정처분취소
		정은영	부당이득금부과처분취소등
362	12.17	손호영	일본의 최근 행정판례
		김재선	미국의 최근 행정판례
		계인국	독일의 최근 행정판례
363	20.2.19.	박우경	프랑스의 최근 행정판례
		이현수	대법원 2019. 7. 11. 선고 2017두38874 판결
		이산해	대법원 2019. 2. 28. 선고 2017두71031 판결
364	3.19.	이은상	대법원 2019. 10. 31. 선고 2016두50907 판결
		김근호	대법원 2019. 6. 27. 선고 2018두49130 판결
365	4.16.	하명호	대법원 2020. 12. 24. 선고 2018두45633 판결
		박호경	대법원 2020. 6. 25. 선고 2018두34732 판결
366	5.21.	김중권	대법원 2020. 6. 25. 선고 2019두52980 판결

순번	연월일	발표자	발 표 제 목
367	6.18.	맹주한	대법원 2020. 7. 9. 선고 2017두39785 판결
		김대인	대법원 2020. 7. 29. 선고 2017두63467 판결
		박정훈	대법원 2020. 9. 3. 선고 2020두34070 판결

行政判例研究 I～XXVI-1 總目次

行政判例研究 I～XXVI-1 總目次

主題別 總目次

研究判例 總目次

行政判例研究 Ⅰ ～ XXⅥ-1 總目次

- 343 -

[第 IV 卷]

I. 行政行爲

II. 行政計劃

III. 行政節次

IV. 行政爭訟 一般

V. 行政訴訟의 對象과 權利保護 必要性

Ⅲ. 行政訴訟

Ⅳ. 給付行政·環境行政

Ⅴ. 租 稅

Ⅵ. 外國判例研究

[第 Ⅶ 卷]

Ⅰ. 行政行爲

IV. 行政의 實效性確保手段

V. 行政上 損害塡補

VI. 行政訴訟

VII. 土地行政法

VIII. 租稅行政法

IX. 外國行政判例研究

X. 韓·日行政訴訟法制의 改正과 向後方向(國際學術會議)

[第 IX 卷]

[第 Ⅹ 卷]

[第XI 卷]

[第XV－2卷]

[第XVII－1卷]

Ⅰ. 行政行爲의 附款

Ⅱ. 行政計劃

Ⅲ. 行政의 實效性 確保手段

Ⅳ. 取消訴訟의 對象

Ⅴ. 行政訴訟의 類型

Ⅵ. 地方自治法

Ⅶ. 經濟行政法

[第XX-2卷]

[第XXIII-1卷]

I. 行政法의 基本原理

II. 行政의 實效性確保手段

III. 行政爭訟一般

IV. 取消訴訟의 對象

V. 行政訴訟의 類型

Ⅴ. 損害塡補

Ⅵ. 行政組織法

Ⅶ. 建築行政法

Ⅷ. 行政行爲의 職權取消撤回

[第 XXVI-1 卷]

Ⅰ. 行政行爲의 槪念과 種類

Ⅱ. 行政行爲의 效力

Ⅲ. 行政行爲의 瑕疵

Ⅳ. 地方自治法

Ⅴ. 外國判例 및 外國法制 硏究

主題別 總目次(行政判例研究 I ~ XXVI − 1)

行政行爲의 槪念과 種類

行政行爲의 附款

行政行爲의 類型

行政行爲의 效力

行政行爲의 瑕疵

行政行爲의 職權取消·撤回

行政計劃

行政節次 및 情報公開

取消訴訟의 對象

行政訴訟에 있어서의 訴의 利益

行政訴訟의 審理

行政訴訟과 假救濟

行政訴訟의 類型

損害塡補

秩序行政法

公物·營造物法

環境行政法

建築行政法

土地行政法

外國判例 및 外國法制 研究

行政訴訟判決의 主要動向

紀念論文

研究判例 總目次
(行政判例研究 Ⅰ ~ XXⅥ-1)

〔서울고등법원〕

〔부산고등법원〕

〔헌법재판소〕

연방행정법원 1982.12. 1. 판결(BVerwGE 66, 307) Ⅱ-7
연방행정법원 1985.12.19. 판결(BVerwGE 72, 300) Ⅱ-83, Ⅱ-193
연방행정법원 2000. 3. 2. 판결 − 2C1.99- Ⅶ-407
연방행정법원 2006. 4.26. 판결 − 6C19/05 ⅩⅣ−479
연방행정법원 2006.10.17. 판결 − 1C18/05 ⅩⅣ−458
연방행정법원 2006.12.21. 결정 − 1C29/03 ⅩⅣ−465
연방행정법원 2007. 7.25. 판결 − 6C27/06 ⅩⅣ−469
연방행정법원 2007. 8 22. 결정 − 9B8/07 ⅩⅣ−475
연방행정법원 2008. 2.21. 결정 − 4 C 13/0 ⅩⅣ−2−321
연방행정법원 2008. 3.13. 판결 − 2 C 128/07 ⅩⅣ−2−321
연방행정법원 2008. 4.15. 결정 − 6 PB 3/08 ⅩⅣ−2−321
연방행정법원 2008. 4.29. 판결 − 1 WB 11/07 ⅩⅣ−2−321
연방행정법원 2008. 6.26. 판결 − 7 C 50/07 ⅩⅣ−2−321
연방행정법원 2009. 2.25. 판결 − 6 C 25/08 ⅩⅤ−2−459
연방행정법원 2009. 6. 9. 판결 − 1 C 7/08 ⅩⅤ−2−459
연방행정법원 2009. 9. 7. 결정 − 2 B 69/09 ⅩⅤ−2−459
연방행정법원 2009.11.11. 결정 − 6 B 22/09 ⅩⅤ−2−459
연방행정법원 2009.12.30. 결정 − 4 BN 13/09 ⅩⅤ−2−459
연방행정법원 2010. 1.28. 판결 − 8 C 19/09 ⅩⅥ−2−328
연방행정법원 2010. 4.29. 판결 − 5 C 4/09 und 5/09 ⅩⅥ−2−343
연방행정법원 2010. 5.27. 판결 − 5 C 8/09 ⅩⅥ−2−345
연방행정법원 2010. 6.3. 판결 − 9 C 3/09 ⅩⅥ−2−352
연방행정법원 2010. 6.24. 판결 − 7 C 16/09 ⅩⅥ−2−332
연방행정법원 2010. 6.24. 판결 − 3 C 14/09 ⅩⅥ−2−335
연방행정법원 2010. 6.30. 판결 − 5 C 3.09 ⅩⅥ−2−353
연방행정법원 2010. 8.19. 판결 − 2 C 5/10 und 13/10 ⅩⅥ−2−350
연방행정법원 2010. 9.23. 판결 − 3 C 32.09 ⅩⅥ−2−336

연방행정법원 2012.2.29. 판결(BVerwG 7 C 8. 11)   XⅧ－2－448

연방행정법원 2012.3.22. 판결(BVerwG 3 C 16. 11)   XⅧ－2－450

연방행정법원 2012.3.22. 판결(BVerwG 7 C 1. 11)   XⅧ－2－462

연방행정법원 2012.4.4. 판결(BVerwG 4 C 8.09 und 9. 09, 1. 10 － 6. 10)

　XⅧ－2－464

연방행정법원 2012.5.23. 판결(BVerwG 6 C 8.11)   XⅧ－2－442

연방행정법원 2012.7.19. 판결(BVerwG 5 C 1. 12)   XⅧ－2－453

연방행정법원 2012.7.10. 판결(BVerwG 7 A 11. 11, 12. 11)   XⅧ－2－458

연방행정법원 2012.9.26. 판결(BVerwG 2 C 74. 10)   XⅧ－2－461

연방행정법원 2012.10.10. 판결(BVerwG 9 A 10. 11, 18. 11 － 20. 11)   XⅧ－2－466

연방행정법원 2012.10.18. 판결(BVerwG 3 C 25. 11)   XⅧ－2－468

연방행정법원 2012.11.28. 판결(BVerwG 8 C 21. 11)   XⅧ－2－45

만하임 고등행정법원 1987. 1.20. 결정(VBIBW 1987, 423＝NVwZ 1987, 1101) Ⅱ－23

카쎌 고등행정법원 1989.11. 6. 결정(NJW 1990, 336) Ⅰ－265

BVerwG 4 C 3. 12 - Urteil vom 10. April 2013 XIX-2-343

BVerwG 8 C 10. 12, 12. 12 und 17. 12 - Urteile vom 20. Juni 2013 XIX-2-343

BVerwG 5 C 23. 12 D und 27. 12 D - Urteile vom 11. Juli 2013 XIX-2-343

BVerwG 7 A 4. 12 - Urteil vom 18. Juli 2013 XIX-2-343

BVerwG 2 C 12. 11 und 18. 12 - Urteile vom 25. Juli 2013 XIX-2-343

BVerwG 4 C 8. 12 - Urteil vom 12. September 2013 XIX-2-343

BVerwG 3. C 15. 12 - Urteil vom 19. September 2013 XIX-2-343

BVerwG 6 C 11. 13 - Urteil v. 6. April 2014 XX-2-369

BVerwG 1 C 22. 14 - Urteil vom 16. Juli. 2015 XXI-2-407

BVerwG 1 C 32.14 - Urteil vom 27. Okt. 2015 XXI-2-410

BVerwG 1 C 4.15 Urteil vom 16. Nov. 2015 XXI-2-415

BVerwG 7 C 1.14, 2.14 Urteile vom 25. Juni 2015 XXI-2-416

BVerwG 7 C 10.13 Urteil vom 23. Juli 2015 XXI-2-419

BVerwG 3 C 24.17 - Urteil vom 4. Juli 2019 XXV-2-449

BVerfG 1 BvR 3237/13 - Beschluss vom 8. Nov. 2016 XXV-2-451

BVerwG, 11 C 48.92 - Urteile vom 16. März 1994 XXV-2-452

BVerfGE 40, 371 (377) XXV-2-452

BVerfGE 59, 275 (278) XXV-2-452

BVerwG, 3 B 12.16 - Beschluss vom 8. Februar 2017 XXV-2-452

BGH, VI ZR 92/81 - Urteil vom 25. Januar 1983 XXV-2-452

BVerfGE 59, 275 (279) XXV-2-453

BVerwG 2 C 3.18 und 4.18 - Urteile vom 24. Oktober 2019 XXV-2-455

VG Berlin vom 23. November 2016 Az: VG 80 K 25.15 OL XXV-2-455

OVG Berlin-Brandenburg vom 28. Februar 2018 Az: OVG 80 D 1.17 XXV-2-455

BVerwGE 140, 185 Rn. 21 XXV-2-456

BVerwGE 152, 228 Rn. 12 XXV-2-457

BT-Drs. 16/7076 S. 117 zum BBG XXV-2-457

BT-Drs. 16/4027 S. 34 zum BeamtStG XXV-2-457

BVerwGE 112, 19 〈26 f.〉; 147, 127 Rn. 24 XXV-2-457

BVerfG, Kammerbeschluss vom 19. Februar 2003 - 2 BvR 1413/01 XXV-2-457

BVerwG 2 C 13.14, 15.14, 18.14, 27.14, 28.14, 5.15-7.15, 12.15 − Urteile vom 17.
   Sep. 2015 XXV-2-457

BVerwG, Urteil vom 19. August 2010 - 2 C 5.10 XXV-2-458

BVerwG, 2 C 5.10 - Urteil vom 19. August 2010 XXV-2-458

BVerwGE 152, 228 Rn. 39 XXV-2-458

BVerwGE 124, 252 (258 f.) XXV-2-459

BVerwGE 46, 64 (66 f.) XXV-2-459

BVerwGE 147, 229 Rn. 21 XXV-2-459

BVerwGE 149, 117 Rn. 16 f. XXV-2-459

BVerfGK 4, 243 (257 f.) XXV-2-460

BVerfGE 84, 34 (49 f.) XXV-2-471

BVerwGE 91, 211 (215 ff.) XXV-2-471

BVerwG 6 C 9.18 - Urteil vom 19. Juni 2019 XXV-2-472

VG Dresden vom 23. Juni 2016 (Az: VG 4 K 286/16) XXV-2-474

BVerfGE 144, 20 XXV-2- 474

OVG Bautzen vom 16. März 2018 (Az: OVG 3 A 556/17) XXV-2-474

BVerwG 3 C 13.17, 14.17, 25.17, 2. 18, 7.18 - 9.18 - Urteile vom 11. Apr 2019
　　XXV-2-476

VG München vom 21. November 2016(Az: VG M 26 K 15.1494) XXV-2-477

VGH München vom 25. April 2017 (Az: VGH 11 BV 17.33) XXV-2-477

BVerwG, Urteil vom 23. Oktober 2014 - 3 C 3.13 XXV-2-478

OVG Berlin-Brandenburg, Urteil vom 16. Juni 2016 - OVG 1 B 37.14 XXV-2-478

OVG Bremen, Beschluss vom 25. Februar 2016 - 1 B 9/16 XXV-2-478

BVerfG, Kammerbeschluss vom 20. Juni 2002 - 1 BvR 2062/96 XXV-2-478

BVerwG 3 C 24.15 - Urteil vom 6. Apr. 2017 XXV-2-479

BVerwG 2 C 32.18 und 33.18 - Urteile vom 26. September 2019 XXV-2-480

VG Potsdam vom 8. Dezember 2015 (Az: VG 3 K 2258/13) XXV-2-480

OVG Berlin-Brandenburg vom 5. September 2018 (Az: OVG 4 B 3.17) XXV-2-481

BVerfGE 128, 1 (42) XXV-2-482

BVerfGE 65, 1 (45) XXV-2-482

BVerfGE 139, 19 Rn. 57 XXV-2-482

BVerfG, 2 BvF 1/15 - Urteil vom 19. September 2018 XXV-2-483

〔프랑스판례〕
　국참사원(Conseil d'État) 1951. 7.28. 판결(Laruelle et Delville, Rec. 464) II-243
　국참사원 1957. 3.22. 판결(Jeannier, Rec. 196) II-243
　국참사원 1954. 1.29. 판결(노트르담 뒤 크레스커 학교 사건)(Institution Norte Dame du

꽁세이데타, assemblée, 14 février et 24 juin 2014, Mme F...I... *et autres, nos 375081, 375090, 375091.* XX-2-351

꽁세이데타, 29 décembre 2014, *Société Bouygues Télécom, no 368773.* XX-2-351

꽁세이데타, section, 28 avril 2014, *Commune de Val−d'Isère,* n° 349420. XX-2-351

꽁세이데타, section, 5 novembre 2014, *Commune de Ners et autres,* n° 379843. XX-2-351

꽁세이데타 CE, 17 juin 2015, sociééen commandite simple La Chaîe Info(LCI), n° 384826 ; CE, 17 juin 2015, sociééParis Premièe n° 385474. XXI-2-395

꽁세이데타 CE, 19 juin 2015, societe «Grands magasins de la Samaritaine−Maison Ernest Cognacq» et Ville de Paris, nos 387061, 387768. XXI-2-392

꽁세이데타 CE, 27 mars 2015, Commission nationale des comptes de campagnes et des financements politiques c/Mme C. et sociééitrice de Méiapart, n° 382083. XXI-2-394

꽁세이데타 CE, 13 mai 2015, Association de déense et d'assistance juridique des intééets des supporters et autres, nos 389816, 389861, 389866, 389899. XXI-2-393

꽁세이데타 CE, 5 octobre 2015, Association des amis des intermittents et precaires et autres, nos 383956, 383957, 383958. XXI-2-391

꽁세이데타 CE, 9 novembre 2015, SAS Constructions metalliques de Normandie, n° 342468. XXI-2-388

꽁세이데타 CE, 9 novembre 2015, MAIF et association Centre lyrique d'Auvergne, n° 359548. XXI-2-388

꽁세이데타 CE, section, 11 decembre 2015, n° 395002. XXI−2−383

꽁세유데타, CE 5 mai 2017, req. n 388902　XXⅢ−1−469/467

꽁세유데타, CE 30 juin 2017, req. n 398445　XXⅢ−1−471/467

꽁세유데타, CE Ass. 19 juillet 2017, req. n 370321　XXⅢ−1−474/467

꽁세유데타, CE 31 juillet 2017, req. n 412125　XXⅢ−1−477/467

꽁세유데타, CE 16 octobre 2017, req. nos 408374, 408344　XXⅢ−1−479/467

CE, 6 décembre 2019, n° 405464 XXV-2-523

CE, 6 décembre 2019, n° 429154 XXV-2-523

CE, 6 décembre 2019, n° 391000 XXV-2-524

CE, 6 décembre 2019, n° 397755 XXV-2-524

CE, 6 décembre 2019, n° 399999 XXV-2-524

CE, 6 décembre 2019, n° 407776 XXV-2-524

CE, 6 décembre 2019, n° 423326 XXV-2-524

CE, 12 juillet 2017, n° 394254 XXV-2-524

CE, 29 octobre 2003, n° 259440 XXV-2-525

〔미국판례〕

연방대법원 2000.12.12. 판결(Supreme Court of United States, No-00-949) VI-395

연방대법원 Tahoe-Sierra Preservation Council, Inc., et al. v. Tahoe Regional Planning Agency et al. 122 S. Ct. 1465(2002) VIII-349

연방대법원 National Cable & Telecommunications Association, et al. v. Brand X Internet Services. 125 S.Ct. 2688(2005) XII-137

연방대법원 Rapanos v. United States 126 S.Ct. 2208(2006) XIV-380

연방대법원 Gonzales v. Oregon126 S. Ct. 904(2006) XIV-385

연방대법원 Phillip Morris U.S.A v. Williams 127 S. Ct. 1057(2007) XIV-396

연방대법원 Exxon Shipping Co. v. Grant Baker128 S.Ct. 2605(2008) XIV-399

연방대법원 Summers v. Earth Island Inst. 129 S. Ct. 1142(Mar. 3, 2009) XIV-2-271

연방대법원 Coeur Alaska, Inc. v. Southeast Alaska Conservation Council 129 S. Ct. 2458(Jun. 22, 2009)

연방대법원 Negusie v. Holder 129 S. Ct. 1159(Mar. 3, 2009) XIV-2-271

여방대법원 Entergy Corp. v. Riverkeeper Inc. 129 S. Ct. 1498(Apr. 1, 2009) XIV-2-271

연방대법원 Herring v. U.S. 129 S. Ct. 695(Jan. 14, 2009) XIV-2-271

연방대법원 United States v. Bormes, 2012 WL 5475774 (Nov.13, 2012)　XVⅢ－2－358

연방대법원 Lefemine v. Wideman, 133 S.Ct. 9 (November 05, 2012)　XVⅢ－2－362

연방대법원 Arkansas Game & Fish Comm'n v. United States, 133 S. Ct. 511
(Dec. 4, 2012)　XVⅢ－2－367

연방대법원 Sebelius v. Auburn Regional Medical Center, 2013 WL 215485
(Jan. 22, 2013) XVⅢ－2－374

연방대법원 Los Angeles County Flood Control District v. Natural Resources Defense
Council, Inc., 133 S. Ct. 710 (Jan. 8, 2013)　XVⅢ－2－377

연방대법원 Clapper v. Amnesty International USA, 133 S. Ct. 1138 (Feb. 26, 2013)
XVⅢ－2－379

연방대법원 Decker v. Northwest Environmental Defense Center, 133 S. Ct. 1326
(Mar. 20, 2013) XVⅢ－2－339

연방대법원 Wos v. E.M.A. ex rel. Johnson, 133 S. Ct. 1391, 1402 (Mar. 20, 2013)
XVⅢ－2－352

연방대법원 Millbrook v. United States,　133 S.Ct. 1441 (March 27, 2013)
XVⅢ－2－383

연방대법원 Hollingsworth v. Perry, 3 S.Ct. 2652 (June 26, 2013)　XVⅢ－2－385

연방항소법원 Patricia STEPHENS v. COUNTY OF ALBEMARLE, VIRGINIA 524 F.3d
485, 486(4th Cir. 2008), cert. denied, 129 S. Ct. 404(2008)　XⅣ－2－271

연방항소법원　Humane Society v. Locke, 626 F. 3d 1040(9th Cir. 2010)
XⅥ－2－245

연방항소법원 Sacora v. Thomas, 628 F. 3d 1059(9th Cir. 2010)　XⅥ－2－251

연방항소법원 Johnson v. Astrue 628 F. 3d. 991(8th Cir. 2011)　XⅥ－2－248

연방항소법원 General Electric Company v. Jackson, 610 F. 3d 110 (D.C.Cir. 2010),
131 S. Ct 2959(2011)　XⅥ 2－258

연방항소법원 Arkema v. E.P.A., 618 F. 3d 1(D.C.Cir. 2010)　XⅥ－2－255

연방항소법원 Nnebe v, Daus, 644 F, 3d 147(2d Cir. 2011) XVⅡ－2－554

연방대법원 F.E.R.C. v. Electric Power Supply Ass'n, 136 S.Ct. 760 (2016)
XXI-2-313

연방대법원 Sturgeon v. Frost, 136 S.Ct. 1061 (2016) XXI-2-307

연방대법원 Heffernan v. City of Paterson, N.J., 136 S.Ct. 1412 (2016) XXI-2-285

연방대법원 Sheriff v. Gillie, 136 S.Ct. 1594 (2016) XXI-2-268

연방대법원 Green v. Brennan, 136 S.Ct. 1769 (2016) XXI-2-290

연방대법원 U.S. Army Corps of Engineers v. Hawkes Co., Inc., 136 S.Ct. 1807 (2016)
XXI-2-295

연방대법원 Simmons v. Himmelreich, 136 S.Ct. 1843 (2016) XXI-2-262

연방대법원 Ross v. Blake, 136 S.Ct. 1850 (2016) XXI-2-279

연방대법원 Kingdomware Technologies, Inc. v. U.S., 136 S.Ct. 1969 (2016)
XXI-2-301

연방대법원 BNSF Ry. Co. v. Tyrrell, 137 S.Ct. 1549 XXIII-1-376/371

연방대법원 Town of Chester, N.Y. v. Laroe Estates, Inc., 137 S.Ct. 1645
XXIII-1-378/371

연방대법원 Perry v. Merit Systems Protection Bd., 137 S.Ct. 1975
XXIII-1-381/371

연방대법원 State Farm Fire and Cas. Co. v. U.S ex rel. Rigsby, 137 S.Ct. 436
XXIII-1-384/371

연방대법원 Coventry Health Care of Missouri, Inc. v. Nevils, 137 S. Ct. 1190, 197
L. Ed. 2d 572 XXIII-1-388/371

연방대법원 Trump v. Hawaii, 138 S. Ct. 2392 XXIV-1-398

연방대법원 Sessions v. Dimaya, 584 U.S.___ XXIV-1-402

연방대법원 Jennings v. Rodriguez, 583 U.S.___ XXIV-1-404

연방대법원 South Dakota v. Wayfair, 585 U.S.___ XXIV-1-406

연방대법원 Carpenter v. United States, 585 U.S.___ XXIV-1-412

연방대법원 Weyerhaeuser Company v. United States Fish and Wildlife Service, 586

연방대법원 Hernández v. Mesa, 140 S. Ct. 735, 741 (2020) XXV-2-326

연방대법원 Carlson v. Green, 446 U.S. 14 (1980) XXV-2-326, 337, 339

연방대법원 Davis v. Passman, 442 U.S. 228 (1979) XXV-2-326

연방대법원 Hernández v. Mesa, 140 S. Ct. 735, 741 (2020) XXV-2-326

연방대법원 Hernández v. Mesa, 140 S. Ct. 742 (2020) XXV-2-326

연방대법원 Hernández v. Mesa, 140 S. Ct. 744 (2020) XXV-2-326

연방대법원 Hernández v. Mesa, 140 S. Ct. 746 (2020) XXV-2-327

연방대법원 Hernández v. Mesa, 140 S. Ct. 749 (2020) XXV-2-327

연방대법원 Hernández v. Mesa, 140 S. Ct. 750 (2020) XXV-2-327, 328

연방대법원 Hernández v. Mesa, 140 S. Ct. 752 (2020) XXV-2-327

연방대법원 Hernández v. Mesa, 140 S. Ct. 756 (2020) XXV-2-328

연방대법원 Hernández v. Mesa, 140 S. Ct. 760 (2020) XXV-2-328

연방대법원 Bivens v. Six Unknown Named Agents of Federal Bureau of Narcotics,
   403 U.S. 388 (1971) XXV-2-332

연방대법원 Davis v. Passman, 442 U.S. 228, 248-249 (1979) XXV-2-334

연방대법원 Carlson v. Green, 446 U.S. 14, 16-18 (1980) XXV-2-334

연방대법원 Ashcroft v. Iqbal, 129 S. Ct. 1937 (2009) XXV-2-334

연방대법원 Ashcroft v. Iqbal, 129 S. Ct. 1949 (2009) XXV-2-335

연방대법원 Ashcroft v. Iqbal, 129 S. Ct. 1948 (2009) XXV-2-335

연방대법원 Hui v. Castaneda, 130 S. Ct. 1845 (2010) XXV-2-336

연방대법원 Ziglar v. Abbasi, 137 S. Ct. 1843 (2017) XXV-2-337, 340

연방대법원 Hernández v. Mesa, 140 S. Ct. 735 (2020) XXV-2-339

연방대법원 Carlson v. Green, 446 U.S. 14, 17-18 (1980) XXV-2-339

연방대법원 SEC. v. Cherney 332 U.S. 194(1947) XXVI-1-87

연방대법원 Morton v. Ruiz 415 U.S. 199(1974) XXVI-1-88

연방대법원 Trump v. Mzars USA, LLP, 591 U.S. (2020) - XXVI-1-245

연방대법원 Watkins v. United States, 354 U.S. 178 (1957) XXVI-1-247, 248

〔일본판례〕

최고재판소 平成25(2013).7.12. 平成24年(行ヒ) 第156호, 判例タイムズ 1396호, 2014.3, 147면. XIX－2－281

최고재판소 平成25(2013).11.20. 平成25年(行ツ) 第209호, 第210호, 第211호, 判例タイムズ 1396호, 2014.3, 122면. XIX－2－281

최고재판소 第一小法廷 平成25(2013).3.21. 平成22年(行ヒ)第242호, 民集 67卷3호, 438면, 判例タイムズ 第1391호, 2013.10, 113면. XIX－2－281

최고재판소 第一小法廷 平成25(2013).3.21. 平成23年(行ツ) 第406호, 民集67卷3호, 375면. XIX－2－281

최고재판소 第二小法廷 平成26(2014).7.18. 平成24年(行ヒ)第45호, 判例地方自治 386호, 78면. XX－2－311

최고재판소 第一小法廷 平成26(2014).9.25. 平成25年(行ヒ)第35호, 民集68卷7호, 722면. XX－2－311

최고재판소 第二小法廷 平成26(2014).7.14. 平成24年(行ヒ)第33호, 判例タイムズ 1407호, 52면. XX－2－311

최고재판소 第二小法廷 平成26(2014).8.19. 平成26年(行ト)第55호, 判例タイムズ 1406호, 50면. XX－2－311

최고재판소 第一小法廷 平成26(2014).10.9. 平成26年(受)第771호, 判例タイムズ 1408호, 32면. XX－2－311

최고재판소 第一小法廷 平成26(2014).10.9. 平成23年(受)第2455호, 判例タイムズ 1408호, 44면. XX－2－311

최고재판소 第三小法廷 平成26(2014).5.27. 平成24年(オ)第888호, 判例タイムズ 1405호, 83면. XX－2－311

최고재판소 第二小法廷決定 平成27(2015).1.22. 平成26年(許)第17호 判例タイムズ1410호 55頁. XXI－2－350

최고재판소 第二小法廷決定 平成27(2015).1.22. 平成26年(許)第26호 判例タイムズ1410호 58頁. XXI－2－350

최고재판소 第三小法廷 平成27(2015).3.3. 平成26年(行ヒ)第225호 民集69卷2호143頁.

最判 平30. 10. 23. 裁時1710, 4 [平成 29 (行ヒ) 第185号] XXV-2-563

徳島地判 平27. 12. 11. 判例自治423, 42 [平成26年 (行ウ) 第11号] XXV-2-563

高松高判 平29. 1. 31. 判タ1437, 85 [平成28年 (行コ) 第4号] XXV-2-564

最判 平24. 4. 20. 民集66, 6, 2583 [平成22年 (行ヒ) 第102号] XXV-2-565

最判 平24. 4. 20. 判時2168, 45 [平成21年 (行) 第235号] XXV-2-565

最判 平24, 4, 23, 民集66, 6, 2789 [平成22年 (行ヒ) 第136号] XXV-2-565

最判 平24, 4. 20. 民集66, 6, 2583 [平成22年 (行ヒ) 第102号] XXV-2-565

最判 平24, 4, 23, 民集66, 6, 2789 [平成22年 (行ヒ) 第136号] XXV-2-565

最判 平31. 1. 17. 判所ウェブサイト [平成30年 (行ウ) 第8号] XXV-2-566

東京地判 平5. 4. 27. 判時1482, 98 [平成4年 (行ウ) 第5号] XXV-2-568

福岡高判 平31. 3. 7. 判所ウェブサイト [平成 30年 (ネ) 第70号] XXV-2-570

福岡高判 平16. 5. 24. 判時1875, 62 [平成14年 (ネ) 第511号] XXV-2-571

新潟地判 平16. 3. 26. 訟月50, 12, 3444 [平成11年 (ワ) 第543号] XXV-2-571

東京高判 平17. 7. 19 訟月53, 1, 138 [平成14年 (ネ) 第4815号] XXV-2-571

長野地判 平18. 3. 10. 判時1931, 109 [平成9年 (ワ) 第352号] XXV-2-571

東京高判 平19. 3. 13. 訟月53, 8, 2251 [平成15年 (ネ) 第3248号] XXV-2-571

東京地判 平15. 9. 29. 判時1843, 90 [平成 8 年 (ワ) 第24230号] XXV-2-571

神戸地判 令1. 10. 8. 判例集未登載 [平成29年 (ワ) 第1051号] XXV-2-573

東京高判 平19. 5. 31 判時1982, 48 [平成18年 (行コ) 第267号] XXV-2-574

東京地判 平30. 9. 19. 判例タイムズ1477, 147 [平29年 (ワ) 第21485号] XXV-2-576

東京高判 平31. 3. 20. [平成30年 (ネ) 第4640号] XXV-2-576

最決 令1. 9. 25. [令1年 (オ) 第1057号] XXV-2-576

最判 平25. 12. 10. 判時 2211, 3 [平24年 (受) 第1311号] XXV-2-2-576, 577

最判 平30. 7. 19. 裁判所ウェブサイト [平成28年 (受) 第563号] XXV-2-578

最判 平23. 6. 6. [平成22年 (オ) 第951号] XXV-2-579

最判 平23. 5. 30. 判時 2123, 2 [平成22年 (行ツ) 第54号] XXV-2-579

最判 平24. 1. 16. 判時2147, 127 [平成23年 (行ツ) 第263号] XXV-2-579

行政判例研究 XXVI - 1

2021년　6월　25일　초판인쇄
2021년　6월　30일　초판발행

편저자　사단법인　한국행정판례연구회
　　　　대　　표　김　선　욱

발행인　안종만 · 안상준

발행처　(주)**박영사**

　　　　서울특별시 금천구 가산디지털2로 53, 210호
　　　　(가산동, 한라시그마밸리)
　　　　전화　(733) 6771　FAX (736) 4818
　　　　등록　1959. 3. 11.　제300-1959-1호(倫)

편저자와
협의하여
인 지 를
생 략 함

www.pybook.co.kr　e-mail: pys@pybook.co.kr

파본은 구입하신 곳에서 교환해 드립니다. 본서의 무단복제행위를 금합니다.

정　가　43,000원　　　ISBN 979-11-303-4015-9
　　　　　　　　　　　ISBN 978-89-6454-600-0(세트)
　　　　　　　　　　　ISSN 1599-7413　38